불교 개설

불교 개설

초판 1쇄 펴냄 2019년 1월 20일
초판 13쇄 펴냄 2025년 2월 14일

엮은이.   대한불교조계종 포교원
발행인.   원명

구입문의. 불교전문서점 향전(www.jbbook.co.kr) 02-2031-2070

펴낸곳.   (주)조계종출판사
          서울 종로구 삼봉로 81 두산위브파빌리온 1308호
          전화 02-720-6107 ㅣ 팩스 02-733-6708
          출판등록 제2007-000078호(2007. 04. 27.)

ⓒ 대한불교조계종 포교원, 2019
ISBN 979 - 11 - 5580 - 115 - 4 03220

불교
개설

부처님의 가르침,
불자의 실천

| 편찬 · 대한불교조계종 포교원 |

조계종
출판사

"왜 사는가?" 하고 물으면 대개는 "행복하기 위해서"라고들 합니다.

여기 한 길이 있습니다. 2,600여 년 전 인류 역사에 가장 위대한 스승으로 빛나는 부처님께서 몸소 체험을 통해 깨닫고 가르친 평화와 행복의 길입니다.

그런데 어떻게 살면 행복할까요? 어떤 마음가짐으로 살아야 괴롭지 않을까요? 무엇을 어떻게 실천해야 세상이 평화로울까요? 많은 사람들이 그 질문에 답을 했지만 여전히 우리는 그 질문 앞에서 길을 찾아 두리번거리고 있습니다.

그 길은 부처님의 가르침대로 살아가는 것입니다. 그 길을 스스로 나아가기 위해서는 부처님의 가르침인 법에 대한 이해와 확신이 필요합니다. 그래서 이 책은 우리들이 새겨야 할 부처님의 핵심적인 가르침을 여러 갈래로 나누어 알기 쉽게 설명하고 있습니다. 건조한 이론 설명은 지양하고 우리가 살면서 가질 만한 질문을 중심으로 설명함으로써 읽다 보면 "아하~" 하는 앎과 울림을 줍니다.

4

현대사회는 대단히 복잡합니다. 가치관 또한 다양합니다. 이런 사회에서 불자들은 어떻게 해야 바르게 행동하고 보편적 자비를 실천하며 행복한 삶을 누릴 수 있을까요. 이 책은 그런 질문을 공유하면서 함께 진리의 길을 찾아가고자 합니다.

삶과 죽음, 직업과 노동, 돈, 성, 생명, 생태에 대한 문제는 물론 일상생활에서 마음 다스리기, 슬기로운 언어생활, 잘 사는 법 등 삶에서 부딪히는 여러 가지 주제에 대한 가르침을 엮었습니다. 무엇보다 남다른 점은 부처님과 여러 역대 선지식들의 생생한 원음을 담았다는 것입니다. 이러한 경전 말씀을 마음 깊이 새기고 숙고하며 실천 수행해가면 지혜의 향기가 내 삶에서 은은하게 퍼져 나갈 것입니다.

이 책이 나오기까지 기획과 집필, 성찰과 토론 등을 아끼지 않은 신도교재편찬위원장 법인스님을 비롯한 편찬위원, 집필위원 여러분들께 감사드립니다.

불기 2563(2019)년
대한불교조계종 포교원장 지홍

제1장

불교는 어떠한 종교인가

자기야말로 자신의 주인,
어떤 주인이 따로 있을까.
자신을 잘 다스릴 때
얻기 힘든 주인을 얻는다.
_『법구경』160

1. 마음을 다스리는 종교

종교는 인간으로 태어나 살며 겪는 다양한 경험들, 타인의 죽음을 통해서 느끼는 죽음에 대한 공포와 함께 시작되었다. 종교는 인간이 직접적으로 경험하지 못한 것들, 예를 들면 깊이를 알 수 없는 불안과 공포를 제거해주고, 삶과 죽음에 대한 바른 견해를 가르쳐준다. 또한 종교는 행복과 불행에 대한 소중한 가르침을 들려준다. 특히 현대 종교는 마음의 평화와 안정에 큰 관심을 기울이는데, 이 가운데 불교는 부처님의 가르침을 통하여 이러한 역할을 충실히 이행한다.

불교란

불교佛敎는 그리스도교, 이슬람교, 힌두교 등 세계 여러 종교들과 어깨를 나란히 하며 철학을 넘어 종교로서의 역할을 한다. 불교의 종교적 특징을 이해하기 위해서는 '불佛'의 의미를 되새겨보아야 한다.

'불'은 '부처님', '부처님의 가르침', '깨달음'의 의미를 포함하고 있다. 따라서 불교는 부처님의 종교이고 부처님 가르침의 종교이며 깨달음의 종교다.

'불교'란 말과 유사한 의미로 자주 사용되는 말이 불법佛法이다. 불법의 '법法'은 '가르침' '진리' '방법' '실천'을 의미한다. 따라서 불법이란 부처님의 가르침, 깨달음에 이르는 방법 그리고 부처님 가르침의 실천을 말한다. 이는 부처님 가르침을 통해 그 가르침을 실천하여 깨달음을 이루고 구현하는 불교의 특징을 잘 보여준다. 그렇다면 부처님의 가르침이란 무엇일까?

> 모든 악을 짓지 말고 모든 선을 힘써 행하며 제 마음을 스스로 깨끗이 하라. 이것이 모든 부처님의 가르침이다.
> _『법구경』183

악을 제거하고 선을 행하는 것은 모든 종교나 윤리도덕의 일반적인 가르침이다. 그러나 불교는 여기에서 그치지 않고 마음을 닦아 청정한 상태를 드러내고자 한다. 마음이 고요하고 깨끗하며 티 없이 청정해지면 자연스럽게 선을 실천하여 세상을 맑게 함은 물론 스스로 자유롭고 평화로운 삶을 살아갈 수 있다. 이에 대해 다시 한 번 생각할 수 있는「문수동자계송」이 있다.

> 성 안 내는 그 얼굴이 참다운 공양구요
> 부드러운 말 한마디 미묘한 향이로다.

깨끗해 티가 없는 진실한 그 마음이
언제나 한결같은 부처님 마음일세.
_『송고승전』 12권

부처님이란

그렇다면 부처님이란 어떤 분일까? 부처님이란 깨달음을 이룬 성
자를 말한다. 그러한 성자는 모든 집착과 번뇌로부터 자유롭기에 해
탈解脫한 사람이다. 해탈한 사람은 스승이 되어 수많은 사람들을 자
유와 평화로 이끄는 세상의 보배 같은 존귀한 분이어서 세존世尊이라
불린다.

많은 무리 사람들의 지도자
그 깊이를 알 수 없는 고요한 성자.
평온한 분, 지혜를 갖춘 분
진리에 머물러 자신을 절제하는 분
집착을 떠나 해탈하신 세존.
나는 그분의 제자입니다.
_『맛지마 니까야』 56 「우빨리의 경」

불교에는 현 세상의 사람들에게 진리를 전한 석가모니 부처님을
비롯하여 과거·현재·미래의 전 우주 곳곳에 존재하는 수많은 부

처님이 등장한다. 누구든지 진리를 깨닫고 실천하면 부처님이기 때문이다. 또한 부처님이 이렇게 많은 이유는 다양한 중생들의 염원에 응하여 거기에 맞게 공감하고 소통하면서 응답했기 때문이다. 과연 하나의 유일한 신, 하나의 유일한 원리로 세상을, 악을, 현대과학을, 사회문제와 많은 사람들이 겪는 고통을 설명할 수 있을까? 불교에 한 부처님이 아닌 수많은 부처님, 보살님 그리고 여러 신들이 존재하는 것은 그만큼 불교가 획일적이지 않고 차이와 다름을 인정하며 관용의 정신으로 시대와 사람, 그 사람들이 겪는 여러 문제에 다가서고 위로하기 위함이다.

진리를 보편적 가르침으로 강조

부처님의 가르침은 부처님과 구별되지 않는다. 부처님은 가르침, 그 진리를 구현한 분이기 때문이다. 불상은 단지 우리가 알아보기 쉽도록 부처님을 우리와 같은 육신의 모습으로 표현했을 뿐이다. 그분의 참모습은 형상과 말을 초월한 진리 그 자체다. 나아가 부처님, 부처님의 진리 그리고 그 진리에 대한 깨달음에 본래 구별이 있지 않다. 깨달음을 구현한 분이 부처님이시다. 다시 말해서 진리에 대한 깨달음은 부처님의 다른 표현이다. 이러한 진리, 즉 법은 다음의 특징을 지닌다.

이 법은 변하지 않고 존속하는 이치[法主]이고

실체로서 고정되어 있는 것이 아니라 텅 빈 진리의 흐름[法空]이며
사물의 있는 그대로의 실상[法如]이고
삼라만상 본래 있는 그대로의 모습[法爾]이다.
법은 진리의 있는 그대로인 실상에서 떠나 있는 것이 아니며
실상과 다른 것도 아니어서 분명하고 진실하여 뒤바뀌지 않는다.
_『잡아함경』12권「인연경」

이는 법이 보편적 진리를 갖추었다는 사실을 여실히 보여준다. 법은 고정됨 없이 영원하며, 자연 그대로의 움직임을 그 모습 그대로 간직하고 있다. 이러한 불법을 익혀 실천하면서 깨달음의 길을 걷는 것이 불자의 삶이다.

마음의 행복과 평화 추구

불교는 철학자의 산물이 아니다. 다시 말해서 아무리 부처님 말씀을 많이 듣고 철학적 지식을 많이 안다고 해도, 완전히 자기 것으로 삼지 않는 한 잠시 위로는 될지언정 자기 자신을 변화시킬 수는 없다. 아무리 좋은 부처님 말씀이라도 체험을 통하여 내 삶과 일상에 변화를 불러오지 못한다면 그것은 남의 다리를 긁는 것과 어떤 차이가 있겠는가? 그래서 불교는 자신을 다스려 삶의 주인으로 살라고 강조한다.

자기야말로 자신의 주인, 어떤 주인이 따로 있을까.
자신을 잘 다스릴 때 얻기 힘든 주인을 얻는다.
_『법구경』160

그렇다면 무엇을 어떻게 다스리는가? 부처님의 말씀과 수행을 통해서 마음을 다스려 진정한 행복을 찾아나가는 것이다. 바꾸어 말하자면 집중력과 지혜를 개발하여 제멋대로 뛰노는 마음을 다스려 두려움도 없고, 갈등도 없으며, 탁 트인 허공과 같은 마음을 간직하는 것이다.

이상을 종합해보면 불교는 마음을 잘 닦고 다스려 행복과 평화를 얻는 마음의 종교라 할 수 있다.

물에서 잡혀 나와
땅바닥에 던져진 물고기처럼
이 마음은 악마의 손아귀에서 벗어나기 위해
파닥거린다.

다스리기 어렵고 재빠르며
욕망을 따라 헤매는 마음을
다스리는 것은 좋은 일이다.
잘 다스려진 마음은 평화를 가져온다.
_『법구경』34~35

2. 지혜와 깨달음의 종교

보라, 그리고 눈을 떠라

불교는 스스로 와서 보고 체험해볼 것을 권한다. 무조건 믿으라고 강요하지 않는다. 부처님도 자신은 길 안내자일 뿐 해탈과 열반, 깨달음은 자신이 직접 체험해야 한다고 강조하셨다. 길 안내자로서 부처님은 지역, 신분, 피부색, 성, 빈부, 학력, 직업, 신체조건 등과 관계없이 그 누구더라도 가까이 다가가 그 사람의 마음에 공감하면서 상황과 조건에 맞게 친절하게 이끌어 스스로 깨달음의 눈을 뜨도록 했다. 안내자 부처님께서는 다음과 같이 말씀하셨다.

> 열반이 있고, 열반에 이르는 길이 있으며, 안내자인 내가 있습니다. 어떤 제자들은 나의 충고와 가르침을 듣고 궁극적인 열반을 성취하지만, 어떤 제자들은 성취하지 못합니다. 그것을 내가 어찌하겠습니까? 여래는 다만 길을 보여줄 뿐입니다.

_『맛지마 니까야』 107 「카니까 목갈라나의 경」

이러한 길 안내자로서 부처님의 말씀을 듣고 불자가 된 사람들의
신행고백을 보자.

> 훌륭한 말씀입니다, 고타마시여. 훌륭한 말씀입니다, 고타마시여.
> 마치 넘어진 사람을 일으켜 세우듯이, 가린 것을 벗겨주듯이, 길 잃
> 은 사람에게 길을 가르쳐주듯이, 눈 있는 사람은 보라고 어둠 속에
> 서 등불을 비추어주듯이, 고타마께서는 여러 가지 방법으로 진리를
> 밝혀주셨습니다.
> _『숫타니파타』 142 「천한 사람의 경」

초기경전을 보면 부처님의 가르침에 감동하여 불교에 귀의한 위
와 같은 불자들의 신행고백이 많이 등장한다. 그 이유는 다른 종교
를 믿던 많은 사람들이 부처님과 부처님의 가르침을 접하고 인격적
감동과 감화를 받아 마음이 크게 움직였기 때문이다. 그 결과 부처
님을 만난 사람들은 귀를 열고 눈을 떴다. 귀를 열고 눈을 뜬 사람
은 진리를 보기 마련이다. 눈을 뜬 사람이 깨달은 사람이다. 부처님
께서는 이에 대해 '티 없고 때 묻지 않는 법의 눈이 생겼다'고 말씀하
셨다.

무엇에 대한 깨달음이고 지혜인가?

깨달음이란 말은 용법상, 어떤 것에 대한 깨달음이다. 이때 '어떤 것'이란 다름 아닌 부처님의 가르침이요 진리며 법이다. 그리고 이러한 진리, 법에 대한 통찰을 불교에서는 지혜라고 한다. 지혜를 편의상 내용적으로 분류하자면 존재의 실상을 바르게 아는 지혜, 완전한 행복을 아는 지혜 그리고 모든 존재들이 서로서로 관계 속에 있음을 통찰하는 지혜, 이 세 가지로 나눌 수 있다.

존재의 실상에 대한 지혜는 모든 존재의 본래 모습에 대한 통찰을 통해 삶의 현실을 직시하는 지혜이고, 완전한 행복을 아는 지혜는 최상의 행복인 열반을 통찰하고 향유하는 지혜이며, 모든 존재들의 상호관계성을 통찰하는 지혜는 이웃을 향한 자비와 전법의 실천으로 이어진다. 이 세 가지 지혜는 서로 함께 어우러져 한 맛을 이루며 불자의 내면을 풍요롭게 하며 행복하고 평화로운 삶으로 이끈다.

존재의 실상을 직시하는 지혜

존재의 실상을 직시하는 지혜는 모든 사물이 고정된 실체가 없이 무상하게 흘러가고 있음을 통찰하는 것이다.

인간의 정신적 고통은 대부분 상실과 좌절에서 발생한다. 많은 사람들이 아끼고 보호하던 것을 잃어버렸을 때 "아! 내가 가졌었는데, 이제는 더 이상 내 것이 아니구나." 하면서 슬퍼하고 비탄에 잠기며

통곡하고 어쩔 줄 몰라 한다. 이런 상실과 좌절은 마음에 들면 잡고 싶고, 잡으면 놓치기 싫은 마음, 즉 욕망과 집착을 전제로 한다.

그런데 우리가 그렇게 욕망하고 집착하는 '나'와 '세상'이 과연 실제로 존재하는 것인지, 존재한다면 어떻게 존재하는 것인지에 대한 깊은 성찰과 지혜로운 통찰은 부족하다. 그래서 부처님께서는 다음과 같이 말씀하셨다.

> "비구들이여, 상주하고 견고하고 지속하고 변하지 않는 것, 이처럼 영원히 존재할 것만 같은 그러한 소유물이 있다면 그에 집착하는 것은 당연하다. 하지만 수행자들이여, 그대들은 상주하고 견고하고 지속하고 변하지 않는 것, 이처럼 영원히 존재하는 소유물을 실제로 본 적이 있는가?"
>
> "세존이시여, 본 적이 없습니다."
>
> "비구들이여, 훌륭하다. 나도 상주하고 견고하고 지속하고 변하지 않는 것, 이처럼 영원히 존재하는 그러한 소유물을 본 적이 없다. 우울, 슬픔, 고통, 근심, 불안을 일으키지 않는 그러한 자아가 있다면 그에 집착하는 것은 당연하다. 하지만 그대들은 우울, 슬픔, 고통, 근심, 불안을 일으키지 않는 그러한 자아를 실제로 본 적이 있는가?"
>
> "세존이시여, 본 적이 없습니다."
>
> "비구들이여, 훌륭하다. 나도 또한 우울, 슬픔, 고통, 근심, 불안을 일으키지 않는 그러한 고정된 자아를 보지 못했다."
>
> _『맛지마 니까야』 3 : 22 「뱀에 비유한 경」

우리는 욕망과 집착의 대상인 그 무엇이 나를 영원히 행복하게 해주리라 믿고, 그 무엇만 있으면 나는 영원히 행복하리라 믿는다. 하지만 그것은 착각이고 잘못된 믿음이다.

잘못된 믿음과 집착에서 떠나려면 합리적으로 추론해보고 사물의 실상을 바로 알아야 한다. 잘못된 믿음을 떠나 모든 것이 영원히 머무르지 않고 무상하게 시시각각 변한다는 사실을 통찰하고 우울이나 슬픔을 발생시키는 고정된 자아가 없다는 무아를 통찰하는 것이 지혜로운 삶이다.

최상의 행복을 통찰하고 향유하는 지혜

원하고 바라는 것을 성취할 경우 사람들은 행복감에 잠긴다. 불교에서는 행복을 크게 세 가지로 나눈다. 첫째는 학문과 기술을 익혀 이윤 창출을 통해 현생에서 행복하게 사는 것이요, 둘째는 계를 지키고 보시하며 봉사하는 삶을 통해 현생에서도 행복하고 내생에서도 복을 받는 것이다. 하지만 이러한 행복은 영원하지 않다. 셋째는 변하지 않는 영원한 행복으로, 나와 세상을 무아, 무상으로 바라보는 지혜를 개발하고 지금 여기에서 열반을 체험하고 성취하는 것이다. 이러한 열반은 모든 것이 비어 있음을 통찰하는 위없는 깨달음이자 최상의 지혜를 통해서 전개된다.

건강은 가장 큰 이익이고

만족은 가장 큰 재산이며

믿고 의지함은 가장 귀한 친구이고

열반은 최상의 행복이다.

_『법구경』 204

도덕적 삶을 살고 청정한 범행을 닦고

성스러운 진리를 보며

열반을 실현하는 것,

이것이야말로 최상의 행복이다.

_『숫타니파타』 267 「큰 행복의 경」

모든 존재들의 상호관계성을 통찰하는 지혜

모든 존재들의 상호관계성을 통찰하는 지혜는, 내가 모든 존재와 서로 연결되어 있으며 내 속에 네가, 네 속에 내가 서로 들어 있다는 것을 통찰하는 일이다. 모든 존재들은 서로 자리를 바꾸며 서로 스며든다. 나의 빈자리에는 네가, 너의 빈자리에는 내가 스민다. 모든 존재는 상호간에 연결되어 서로서로 영향을 미친다. 이것이 연기라고 일컬어지는 통찰적 지혜다.

　내가 깨달아 완전한 행복을 얻었다 하더라도 다른 중생들은 어떻게 되든지 상관하지 않는다면 불법을 올바르게 깨달았다고 할 수 없다. '나홀로'의 깨달음은 완전한 깨달음이라고 할 수 없다.

부처님의 눈에 비친 중생들은 마치 연못 속에 피어 있는 각양각색의 연꽃같이 다양하지만, 한결같이 진흙에 물들지 않은 청정한 모습이다. 따라서 그 중생 본연의 모습을 일깨워 함께 길을 가며 깨달음으로 이끄는 것은 다른 어떤 자비행보다 값지다. 그런 의미에서 불자들은 이웃과 함께해야 하며 이웃에게 법을 전해야 한다.

지혜로운 삶의 길과 깨달음

어제의 복이 오늘의 화근이 될 수 있고, 오늘의 화근이 내일의 복이 될 수 있다. 따라서 어떤 어려운 상황이 닥치더라도 거기에 집착하지 않고 상황 변화를 있는 그대로 통찰하면서 평정심을 유지하고 행동하는 것이 중요하다. 주어진 인연에 따라 아름다운 인간관계를 맺으며 흔들림 없이 살아가는 것 또한 삶을 지혜롭게 사는 길이다.

> 선한 사람은 어디서나 집착을 놓아버리고
> 쾌락을 찾아 갈망하지 않는다.
> 즐거운 일이 생기든 괴로운 일이 생기든
> 지혜로운 사람은 흔들리지 않는다.
> _『법구경』 83

이러한 지혜에 눈을 떠 사물의 실상을 바로 보는 것이 깨달음이다. 깨달음으로 갑갑한 족쇄가 떨어져 나가고 괴로움이 없는 환한

세계가 열린다. 그러면서 평화로운 열반, 자유로운 해탈에 머물게
된다.

　그래서 불교에서는 '지혜의 눈을 뜨고 깨달으라!'라고 요구한다.
검증되지 않은 막연한 생각을 버리고 눈앞의 현실을 직접 두 눈으로
면밀히 살펴보라 말한다. 관습에 얽매인 맹목적 믿음을 버리고, 합
리적으로 사유하며, 삶의 실상을 있는 그대로 보는 지혜로 통찰하라
고 한다. 그렇게 하려면 부처님 말씀을 잘 새겨듣고 성찰하며 수행
해야 된다.

3. 수행의 종교

부처님께서는 인간이란 착각과 망상으로 인해 손해와 이익, 폄훼와 명예, 비난과 칭찬, 괴로움과 즐거움 등을 오락가락하며 괴로움 덩어리를 안고 중생놀음을 반복하고 있다고 말씀하셨다. 또한 괴로움에서 벗어난 해탈·열반의 세계가 얼마나 평화롭고 행복한 곳인지를 보여주신다. 나아가 미혹한 중생의 상태에서 진정 행복한 사람, 마음이 평안한 사람, 안락한 사람, 자유로운 사람으로 살아가는 길을 제시하셨다. 이것이 바로 부처님 가르침이요, 수행에 대한 가르침이다.

수행의 가치

마음의 평화와 안정은 현대인들이 추구하는 최고의 가치 가운데 하나다. 사람들은 수행을 통해 경쟁사회에서 겪는 아픔과 갈등, 압박 등의 스트레스를 제거하고 평화와 안정을 찾는다. 수행을 하면 자신을 가리고 있는 욕망과 어리석음의 어두운 구름은 걷히고 본래 청정한 생명의 실상이 드러난다. 그것은 자기를 잘 다스려 진정한 삶의 주인으로 사는 길이기도 하다. 그렇게 되면 어떤 경계나 상황에서도 자유롭다. 이런 수행자의 빛과 향기는 나와 세상을 밝히고 향기롭게 만드는 천년의 보배와 같다.

> 3일 동안 닦은 마음은 천년의 보배가 되고
> 백년 동안 탐착한 재물은 하루아침의 먼지가 된다.
> _『자경문』

> 허술하게 덮은 지붕에
> 비가 새듯이
> 수행이 덜된 마음에는
> 욕망의 손길이 쉽게 스며든다.
> _『법구경』13

불교수행의 특징

불교수행은 기본적으로 계戒, 정定, 혜慧 삼학三學을 닦는 것이 특징이다. 계란 계율을 지키는 것이고, 정이란 선정을 의미하며, 혜란 반야의 지혜를 말한다.

계를 앞세운 이유는 욕망을 절제하고 서로를 배려하는 도덕적 행위들을 우선 배우고 익혀야 하기 때문이다. 남의 가슴에 대못을 박거나 잘못을 저지르고 마음의 평화를 유지하기란 힘든 일이다. 그래서 생각과 말과 행동으로 아픔과 다툼을 일으키는 나쁜 습관을 없애고 행복과 평화를 일으키는 좋은 습관을 익혀야 한다. 이를 계율에 대한 학습인 계학戒學이라고 한다. 다음에는 탐욕과 증오로 들뜬 마음과 행동을 차분히 가라앉히고, 조용히 명상하는 시간을 가져야 한다. 이것을 선정에 대한 학습인 정학定學이라고 한다. 마지막으로 선정을 통해 나오는 맑은 지혜를 닦아 진리를 깨친다. 이를 지혜에 대한 학습인 혜학慧學이라고 한다. 이런 삼학은 솥의 세 발이나 삼발이 기구처럼 밀접하게 연결되어 수행의 길을 열어간다. 오늘날 이런 수행은 선 혹은 명상의 형태로 보편화되고 있다.

보통 선정은 초기불교 이래 지止와 관觀의 두 가지 축으로 진행되어왔다. 지는 어느 한 대상에 집중하여 번뇌 망상을 멈추는 것이며, 관은 관찰하여 사물의 실상을 통찰한다. 선정에 들면 고요한 삼매의 상태에서 깊은 희열을 느끼며, 마음이 가벼워지고 마침내 깨달아 성자의 길로 들어서게 된다.

> 지혜의 힘이 있고, 계율과 덕행을 잘 갖추고, 마음이 집중되고, 선정을 즐기며, 생각이 깊고, 집착에서 벗어나 거칠지 않고, 번뇌의 때가 묻지 않은 사람, 지혜로운 이들은 그를 성자로 안다.
> _『숫타니파타』 211 「성자의 경」

번뇌 망상은 마음속의 생각이 이것저것 무작위로 떠오르는 형태, 하나의 생각이 꼬리에 꼬리를 물고 끊임없이 다른 생각을 떠올리는 형태로 일어난다. 마음이 안정되지 못하고 들뜬 상태에서는 아무리 좋은 말씀도 귀에 들어오지 않기에, 우선 마음을 차분히 가라앉혀야 한다. 마음을 가라앉히는 것이 바로 번뇌 망상을 제거하는 일이다.

선정에 들어 마음이 고요해지고 지혜의 힘으로 번뇌가 제거되면 마음의 본성이 있는 그대로 드러난다. 마치 항아리에 담긴 물이 출렁거리지 않을 때 비로소 얼굴이 비치는 이치와 같다. 마음이 환해지면 나와 너 사이의 차별과 경계의 벽이 허물어져 동체대비의 실천으로 이어진다.

수행이란 변화며 자신을 다스리는 과정이다

수행이란 자신과 세상을 변화시키는 과정이다. 바른 앎과 실천수행을 바탕으로 중생이 성자로 새롭게 태어나는 길이며, 사바세계를 부처님 나라로 바꾸는 길이다. 그러기 위해서는 일상에서 부지런히 수행하여 욕망과 집착에서 비롯된 행위, 증오와 두려움을 일으키는 행위를 하나하나 바로잡아야 한다. 그렇게 해서 자신을 지혜롭게 잘 다스릴 때만이 어떤 역경과 폭언에도 휘말리지 않고 담담하게 앞길을 열어갈 수 있다.

앙굴리말라Aṅgulimāla 비구가 걸식을 하러 사위성에 들어갔을 때 일이다. 그를 본 사위성 사람들은 모두 경악했다. 왜냐하면 그는 얼마

전까지 무고한 생명을 수없이 해친 흉악한 살인자였기 때문이다. 사위성 사람들은 그에게 돌을 던지고 몽둥이와 칼을 휘둘렀다. 앙굴리말라 비구는 갈가리 찢긴 옷을 입고 온몸이 피투성이가 된 채 부처님께 돌아왔다. 그런 자신을 안타까운 눈길로 바라보는 부처님께 앙굴리말라 비구는 담담하게 게송으로 아뢴다.

> 활 만드는 장인이 뿔을 잘 다루고
> 능숙한 뱃사공이 거친 물살을 누비며
> 훌륭한 목수가 나무를 잘 다듬듯이
> 지혜로운 사람은 자신을 다스립니다.
> 누군가 채찍으로 저를 때리고
> 누군가 폭언으로 저를 욕해도
> 끝내 칼과 몽둥이로 맞서지 않으리니
> 저는 이제 스스로를 항복받았습니다.
> _『증일아함경』31권「역품」

깨달음에 이르려면

이해에서 체험을 거쳐 깨달음을 여는 길, 그것이 수행이다. 고뇌와 불안이 반복되는 우리의 일상을 커다란 못이 여기저기 삐져나온 문턱에 비유해보자. 조금만 부주의해도 너나없이 그 못에 걸려 상처를 입는다. 단단히 박힌 그 못은 힘센 어른이 흔들어도 요지부동이다.

이 못을 어떻게 해야 할까? 이럴 땐 망치가 유용하다. 이해란 흡사 망치로 그 못을 뽑거나 더 깊이 박을 수 있다는 것을 알고, 망치를 찾는 것과 같다. 하지만 망치를 찾았다고 모든 문제가 해결되진 않는다. 반드시 그 망치로 한바탕 애를 써야 한다. 그래서 중국 당나라 황벽선사는 이렇게 노래했다.

> 번뇌 망상 벗어나기 예삿일 아니니
> 고삐 단단히 쥐고 한바탕 힘쓸지어다.
> 뼛골에 사무치는 추위 없이
> 코끝을 찌르는 매화향기 어찌 맡으랴.
> _『완릉록』

　천 리 길도 한 걸음부터라고 했다. 나태와 유혹을 잠재우고 일상에서 마음을 단단히 부여잡고 하루에 5분 내지 10분씩이라도 수행하는 시간을 갖자. 운동을 하면 그만큼 근육이 생겨나듯이, 수행 또한 하는 만큼 마음의 근육이 생겨난다. 그러면 마음의 평화와 안정은 물론 일상이 평온해지고 하루하루 좋은 날이 된다. 덤으로 건강과 치유의 효과까지 얻어 수행하는 불자는 행복한 삶을 열게 된다.

4. 자비와 보살행의 종교

자비의 마음

불자에게 지혜와 자비는 새의 양날개와 같고, 수레의 두 바퀴와 같다. 타인을 깨우치지 못하는 지혜, 타인의 행복에 기여하지 못하는 지혜, 자비로운 마음과 자비로운 행동이 결여된 지혜는 날개가 하나뿐인 새처럼, 바퀴가 하나뿐인 수레처럼 불완전하다. 설령 누군가 크게 깨달았다 해도 그에게 자비로운 마음씨와 행동이 부족하다면 그것은 불완전한 깨달음이다. 따라서 자비는 깨달음의 실천이다.

　그런 의미에서 불교는 자비慈悲의 종교다. 자비란 말은 산스크리트어로 '친구'란 말에서 왔다. 친구란 서로 평등한 관계고, 따라서 자비란 무엇보다도 주는 자와 받는 자가 평등한 관계여야 한다. 자비의 '자慈'는 자신과 상대의 행복을 바라는 자애로운 마음이다. 저들도 나처럼 행복하기를 바라고, 온 세상이 행복하기를 바라는 것이다. '비悲'는 상대의 괴로움과 함께하며 그 괴로움을 없애주려는 연민의 마음이다. 따라서 '자'보다는 '비'가 상대를 더 적극적으로 생각하는 마음이다. 부처님께서는 자비에 대해 다음과 같이 말씀하셨다.

> 어떤 생명을 가진 존재도, 동물이든 식물이든 빠짐없이, 좁고 긴 것이든 거대한 것이든 그 중간 것이든, 짧고 작은 것이든 미세한 것이든, 눈에 보이는 큰 것도, 지금 바로 이곳에 있는 것도 없는 것도, 멀리 있는 것도 가까이 있는 것도, 과거에 있었던 것도 또는 미래에 있고자 하는 것도, 모든 생명이 진심으로 행복하기를.
>
> 어느 누구도 남을 속여서는 안 되리. 또 어디서나 남을 경멸해서도 안 되리. 화를 내어 남에게 괴로움을 주어서도 안 되리. 어머니가 자신의 외아들을 목숨 바쳐 보호하듯 모든 살아 있는 존재들을 위하여 한량없는 자비심을 내소서. 또한 온 세계에 대해서 한량없는 자비를 행하소서. 위로 아래로 옆으로 확장하여 어떤 걸림도 없이, 적의 없이, 한량없이 자애로운 마음을 펼치소서.
> _『숫타니파타』 146~150 「자애경」

자비의 대상에는 두 가지가 있다. 하나는 자기 자신이요, 다른 하나는 다른 중생이다. 자비는 나 자신이 아픔이 없고 행복하기를 바라며, 가족, 이웃, 동료, 다른 모든 중생들이 아픔이 없고 행복하기를 바라는 것이다.

> 비구들이여, 마땅히 자기를 이롭게 하고 남을 이롭게 하며, 자기와

남을 함께 이롭게 할 것을 관찰하고 꾸준히 힘써 공부해야 한다.
_『잡아함경』14권 「십력경」

탐욕과 증오의 제거

자비는 증오를 없앤다. 증오를 느끼는 한 결코 어떤 자비도 베풀 수가 없다. 나를 포함한 모든 생명이 있는 것들에 대한 탐욕과 증오의 제거는, 그것들에 대한 연민으로 완성된다. 연민이란 모든 중생들의 괴로움을 나의 괴로움과 같이 생각하고 느끼고, 그 괴로움을 신속하게 제거하고자 하는 실천이다. 마치 고통에 시달리는 자식을 바라보는 부모의 심정과 같이, 모든 중생의 괴로움을 차별 없이 제거하고자 하는 노력이다.

탐욕, 증오, 괴로움은 서로 밀접한 관계를 맺는다. 탐욕은 증오의 원인이다. 나아가 중생의 괴로움은 탐욕과 증오에 의해서 일어난다. 탐욕과 증오에서 해방되면 나를 포함한 모든 중생의 괴로움도 없어질 수 있다는 의미다.

> 과거에 일어난 어떤 괴로움이라도 그것은 모두 탐욕 때문에 일어났다. 왜냐하면 탐욕은 괴로움의 뿌리이기 때문이다.
> 미래에 일어날 어떤 괴로움이라도 그것은 모두 탐욕 때문에 일어날 것이다. 왜냐하면 탐욕은 괴로움의 뿌리이기 때문이다.
> 지금 일어나는 어떤 괴로움이라도 그것은 모두 탐욕 때문에 일어난

다. 왜냐하면 탐욕은 괴로움의 뿌리이기 때문이다.

_『쌍윳따 니까야』 42 : 11 「라시야의 경」

표주박에 기름을 담아 활활 타오르는 불에 부으면
불은 오히려 표주박에 붙어버리듯이
분노하는 마음도 그와 같아서 착한 마음을 불태워버린다네.
내 마음속에 증오심을 갖지 않으면
분노가 생겼다가도 사라지리라.

_『별역잡아함경』 2권 「초송2」

보살의 길과 보살의 마음

자비수행을 할 때 나와 직접적인 이해관계가 없는 대상이나 좋아하는 대상에 대한 자애와 연민은 어렵지 않을 수 있다. 하지만 나를 괴롭히는 사람을 자비롭게 대하기는 너무나 힘들다. 중생의 마음이란 좋고 싫은 대상을 차별 없이 공평하게 느끼는 것 자체가 불가능하기 때문이다. 그래서 불교에서는 평등한 마음을 강조한다. 이 평등한 마음을, 네 가지 다함이 없는 마음이라 일컫는 사무량심四無量心과 함께 살펴보자.

자무량심慈無量心 : 자애를 안겨주는 무량한 마음
비무량심悲無量心 : 남의 괴로움을 덜어주는 무량한 연민의 마음

희무량심喜無量心 : 함께 기뻐하는 무량한 마음

사무량심捨無量心 : 사람들에 대한 애증을 떠나 차별하지 않는 무량한
마음

해탈로 이끄는 자애와 연민, 기쁨과 평정을 때에 맞게 실천하며,
온 세상으로부터 방해받지 않고, 무소의 뿔처럼 혼자서 가라.
_『숫타니파타』73「무소의 뿔의 경」

사랑이 없는 사람에게는 자애를 가르치고
중생을 해치는 사람에게는 연민을 가르치며
근심하는 사람에게는 기쁨을 가르치고
애증이 교차하는 사람에게는 평정을 가르치네.
_『화엄경』6권「보살명남품」

　　모든 중생을 평등하게 보고 자애를 베풀며 연민을 실천하는 삶은
보살의 대자대비大慈大悲한 마음으로 이어진다. 보살은 한편으로는 보
리를 구하고 다른 한편으로는 중생을 구제하는 구도자다. 이를 '상
구보리上求菩提 하화중생下化衆生'이라고 한다. 『화엄경』에서는 보현보
살이 등장하여 '무량한 중생을 교화'하고 '위없는 도를 굳건히 세우
는' 보살의 비교할 수 없는 행위를 찬탄한다. 다음은 그 한 대목이다.

　　보살의 지혜는 넓고 가득해 청정하기가 허공과 같네. 한량이 없는
　　그 방편으로 일체 중생을 이롭게 하고 맑고 시원한 자비의 물로 불

붙는 온갖 번뇌 없애버리네.
_『화엄경』 43권 「이세간품」

　불교에는 대비심을 베푸는 보살들이 다수 등장한다. 관세음보살, 지장보살, 약사보살 등이 그들이다. 이러한 보살마하살은 중생 구제 활동의 길에서 자신과 타인을 구별하지 않는다. 타인의 아픔을 자신의 아픔으로 받아들이고 몸소 실천한다. 그래서 우리가 보살님의 명호를 부르고, 아픔을 호소할 때 보살님은 그 아픔을 들어주고 치유해준다. 불자들도 이와 같이 타인의 아픔을 자신의 아픔으로 여기며, 뭇 생명들을 괴로움에서 구제하는 보살의 길을 걷는 사람들이다. 불교는 이렇게 보살의 대비심을 실천하는 종교다. 자비로 나와 남이 함께 행복을 구현하는 종교가 불교다.

이 세상의 모든 행복은
남들이 행복하길 바라는 데서 오고
이 세상의 모든 불행은
자신만의 행복을 바라는 데서 온다네.
더 이상 무슨 말이 필요하랴.
어리석은 이들은 자신의 이익만을 구하고
깨달은 이들은 남들을 위해 일하나니
잘 보라! 이 둘의 차이를.
_『입보리행론』

5. 합리적 세계관과 진리의 종교

합리적으로 세상을 조명

일상에서 어떤 문제가 발생하면 우리는 그 문제가 일어난 원인을 분석한 다음 원인에 근거하여 해결책을 마련한다. 불교는 중생의 실상을 괴로움이라고 정의한다. 그리고 그 괴로움에서 벗어나기 위해서는 괴로움의 원인을 알아야 한다고 말한다. 나아가 그 괴로움에서 벗어나는 길을 통해 괴로움에서 완전히 벗어날 수 있도록 인도한다. 부처님은 친절하고 합리적으로 사람들을 아픔에서 벗어나게 하기 때문에 대의왕大醫王이라고 불린다. 여기에 어떤 신비한 이적이나 비상식적인 질서 파괴는 엿보이지 않는다. 부처님께서는 사람들의 능력과 수준에 맞게, 이해할 수 있는 일상의 세계에서 비유와 문답 형식으로 가르침을 펼치신다.

부처님 당시 슈라바스티(śrāvastī, 사위성)에 키사 고타미라는 여인이 살고 있었다. 그녀는 아주 어렵게 아이를 얻었다. 아주 소중한 아들이었다. 하지만 아이는 아장아장 걸을 때 갑자기 죽고 말았다. 깊은 슬픔에 빠진 여인은 죽은 아이를 안고 살릴 수 있는 약을 찾아다녔다. 이를 딱하게 여긴 마을 사람들은 훌륭한 의사를 찾아가라고 권유했다. 그 의사가 부처님이었다. 여인은 부처님께 아들을 살릴 수 있는 방법을 여쭈었다. 부처님께서는 마을로 내려가서 죽은 사람이 없는 집에 가서 겨자씨 한 톨을 얻어오면 아들을 살려주겠다고 말씀하셨다. 그런데 집집마다 돌아다녀도 사람이 죽지 않은 집을 찾을 수 없었다. 그녀는 결국 빈손으로 부처님께 돌아왔다. 부처님께서는 "겨자씨는 어디에 있는가? 너의 아들은 어디에 있는가?" 물었다. 키사 고타미는 "마을 사람 중에 죽지 않는 자는 아무도 없다는 사실을 알았습니다"라고 말했다. 부처님께서는 말씀하신다.

"고타미여, 그대는 오직 그대만이 아들을 잃었다고 생각했다. 그대가 생각한 것처럼 죽음이란 모든 존재에게 오는 것이다. 홍수가 모든 마을을 휩쓸고 가듯이."

부처님의 이 말씀을 듣고 키사 고타미는 무상에 대해 깊은 통찰을 얻는다. 그녀는 출가하여 비구니가 되고 얼마 지나지 않아 깨달음을 얻었다.

_『장로니게』 10 주석 213

이 이야기에서 부처님은 괴로움의 해결을 위해서 고타미가 직접 체험하도록 가르침을 주고 있다. 고타미는 집집마다 돌아다니며 죽은 사람이 없는 집에서 겨자씨를 구해야 했지만, 죽은 사람이 없는 집은 없다는 사실을 자각하게 된다. 결국 고타미는, 사람은 누구나 죽음을 피할 수 없다는 무상의 진리를 깨닫게 된다.

　이와 더불어 불교는 행위를 중요시한다. 행위란 업業을 말한다. 사람들은 행위에 의해서 미래세에서 현재세로, 현재세에서 과거세로 흘러가며 연속성을 지닌다. 이것은 업이 숙명이나 운명과는 다르다는 것을 의미한다. 미래의 일들이 이미 정해져 있는 것이 아니라, 현재의 행위가 다음 순간의 원인과 조건을 만들고, 여러 가지 생존과 삶의 양태는 그 원인과 조건 속에 존재한다는 의미다.

불교는 현실 속에서 입증되는 가르침

불법은 우리가 현실 속에서 눈으로 직접 보고 확인할 수 있는 가르침이요, 잘 사유하면 이해할 수 있는 보편적인 가르침이며, 누구나 체험을 통해 확인할 수 있는 가르침이다. 그래서 불교는 삶 이전과 죽음 이후의 세계보다 이 현실을 중요하게 여긴다. 바로 지금 여기에서 괴로움을 벗고 어떻게 사는 것이 행복한 삶인지 스스로 체험하고 느끼며 증명하고자 한다.

> 법은 부처님께서 잘 설하셨으며, 현실에서 밝혀지고 증명된다. 법은 어느 시대나 적용되며, 누구라도 와서 보라고 말할 수 있다. 이 법은 열반으로 잘 인도하며, 지혜 있는 이가 스스로 체험할 수 있다.
> _『잡아함경』 8권 「불방일경」 외

더불어 불교는 나와 세상이 실체로서 고정되어 있지 않고 텅 비어 매순간 무상하게 흘러가고 있음을 역설한다. 만물은 끊임없이 흐르고 흐르며, 똑같은 강물에 발을 두 번 담글 수 없는 법이다. 부처님께서는 세상 모든 것이 실체가 없다는 사실을 보여주기 위해 다음과 같이 말씀하셨다.

> 비구들이여, 갠지스 강의 커다란 물거품을 보고 고요히 관찰하여 이치에 맞게 탐구하면 비어 있음을 발견하고, 공허함을 발견하고, 실체가 없음을 발견한다. 수행자들이여, 무엇이 실로 물거품의 실체일 수 있는가.
> _『쌍윳따 니까야』 22 : 95 「물거품 비유경」

모든 것은 물거품처럼 시시각각 생멸하며 일어났다 사라진다. 무엇이든 이것이 내 것이라고 할 만한 것은 아무것도 없다. 움켜쥐는 순간 모래알처럼 내 주먹 사이로 빠져나간다. 비어 있고 공허하다. 바로 나와 존재와 세상의 이러한 이치를 설명하기 위해 부처님께서는 사실을 이치에 맞게 객관적으로 볼 것을 강조하셨다.

자신의 가르침에 대한 집착도 경계함

부처님은 당신이 설한 가르침에 대한 집착조차 경계한다. 가르침이란 깨달음이라는 목적지에 도달하기 위한 뗏목과 같다. 부처님께서는 사람들을 깨달음으로 인도하기 위해 각자의 상황에 맞게 법을 설하셨지만, 그것은 일종의 뗏목으로서 방편에 불과하니 그것에 집착하지 말라고 강조하셨다. 이것이 유명한 뗏목의 비유다.

> "비구들이여, 가령 길을 가던 나그네가 강을 만나 그냥 건널 수도 없고 배도 없고 다리도 없었다. 그는 나뭇가지와 나뭇잎을 모아 뗏목을 만들어 무사히 강을 건넜다. 그는 그 뗏목이 대단히 도움이 되었기에 뗏목을 가지고 목적지로 가기로 했다. 비구들이여, 이 나그네의 행동은 올바른 것인가?"
>
> 비구들이 답했다.
>
> "아닙니다. 부처님."
>
> 부처님께서 다시 말씀하셨다.
>
> "나는 해탈을 위해 집착에서 벗어나야 함을 알리기 위해 이 비유를 말했다. 비구들이여, 참으로 뗏목의 비유를 아는 그대들은 정법마저 버려야 하거늘 하물며 비법非法이랴!"
>
> _『맛지마 니까야』 22권 「뱀에 대한 비유의 경」

그리고 부처님께서는 자신의 이론만 주장하고 다른 사람의 이론을 비난하고 헐뜯는 사람들의 말을 따르지 말라고 당부하셨다. 그러면서 소문으로 들은 것, 전통적인 사고, 성전의 가르침, 그럴듯한 추리, 심지어 스승의 말이라고 해도 그대로 따르지 말라고 하셨다.

소문으로 들었다고 해서, 대대로 전승되어온 것이라고 해서, 사람들이 '그렇다 하더라'고 해서, 성전에 쓰여 있다고 해서, 논리적이라고 해서, 추론에 의해서, 이유가 적절하다고 해서, 우리가 사색하여 얻은 견해와 일치한다고 해서, 유력한 사람이 한 말이라 해서, 혹은 '이 수행자는 우리의 스승이다'라는 생각 때문에 그대로 따르지는 말라.

_『앙굿따라 니까야』 3 : 65 「칼라마의 경」

아무리 훌륭한 가르침이라도 스스로 보고 찾는 가운데 자기 확신이 바로 설 때, 그것이 좋고 행복하다는 사실을 알았을 때, 그 가르침을 따르라는 말씀이다.

한편 방편이란 상황에 따른 적절한 도구요 지침이며 그에 어울리는 언어와 행동을 동반한다. 이러한 방편이 어느 때나 어느 누구에게나 다 맞는 것은 아니다. 각자가 처한 상황이 모두 다르기 때문이다. 말과 행동 역시 한계를 지닌다. 방편은 진리를 상황에 맞게 표현한 비유고 말이다. 불교는 이렇게 다양한 방편을 열어놓는다.

열린 관계성에 대한 통찰

불교가 이성적 사유에 입각한 합리성을 강조하긴 하지만 그렇다고 해서 이기적 이성을 옹호하지는 않는다. 오히려 불교는 자기중심적인 이성의 독단을 뛰어넘어 전체적인 관계망 속에서 자신의 삶을 변화시키고자 한다. 이성은 분별심으로 나와 남, 이것과 저것, 선과 악을 헤아리고 차별하며 자기 욕심을 채우기에 급급하기 때문이다. 그래서 불교에서는 통찰적 지혜를 가지고 전체와의 열린 관계망 속에서 자신을 열어가고자 한다. 부처님은 선과 악, 고통과 쾌락 등의 이분법적인 분별의 경계를 벗어난 분이셨다. 그런 의미에서 불교는 청정한 마음으로 경계의 벽을 허물고 모든 것이 조화롭게 드나드는 생명의 실상을 여실하게 보여준다. 특히 선불교에서는 분별을 떠나 지혜로 양식을 삼으라고 한다.

> 분별의 양식과 지혜의 양식이 있다. 지혜의 양식은 주림과 질병의 바탕인 이 몸에 알맞게 영양을 공급하여 탐착을 내지 않는 것이다. 반면 분별의 양식은 제멋대로 허망한 분별심을 내어 오직 입에 맞는 것만 구하며, 욕심에서 떠나거나 버릴 줄 모르는 것을 말한다.
> _『전심법요』

> 그대가 머무는 바 없는 마음을 분명히 알고자 할 때는 바르게 앉아 일체의 모든 사물을 이성적으로 헤아리지 말며, 일체 모든 선악을 헤아리지 마라.
> _『대주선사 어록』

이렇게 불교는 이성적 분별을 뛰어넘어 무분별의 전체성으로 어우러진 융합을 지향한다. 선과 악을 구별 짓기는 하지만, 최종적으로 선과 악의 경계마저 넘어선다. 이런 이유로 세계적인 철학자, 과학자, 사상가 등은 불교가 강조하는 법, 그 진리가 인류를 구원할 희망이라고 보고 있다.

제2장

불 · 법 · 승 삼보에 대한 믿음

사람은 믿음으로써 거센 흐름을 건너고,

방일하지 않는 수행으로 큰 바다를 건넌다.

정진으로써 괴로움을 이겨내고,

지혜로써 완전히 청정해진다.

_『숫타니파타』183「알라바까의 경」

1. 믿음의 중요성과 바른 믿음

불교에서 믿음이란

종교는 사람들에게 세계관과 가치관을 제공하는 중요한 신념체계
다. 그중에서도 종교적 믿음은 삶의 방향을 결정하는 나침반과 같
다. 어떤 종교를 믿느냐에 따라 그의 인생이 판이하게 달라질 수 있다.

　불교는 무조건적인 믿음을 강요하지 않는다. "와서 보라"고 하고
"귀를 열며 눈을 뜨라"고 한다. 직접 체험해보고 합리적 이해와 의심
을 거친 믿음이라야 확고한 신념으로 가슴 깊이 자리 잡을 수 있기
때문이다. 따라서 열린 마음으로 교의를 숙고하고, 이성적 점검과
판단을 통해 종교를 선택하는 것이 불자의 바람직한 행동이다. 그렇
게 선택한 종교는 삶을 활기차게 이끄는 원동력이 되고, 예측불허의
상황에서도 흔들리지 않는 확고한 삶의 지침이 되며, 행복과 평안이
라는 유익한 결과를 약속한다. 이런 불교의 믿음은 이해를 동반한
믿음이라 해서 신해信解라고 한다.

믿음은 도의 근원이며 공덕의 어머니
모든 선한 법을 무럭무럭 자라게 하며
의심의 그물을 끊고 애착을 벗어나
열반의 위없는 길을 활짝 열어준다네.
　_『화엄경』 15권 「현수품」

부처님은 힌두교의 신과 자아에 관한 사상을 부정하셨다. 즉 영원히 변하지 않는 창조주로서의 신에 대한 경외심도, 그에 대한 경외심을 갖는 변치 않는 자아도 인정하지 않으셨다. 오히려 부처님께서는 영원한 신과 자아가 존재하지 않는다는 진리를 여실히 아는 것이 깨달음이라고 하셨다. 그런 의미에서 불교는 깨달음에 대한 믿음을 중요시한다.

이와 같은 믿음은 나 자신이 깨달은 자가 될 수 있다는 신념을 의미한다. 구체적으로 말하면 '깨달음에 이른 부처님과 깨달음의 길로 인도하는 부처님의 가르침'과 깨달음의 주체인 '나 자신'은 서로 다른 대상이 아니라는 신념이다.

경전에서는 이와 같은 신념을 신심信心이라고 한다. 신심은 진리와 내가 본래 둘이 아니라 하나라는 것을 깨달은 부처님에 대한 공경이고, 나 자신도 그와 같은 깨달음을 얻을 수 있다는 확고한 마음이다. 또한 신심은 스스로가 깨달음을 통하여 무한한 자비를 베푸는 주체가 되고자 하는 마음이다. 그렇지만 무조건적인 믿음보다 먼저 이해를 통해 믿고 들어가는 것이 앞선다. 이러한 믿음은 지혜와 연결되어야 한다. 불자들은 흔들리지 않는 확고한 믿음과 지혜로 생사의 바다를 건너간다.

> 사람은 믿음으로써 거센 흐름을 건너고, 방일하지 않는 수행으로 큰
> 바다를 건넌다.
> 정진으로써 괴로움을 이겨내고, 지혜로써 완전히 청정해진다.
> _『숫타니파타』183 「알라바까의 경」

> 마음의 안정됨이 없으면 바른 가르침을 알아듣지 못하고,
> 신심이 동요한 자에게 지혜가 생겨날 리 없다.
> _『법구경』38

> 불법의 큰 바다는 믿음으로 들어가며 지혜로 건넌다.
> _『대지도론』1권

삼보께 귀의

신심을 다른 종교를 믿던 사람들이 부처님의 설법을 듣고 감복하여
자신의 잘못된 신앙을 버리고 부처님의 제자가 되고자 청하는 마음,
즉 귀의歸依라는 말로 표현하기도 한다. 귀의란 온 생명을 다해 믿고
의지하며 존경하는 마음으로 '그대에게 돌아간다'는 뜻이다. 불자가
되려면 먼저 부처님, 부처의 가르침, 부처님의 가르침에 따라 살아
가는 승가공동체에 귀의해야 한다. 이것을 '불佛, 법法, 승僧 삼보三寶에

귀의한다'고 한다.

부처님께 귀의하는 것은 착한 법을 기르고 깨달음을 얻기 위해 부처님을 자신의 자비로운 스승으로 섬기며 의지하는 행위다. 법에 귀의하는 것은 부처님의 가르침에 따라 생활하고, 철두철미하게 그 가르침에 의지함을 말한다. 부처님의 가르침인 법은 누구라도 체험할 수 있으며 사람들을 열반으로 이끌기 때문이다.

부처님과 부처님 법에 귀의하여 깨달음을 원만하게 이루기 위해서는 무엇보다도 중요한 것이 수행 공동체 생활이다. 조화로운 공동체 생활을 하려면 규칙이 필요하다. 즉 수행과 주변 사람들에게 방해되는 것은 금하는 계율을 지켜야 한다. 이런 계율을 통해서 출신 성분이 다른 사람일지라도 평등하게 서로 화합하고 존중하며 수행하여 깨달음에 눈을 뜨고 성자의 길을 걷는다. 그래서 수행 공동체인 승가[僧]도 부처님과 부처님의 가르침과 동일하게 삼보로 자리한다. 삼보께 귀의하는 믿음과 공경의 가치를 부처님께서는 다음과 같이 말씀하셨다.

첫 번째로 부처님을 받들어 섬기면 가장 존귀하여 더 높은 것 없고 다음으로 법을 받들어 섬기면 탐욕이 없어지고 집착도 없어진다. 현자와 성자의 승가 공동체를 공경하고 받들면 이는 가장 좋은 복 밭이니, 그런 사람은 제일가는 지혜가 생겨나 제일 먼저 복을 받으리라.
_『증일아함경』 12권 「삼보품」

삼보는 종교행위의 형태로 다양하게 표현된다. 예를 들면 부처님은 불상, 부처님의 말씀은 경전, 수행 공동체는 승가가 대표적이다. 따라서 불자들은 불상, 경전, 승가에 공경을 표하는 삼귀의三歸依로 예경을 올린다. 이 삼귀의는 불, 법, 승에 대한 맹목적 신앙행위가 아니라, 궁극적으로 선하게 살고 복되게 살며 깨달음을 얻기 위해서 오로지 이 세 가지 보물인 삼보에만 의지하겠다는 자신의 청정한 마음에 대한 귀의이기도 하다. 삼보에 대한 귀의와 예경을 통해서 내 마음속의 삼보에 눈을 뜨게 된다. 따라서 불자들은 먼저 삼보에 대한 귀의와 예경으로 하루를 여는 삶을 살아야 한다. 그것이 행복으로 가는 길이며 내 마음을 발견하는 길이다.

> 신과 인간의 섬김을 받는 이같이 완성된 부처님께 예경하오니, 지상의 존재든 공중의 존재든 모든 존재들이여! 행복하소서.
> 신과 인간의 섬김을 받는 이같이 완성된 가르침에 예경하오니, 지상의 존재든 공중의 존재든 모두 존재들이여! 행복하소서.
> 신과 인간의 섬김을 받는 이같이 완성된 스님들께 예경하오니, 지상의 존재든 공중의 존재든 모든 존재들이여! 행복하소서.
> _『숫타니파타』236~238「보배의 경」

한편 눈에 보이는 불상, 경전, 스님을 주지삼보住持三寶라고 하고, 우리 마음속의 청정한 성품이 무량한 삼보의 공덕을 갖추고 있는 것을 자성삼보自性三寶라고 한다. 자성삼보에서 자성의 깨달음을 불보, 자성의 올바름을 법보, 자성의 청정함을 승보라고 한다.

자성삼보로써 항상 스스로 증명하고, 선지식에게 권하여 자성삼보께 귀의하게 하라.

'불'이란 깨달음이요, '법'이란 바른 것이요, '승'이란 청정함이다.

_『육조단경』「참회품」

신해행증의 길

신심, 즉 삼보께 귀의는 불교수행의 전제인 마음가짐이다. 신심은 부처님과 스님들의 말씀을 듣고 공부할 때 한 치의 의심도 없이 명료하게 이해하는 밑거름이 된다. 신심을 통해서 스승의 말씀을 확실하게 이해한다. 이해하면 실천하게 되고, 실천을 통해 불법은 바로 여기 삶의 현장에서 증명되고 자기 것이 된다. 이를 신해행증信解行證이라고 한다. 믿고 이해하고 실천수행하여 성취한다.

신심은 삼보께 귀의하여 얻은 자신의 공덕을 타인에게 베푸는 마음이기도 하다. 자신의 깨달음과 이익만을 위해서 삼보를 믿는 것이 아니라, 타인에게도 그 공덕이 돌아가게 해달라고 간절히 기원하는 마음이다. 이 마음이 보살의 마음이고, 그 행위를 회향廻向이라고 한다. 따라서 신심은 보살심菩薩心이기도 하다. 이러한 회향의 공덕은 복을 짓는 밭과 같기에 복전福田이라고 한다.

올바른 신심은 삼보께 귀의함이요, 보살심이고, 회향이고 복전이다. 또한 신심은 수행 길의 명료한 이해와 실천의 밑거름이자, 최종적으로 깨달음을 성취하는 밑거름이다.

2. 존경과 헌신, 부처님

부처님의 두 가지 의미

부처님이란 '불타佛陀'의 우리말식 발음인 '부처'에 존칭접미사 '님'
자를 붙인 단어다. '불타'는 산스크리트어 '붓다Buddha'의 중국식 음
역으로, '깨달은 자, 눈뜬 자'를 의미한다. 부처님을 어떻게 보느냐에
따라 두 가지 의미로 나뉜다. 첫째는 고유명사로 보는 경우다. 이 경
우 '부처님'은 불교의 창시자이자 역사적 실존인물이었던 석가모니
부처님 혹은 고타마 부처님을 지칭한다. 석가모니는 석가釋迦(Sākya
의 한자 음역)족 출신이었으며, 그 성이 고타마Gautama였기에 그렇게
부른다. 부처님은 2600년 전 인도 대륙에 있던 조그마한 왕국에서
태어났다. 그 이름이 고타마 싯다르타Siddhārtha Gautama였다. 싯다르타
는 29세에 출가하여 35세에 정각을 이루었다. 부처님께서는 한 브
라만 사제에게 자신은 깨달은 사람, 부처라고 당당히 말씀하신다.

나는 알아야 할 것을 곧바로 알았고, 닦아야 할 것을 이미 닦았으며,
버려야 할 것을 이미 버렸습니다.
그러므로 브라만이여! 나는 깨달은 사람, 부처입니다.
_『숫타니파타』558「쎌라의 경」

석가모니 부처님은 수행과 지혜의 힘으로 모든 것이 고통임을 알
았고, 고통의 원인인 갈애를 버렸으며, 깨달음에 이르는 길을 닦아
마침내 깨달았다는 의미다.

둘째는 보통명사로 부처님을 보는 경우다. 이 경우 '부처님'은 무
명의 잠에서 깨어난 자, 완전한 깨달음을 얻은 최고의 성자 모두를
일컫는다. 법을 깨닫고 완전한 열반을 성취했다면 누구나 부처님이
라 불릴 수 있다. 따라서 과거에도 연등불을 비롯한 수많은 부처님
이 계셨고, 현재에도 석가모니불, 아미타불을 비롯한 수많은 부처님
이 계시며, 미래에도 미륵불을 비롯한 수많은 부처님이 출현할 가능
성이 열려 있다. 우리도 깨달으면 부처다. 게다가 선불교에서는 일
체가 본래 부처라고 말한다.

석가모니 부처님

인간으로서 부처님은 불자들이 어떻게 부처님의 길, 진리의 길을 걸
어갈 것인가를 몸소 실천하여 보여준다. 석가모니 부처님은 모든 생
명의 자비로운 스승이다. 그래서 '온 세계의 스승이며 모든 중생의

자비로운 어버이이신 나의 스승[是我本師] 석가모니불'이라고 한다. 부처님은 스스로 깨달음을 이루었고 일체 중생을 깨달음으로 인도하며, 그 깨달음의 작용이 원만하여 미치지 않는 곳이 없기 때문이다. 지금도 그 스승의 가르침이 들려온다. 인류가 이런 훌륭한 스승을 두었다는 것은 진정 감사한 일이다.

석가모니 부처님께서는 상황에 맞는 적절한 비유로 중생을 가르치고, 걸림 없는 몸짓과 상황에 맞는 방편으로 중생을 제도하셨다. 그 결과 많은 사람들이 눈을 뜨고 보았으며, 덮인 상태에서 벗어나 자유를 찾았고, 길을 보았고 강을 건너 진정한 행복과 평화의 언덕에 이르렀다.

> 당신께서는 널리 깨달으시고, 살아 있는 모든 것을 가엾이 여겨 가르침을 알려주십니다. 널리 보시는 님이시여, 당신께서는 세상에 가려진 것을 벗겨주시고, 티 없이 온 세상을 비추십니다.
> _『숫타니파타』378「담미까의 경」

> 당신은 깨달으신 분입니다. 당신은 스승이십니다. 당신은 악마의 정복자이며 성자이십니다. 당신은 모든 악의 뿌리를 끊고, 몸소 건너시고 또 사람들을 건네주십니다.
> _『숫타니파타』571「쎌라의 경」

이렇게 부처님은 세상을 밝게 비추어 고통과 악에서 세상을 구원하셨다. 사람들을 아픔과 슬픔에서 건져냈고, 연약한 사람들의 보호자가 되었으며, 모든 이를 해탈·열반으로 이끌었다. 이러한 부처님을 존경하고 찬탄하며 공양을 올리는 것은 지극히 당연하며 그것은 복의 밭을 일구는 일이다. 이와 관련하여 부처님께서는 다음과 같이 말씀하신다.

> 무슨 인연으로 사람들은 여래께 공양해야 하는가? 여래께서는 항복하지 않는 사람들을 항복하게 하고, 제도 받지 못한 이를 제도하며, 해탈하지 못한 이를 해탈하게 하고, 열반하지 않은 이를 열반하게 하고, 보호하는 이 없는 이를 보호하고, 장님에게 눈이 되어주고, 병든 사람을 구원하기 때문이다. 여래께서는 악마나 천신, 인간 가운데 가장 뛰어나고 훌륭한 복전이며, 공경할 만하고 귀하게 여길 만하다. 사람들을 바른 길로 인도하시고, 진리를 모르는 사람에게 진리를 가르치신다.
>
> _『증일아함경』 12권 「삼공양품 1」

또한 석가모니 부처님을 위대한 승리자라고 하여 대웅大雄이라고 한다. 절에 가면 많이 볼 수 있는 대웅전은 석가모니 부처님을 모신 전각이다. 그럼 누구와 싸워서 승리하는가? 내 마음의 번뇌와 갈애 등과 싸워서 승리하셨다.

> 나는 모든 것을 이긴 자요, 일체를 아는 자다. 나는 모든 번뇌로부터 자유롭고 모든 굴레에서 벗어났다.
>
> _『증일아함경』 14권 「고당품」

전쟁에서 백만 대군을 이기는 것보다
자신을 이긴 자야말로 진정한 승리자다.
자신을 다스리고 언제나 자제하며 사는 이,
자신을 이긴 자가 다른 사람을 이긴 자보다 낫다.
_『법구경』103~104

　석가모니 부처님께서는 종족과 신분 등의 차별, 지식의 유무와 남녀의 차별을 인정하지 않으셨다. 부처님은 왕을 만날 때나 천민을 만날 때나 똑같이 대하셨다. 특히 출가자들은 걸식을 생활수단으로 삼고, 상호존중의 원칙으로 모두 동등한 의무와 권리를 가지도록 권유하셨다. 이런 가르침 속에서 비천한 계급이던 우팔리가 승단의 분란과 분쟁을 심판하고 조정하는 최고의 권위자로 성장할 수 있었고, 일자무식이었던 주리반특도 뛰어난 신통력을 지닌 아라한으로 존경받을 수 있었다. 또 당시 사회에서는 금기시되었던 여성 출가자를 인정함으로써 비구니 교단이라는 새로운 집단이 생겨날 수 있었다.

　부처님께서는 45년 동안 발길을 멈추지 않고 떠돌며 수많은 사람들을 만나 다양한 가르침을 펼치셨다. 그리고 세수 80세에 쿠시나가라의 사라쌍수 아래에서 열반에 드셨다. 부처님의 마지막 말씀인 열반유훈을 보자.

　　"아난다여, 지금이든 내가 멸도한 뒤에든 자신에 의지하고 자신을 등불로 삼지 다른 것을 등불로 삼지 마라. 가르침에 의지하고 가르침을 등불로 삼지 다른 것을 등불로 삼지 마라. 그렇다면 그러한 수행자들은 누구든 배우고자 열망하는 자들 가운데 최상의 존재가 될 것이다.”

“아난다여, 내가 가고 난 뒤에는 내가 그대들에게 가르치고 천명한 법과 율이 그대들의 스승이 될 것이다.”

“비구들이여, 그대들에게 당부한다. 모든 형성된 것들은 무상하여 사라지기 마련이다. 방일하지 말고 부지런히 정진하라.”

_『디가 니까야』16「대반열반경」

영원한 부처님

석가모니 부처님께서 열반에 드시자, 제자들은 자비로운 데다가 맑고 온화하며 내 삶의 전부와도 같던 그분의 빈자리가 너무 커 허전했다. 쓸쓸했다. 그리웠다. 그리움에 사무친 사람들은 처음에는 보리수, 불족적, 법륜 등을 모시거나, 부처님의 유골을 모신 불탑을 세우고 부처님께 예배를 올렸다. 부처님 열반 500여 년 뒤 훌륭하고 원만한 육신의 모습을 갖춘 불상을 마련하고 부처님으로 모시게 되었고, 불상이 예배의 대상이 되었다.

석가모니 부처님은 구체적인 역사의 현장에서 육신을 갖추고 출현하여 고통으로 신음하는 수많은 중생을 구제하셨다. 이러한 부처님을 대승불교에서는 화신불化身佛이라고 한다. 화신불은 이 세상의 수없이 많은 중생들을 구제하기 위하여 매우 다양한 모습을 방편으로 하여 자비의 손길을 펼치는 부처님이시다. 그래서 ‘천백억화신

석가모니불'이라고 일컫는다.

> 모든 부처님 세존께서는 오직 한 가지 큰일을 완수하기 위해 세상에
> 출현한다.
> 사라불이여, 왜 모든 부처님 세존께서 오직 한 가지 큰일을 완수하
> 기 위해 이 세상에 출현한다고 하는가. 모든 부처님 세존께서는 중
> 생으로 하여금 부처님의 지견을 열어 청정을 얻게 하려고 세상에 출
> 현하며, 중생들에게 부처님의 지견을 보여주려고 세상에 출현하며,
> 중생으로 하여금 부처님의 지견을 깨닫게 하려고 세상에 출현하며,
> 중생으로 하여금 부처님의 지견의 도에 들어가게 하려고 세상에 출
> 현한다.
> _『법화경』1권「방편품」

　그러나 석가모니 부처님의 본래 모습은 육체적 생멸을 떠나 있는
영원한 부처님이다. 그분은 깨달음을 보여주기 위해 육신을 지닌 화
신불의 모습으로 인도 땅에 태어나긴 했지만, 다시 본래 그 자리로
돌아가셨다. 본래 그 자리에 머무는 부처님을 진리 그 자체의 부처
님이라 하여 법신불法身佛이라고 일컫는다. 법신불은 석가모니 부처
님이 오시기 이전부터 그리고 그분이 돌아가신 이후에도 영원한 진
리의 몸으로 이 세상에 두루두루 머물며 청정한 공덕을 내보인다.
청정법신 비로자나 부처님이 바로 이러한 부처님이시다.

　부처님의 몸이 온 법계에 가득하사

일체중생 앞에 두루 나타나시네.
인연 따라 빠짐없이 두루 감응하시나
언제나 보리좌에 항상 앉아 계신다네.
_『화엄경』 6권 「여래현상품」

깨달음을 이루어 부처가 되려면 서원을 세우고 수행해야 한다. 그 수행의 과보로 원만한 몸을 갖추고 깨달음의 세계를 향유하는 분이 보신불報身佛이다. 원만보신 노사나불이 그 대표격이다. 아미타 부처님 역시 전생에 법장비구로 태어나 중생 구제의 원력을 세우고 깨달음을 이루어 원만한 모습으로 극락세계에서 머물고 계신다. 대승불교에서는 이러한 법신, 보신, 화신을 삼신三身 부처님이라 일컫는다.

부처님을 부르는 열 가지 호칭, 여래십호

경전을 살펴보면 부처님이 매우 다양한 이름으로 불렸다는 것을 확인할 수 있다. 깨닫기 전 아버지가 지어준 이름인 '싯다르타'로 불리기도 하였고, 성씨인 '고타마'로 불리기도 하였으며, 씨족 이름을 따 '석가'라고 불리기도 하였다. 고타마는 주로 외도들이나 처음 만난 사람들이 부처님을 부를 때 사용하였다.

부처님은 깨달음을 이룬 뒤 주로 열 가지 이름으로 불렸다. 이를 여래십호如來十號라고 한다. 이 열 가지 이름을 통해 부처님이 어떤 분이셨는지, 세상 사람들의 눈에 어떻게 보였는지 살펴보자.

나는 이제 이 세상에서 깨달음을 이루어 여래가 되었으니, 응공應供·
등정각等正覺·명행족明行足·선서善逝·세간해世間解·무상사無上士·조
어장부調御丈夫·천인사天人師·불佛·세존世尊으로서 적멸, 열반, 보리
로 향함, 잘 감, 바른 깨달음의 법을 설한다.
_『잡아함경』14권「성처경」

여래는 진리에서 나타난 분, 중생을 제도하기 위해 진리의 모습
그대로 이 세상에 찾아온 분이란 뜻이다. '여래'라는 말은 세상 사람
들이 부처님을 부를 때 사용한 이름이기도 하지만, 부처님 스스로
자신을 칭할 때 가장 많이 사용한 호칭이기도 하다. 이제 여래십호
를 하나하나 살펴보자.

첫째는 '응공'이다. 모든 이들로부터 공양 받을 자격을 충분히 갖
춘 분이라는 뜻이다. 즉 존경 받아 마땅한 분이라는 의미다.

둘째는 '등정각'이다. 정변지正遍知라고도 한다. 일체 지혜를 갖추
어 온갖 물질적·정신적 현상에 대해 모르는 것이 없는 분이라는 뜻
이다. 즉 가장 지혜로운 분이라는 의미다.

셋째는 '명행족'이다. '명'은 지혜를, '행'은 실천을 뜻한다. 즉 지혜
와 실천을 완벽하게 갖춘 분이라는 의미다.

넷째는 '선서'다. 바다로 흘러드는 강물처럼, 열반의 세계로 잘 떠
나가 다시는 생사의 세계로 돌아오지 않는 분이라는 뜻이다. 즉 번
뇌를 아득히 초월해 다시는 고뇌에 빠질 가능성이 없는 분이라는 의
미다.

다섯째는 '세간해'다. 세간의 온갖 일을 다 아시는 분이라는 뜻

이다. 즉 종교나 철학의 특수한 이념과 주제에 국한되지 않고, 보통 사람들의 일상사에 모두 적용되는 보편적 지혜를 갖춘 분이라는 의미다.

여섯째는 '무상사'다. 중생 가운데 가장 높아 그보다 훌륭한 자를 찾을 수 없는 대장부라는 뜻이다. 즉 시간과 공간을 초월해 세상에서 가장 훌륭한 분이라는 의미다.

일곱째는 '조어장부'다. 능숙한 솜씨로 야생마를 길들이는 훌륭한 마부처럼, 지혜와 자비를 겸비하고서 다양한 방법으로 중생들을 진리에 순응하도록 이끄는 분이라는 뜻이다.

여덟째는 '천인사'다. 인간뿐 아니라 하늘나라 모든 신들의 스승인 분이라는 뜻이다.

아홉째는 '불'이다. 불은 깨달은 분이라는 뜻이다.

열째는 세존이다. 세존은 세상에서 가장 존귀하신 분이라는 의미를 담고 있다. 불과 세존은 대중들이 부처님을 부를 때 가장 흔하게 사용하는 호칭이다.

또한 이 여래십호는 석가모니 부처님 한 분만이 아니라 과거와 현재와 미래의 모든 부처님께 붙이는 호칭이기도 하다. 『묘법연화경』에서 문수사리보살은 다음과 같이 말한다.

모든 선남자들이여! 저 과거의 한량없고 그지없으며 이루 헤아릴 수 없이 머나먼 아승기겁 이전에 부처님이 계셨으니, 일월등명 여래 · 응공 · 정변지 · 명행족 · 선서 · 세간해 · 무상사 · 조어장부 · 천인사 · 불세존이셨습니다.

이처럼 여래십호는 석가모니 부처님 한 분의 특수한 인격을 표현할 뿐만 아니라 모든 불자들이 이상으로 추구하는 완전한 인격체의 특성을 말한다. 따라서 부처가 되기 위해 노력하는 불자는 이 여래십호에 따라 부처로 살고자 노력해야 한다.

그렇게 하려면 먼저 부처님께 헌신하고 존경하는 마음을 품어야한다. 여래십호가 바로 부처님에 대한 믿음과 헌신의 직접적인 표현이고, 또 그 믿음의 구체적인 내용이라고도 할 수 있다. 이 여래십호를 잘 기억하고 음미한다면 부처님에 대한 보다 깊은 이해와 믿음이 생기며, 불자가 나아가야 할 지향점 역시 명백해진다.

부처님의 열 가지 위신력

대승과 초기 경전에서는 열 가지 이름으로 규정된 부처님을 다시 여러 덕성을 갖춘 분으로 묘사한다. 이는 신앙의 대상으로서 부처님의 뛰어난 능력을 보여준다. 그중에서 대표격이 부처님의 열 가지 힘인 십력+力이다.

❶ 옳은 경우와 옳지 않은 경우를 여실히 아는 힘이 있다.
❷ 중생의 과거와 미래, 현재의 여러 업과 여러 과보의 법칙을 알며, 업을 짓는 곳을 알고 인연을 알며 과보를 여실히 아는 힘이 있다.

❸ 중생이 지닌 무수한 성질을 여실히 아는 지혜가 있다.

❹ 중생의 여러 가지 의욕과 의향을 여실히 아는 힘이 있다.

❺ 중생의 근기에 대해 높고 낮은 모습을 여실히 아는 힘이 있다.

❻ 모든 중생이 도달하는 길을 여실히 아는 힘이 있다.

❼ 여러 선정·해탈·삼매의 더럽고 깨끗한 모습을 분별하여 여실히 아는 힘이 있다.

❽ 여러 전생의 한 생애 내지 무량겁을 여실히 아는 힘이 있다.

❾ 모든 중생의 갖가지 생사하는 모습을 여실히 아는 힘이 있다.

❿ 모든 번뇌가 다한 것을 여실히 아는 힘이 있다.

_『대반야바라밀다경』 53권 「변대승품」

한편 부처님은 서른두 가지의 특별한 모습인 32상相을 지니고 있다. 예를 들면 정수리 부분이 솟아오른 육계肉髻, 눈썹 사이의 하얀 털 백호白毫, 손가락 사이와 발가락 사이의 비단과 같은 막 지만指縵 등이다. 이와 같은 모습은 불상을 제작할 때 기준이 되지만, 하늘의 소리 같은 맑은 음성 등 표현할 수 없는 것들도 있다.

3. 법과 지혜의 보고, 경전

법에 의지하라

부처님의 가르침을 부처님 법이라 하여 불법佛法이라고 한다. 석가모니 부처님 열반 이후에 제자들이 모여 직접 듣고 본 부처님의 언행을 기록한 것이 부처님 가르침이다. 부처님의 가르침은 경장經藏과 율장律藏의 형태로 남아 있다. 경장은 진리에 대한 부처님의 설법이 중심이다. 스토리텔링 형식과, 제자들과 주고받는 문답 형식으로 구성되어 있다. 율장은 부처님께서 말씀하신 것을 토대로 출가자가 지켜야 할 승가의 윤리적 지침인 계율을 정리하였다. 훗날 이런 부처님의 가르침에 대해서 뛰어난 제자들이 해설한 것이 논장論藏이다. 논장은 경전의 경구를 하나하나 설명하는 형식, 그 전체 의미를 재서술하는 형식, 이교도들의 삿된 견해를 논파하는 형식 등으로 구성된다.

경장과 율장은 부처님께서 직접 하신 말씀이 그 주 내용이며, 이를 불법이라고 한다. 논장은 그 법에 대해 후세 선지식들이 한 연구를 말한다. 이런 논장도 불법으로서 인정되기에 경전經典은 경·율·논 삼장三藏으로 분류된다. 경전은 모든 것의 기준이 된다는 의미를 지니고 있다. 경전으로 말미암아 모든 질서가 잡히고 흐트러지지 않기 때문이다.

> 마치 목수에게 실줄이 그 표준이 되듯이 경전도 지자知者들에게 실줄이 되기 때문이다. 그리고 실줄에 의해서 꽃들이 결집되어 흩어지지 않고 부서지지 않는 것과 같다.
> _『디가 니까야 주석서』「서문」

불교에서 경전이란 부처님의 가르침을 담은 책을 말한다. 부처님의 가르침이 삶의 기준이며 진리다. 그 가르침에 의거하여 우리는 올바른 길을 갈 수 있고, 고통을 벗어나 평화롭고 안락한 세계, 열반에 이를 수 있다.

> 모든 경전을 두루 읽고 외우고 익히되, 그 뜻을 깊이 이해하고 그 법을 순종하여 마침내 어기거나 빠뜨림이 없으면 그는 그 인연으로 말미암아 열반에 이르게 될 것이다. 왜냐하면 그는 바른 법을 자기 것으로 삼았기 때문이다.
> _『증일아함경』48권 「예삼보품」

부처님께서는 법에 의지하라고 하셨다. 법을 담은 경전의 가르침에 의지하여 한 발 한 발 앞으로 걸어갈 때 어떤 두려움과 절망도 없을 것이다. 그래서 부처님은 자신의 열반을 슬퍼하는 아난존자에게 법에 의지하고, 그 법에 근거한 자기 자신에 의지하라고 하셨다. 『열반경』에서도 법과 지혜에 의지하라고 강조하신다.

> 법에 의지하고 사람에게 의지하지 말며, 뜻에 의지하고 말에 의지하지 말며, 지혜에 의지하고 지식에 의지하지 말며, 요의경了義經에 의지하고 불요의경不了義經에 의지하지 마라.
> _『대반열반경』 6권 「여래성품」

지혜롭지 못한 사람보다는 법에, 번지르르한 말보다는 그것이 지향하는 깨달음의 의미에, 분별적인 지식으로서의 앎보다는 지혜로운 눈뜸에 의지하라는 말씀이다. 불요의경은 상황에 따라 전한 가르침으로 뜻을 온전하게 갖추지 않는 경전을 말하는 반면, 요의경은 뜻을 온전하게 갖춘 분명하고 바른 경전을 말한다.

경전을 독송하고 전하라

불교경전은 팔만대장경이라고도 할 정도로 광대하다. 경전의 분량이 이렇게 많은 이유는 불교사상이 심오하여 한두 마디로 쉽사리 그 사상체계를 드러내기 어려운 탓도 있지만, 오랜 역사를 통하여 부처님의 말씀을 부연 설명하고 또 시대의 변화에 맞추어 새로운 경전들이 계속해서 나타났기 때문이다. 그런데 이 많은 경전을 다 보기는 어렵다. 그렇더라도 대표적인 초기 경전이나 대승불교 경전은 꼭 읽어야 한다. 초기 경전은 '아함경阿含經'과 '니까야Nikaya'로 분류한다. '아함'이란 전승되어온 부처님 말씀이라는 의미를, '니까야'는 부처님 말씀의 모음이라는 의미를 담고 있다. 이 중에서 『법구경』과 『숫타니파타』는 간결하면서도 부처님 말씀의 핵심을 잘 담고 있다. 대표적인 대승경전은 『반야경』『법화경』『화엄경』『유마경』『무량수경』 등이다.

부처님 법은 진리 그 자체이면서 동시에 그 진리의 실천도 함께 담고 있다. 그것은 내 자신이 부처님의 가르침을 배우고 실천함과 동시에 그 가르침을 전하여, 여러 사람과 더불어 이 세상에 구현하고, 가르침대로 살아가는 것을 말한다. 그러려면 먼저 가르침을 듣고 읽고 전해야 한다.

진리를 즐기는 사람은 평온한 마음으로 행복하게 산다.
지혜로운 사람은 거룩한 분이 설한 가르침에 항상 기뻐한다.
_『법구경』79

가르침의 보시는 일체의 보시를 이기고 가르침의 맛은 일체의 모든 맛을 이긴다. 가르침의 즐거움은 일체의 즐거움을 이기고 갈애를 부숨은 일체의 괴로움을 이긴다.
_『법구경』354

이런 가르침을 담은 경전을 항상 가까이 하며 계속 독송하고 다른 사람에게 전하면 어떤 공덕이 있을까? 자신을 일깨우는 소중한 말씀은 커다란 울림을 주어 자신의 일생과 모든 생명을 좌우하기 마련이다. 그 어떠한 세속적 가치도 법의 가르침을 능가하지 못한다. 그래서 『금강경』에서는 말한다.

수보리여! 삼천대천세계에 있는 산들의 왕 수미산만큼의 칠보 무더기를 보시하는 사람이 있다고 하자. 또 이 반야바라밀경의 사구게만이라도 받고 지니고 읽고 외워 다른 사람을 위해 설하는 사람이 있다고 하자. 그러면 앞의 복덕은 뒤의 복덕에 비해 백의 하나에도 미치지 못하고 천에 하나, 만에 하나, 억에 하나에도 미치지 못하며 더 나아가서 어떤 셈이나 비유로도 미치지 못한다.
_『금강경』24권「복지무비분」

간경수행의 의미와 가치

간경看經이란 경전을 깊이 들여다보며 부처님 가르침을 음미하고 살피고 근본이치를 밝혀내는 것이다. 간경은 경전을 읽는 방법에 따라서 큰 소리로 읽는 독경讀誦이나 송경誦經 그리고 경전을 옮겨 쓰는 사경寫經으로 나뉜다.

간경은 부처님의 가르침을 올바로 파악하는 데 그 일차적인 목적이 있다. 그런데 부처님의 가르침이 지식으로만 작용하면 알음알이로 변해 마음이 한쪽으로 굳어져 극단적인 변견에 떨어질 수 있다. 아울러 문자가 마음에 걸려 문자의 속박에서 벗어날 수 없다면 오히려 마음을 밝히는 길이 요원해진다. 그래서 서산대사는 『선가귀감』에서 다음과 같이 말했다.

> 경을 보되 자기 마음속을 향하여 공부를 지어가지 않으면, 비록 1만 권의 장경을 다 보았다 하더라도 아무런 이익이 없다.
> _『선가귀감』54

경전 속에 담긴 부처님 가르침으로 자신을 비추어 돌아보며 마음을 밝히라는 뜻이다. 마음을 밝힌즉 내가 밝아지고 세상이 밝아지니 온통 훤하여 앞길이 보이기 마련이다. 그렇다면 현실에서도 어둡지 않다. 부처님의 가르침은 현실에서 내 마음을 움직이는 진리로 살아 움직여야 한다. 그런 의미에서 경전의 내용을 알아차리고 깨달아 부처님의 지견이 내 삶 속에 움직여서 살아 숨쉬어야 한다.

> 마음이 미혹하면 『법화경』이 너를 굴릴 것이요, 마음이 밝아지면 네가 『법화경』을 굴릴 것이니, 경을 독송하여도 오랫동안 그 이치를 밝히지 못하면 간직된 뜻과 원수처럼 지내게 될 것이다.
> _『육조단경』「기연품」

간경의 과정 속에서 마음이 깨끗해지면 그 결과 업장이 소멸한다. 간경으로 자신을 깨끗이 비워내고 내 자신이 부처님 말씀으로 가득해지니 부처님의 가피도 작용하여 맺혔던 응어리가 풀린다. 물론 깨달음 또한 간경수행을 통해 열린다.

이런 간경수행을 제대로 하려면 먼저 스님들의 법문이나 눈 밝은 분들의 경전강좌 등을 듣고 경전에서 말하고자 하는 내용이나 의도를 파악해야 한다. 잘 이해가 되지 않는 구절도 거듭거듭 읽다 보면 자연스럽게 의미가 드러나게 되고, 내 삶도 경전 말씀에 따라 변한다. 그것이 영원히 안온한 경지로 접어드는 길이다.

오직 여래의 바른 법만은
쇠하고 늙는 모습이 없나니
그 바른 법을 받은 사람은
영원히 평온한 곳으로 가리.
_『잡아함경』46권「삼법경」

4. 화합과 수행, 승가 공동체

화합의 공동체, 승가

싯다르타 태자가 깨달음을 얻고 전법한 결과 많은 사람들이 부처님의 제자가 되었다. 부처님의 제자들은 부처님과 함께 사원에서 공동생활을 하면서 수행하고 전법하여 깨달음의 길로 들어섰다.

이런 수행 공동체를 산스크리트어로 상가samgha라고 한다. 상가의 본래 뜻은 '단체' 또는 '무리'다. 불교에서 상가는 부처님과 부처님의 법을 따르는 출가수행 공동체를 가리키는 말로 자리 잡았다. 상가를 한자로 번역하면 승가僧伽가 된다. 승가는 무엇보다 먼저 화합을 중요시한다. 그래서 승가를 화합중和合衆이라고도 한다. 승가 대중은 '화합의 무리'로 엄격한 계율과 청정한 생활을 통해 법의 구현에 전념하였다.

비구들이여, 불화합의 모임은 어떤 것인가? 모임의 사람들이 다툼을 좋아하고 싸움을 좋아하고 논쟁을 일으키며 서로 입에 칼을 물고 다툰다면, 그 모임을 불화합의 모임이라고 한다. 비구들이여, 화합의 모임은 어떤 것인가? 모임의 사람들이 화합하고 예의바르며 논쟁하지 않고 물과 우유처럼 화합하여 서로 사랑스런 눈으로 대한다면, 그 모임을 화합의 모임이라고 한다.

_『앙굿따라 니까야』2 : 42「불화합의 경」

승가를 승보로 섬기는 이유는 그것이 화합의 공동체로서 부처님의 가르침을 잘 구현하고 있을 뿐만 아니라 삶의 모범을 보여주고 평화와 행복의 터전이기 때문이다. 아마도 승가가 없었다면 불교는 오늘날까지 생명력을 발하며 세계 곳곳으로 널리 전파되지 못했을 것이다. 우리가 스님 한 분 한 분을 승가로서 공경하고 예우하는 이유는 스님 한 분 한 분이 전체 승가를 대표한다고 여기기 때문이고, 또 스님들이 승가를 구성하는 중요한 구성원이기 때문이다.

승가의 기원과 구성

승가의 기원은 부처님이 녹야원에서 설법을 통해 다섯 비구를 깨달음으로 인도하고 그들을 승보로 받아들이면서부터다. 승가 대중은 주로 남성 출가자인 비구와 여성 출가자인 비구니로 구성된다. 이들은 사찰에서 함께 모여 부처님께 설법을 듣고 함께 수행하며 탁발생활로 생계를 유지했다. 사찰은 승가의 중심이 되는 깨끗하고 청정한 수행도량이었다. 그래서 사찰은 초기에 '소박하고 맑은 집'이라는 의미에서 정사精舍라고 불렸다. 한편 승가는 크게 현전승가와 사방승가로 나뉜다.

부처님 당시 현전승가는 하루 만에 오갈 수 있는 거리 내에 있는 네 명 이상의 스님들이 공동생활을 하는 곳을 일컬었다. 사방승가란 거리와 지역에 관계없이 승가의 일원이라면 누구라도 승가 구성원으로서의 권리와 의무를 누리는 느슨한 승가 공동체를 의미한다. 따라서 특정 지역의 현전승가 구성원이 다른 지역에 가더라도 사방승가의 일원으로 활동할 수 있었고, 수행승으로서의 정체성을 보장받을 수 있었다. 부처님 당시에는 승가 내부에서 화합하며 수행하는 동료를 선우善友 또는 선지식善知識이라고 했다. 그들은 착한 벗이자 훌륭한 도반이었다. 심지어 부처님께서는 아난존자에게 "나는 그대의 착한 벗이다"라고 말씀하셨다. 승가뿐만 아니라 그것이 화합의 공동체라면 거기에 속한 사람들은 모두 선지식, 착한 벗이며, 도를 함께 닦는 좋은 도반道伴이다. 부처님은 착한 벗들, 좋은 도반과 함께 하는 것이 도의 전부라고 하셨다.

아난이 물었다. "세존이시여! 선지식, 좋은 도반들, 착한 벗들과 함께하는 것은 도의 절반을 얻은 것과 같다고 생각합니다."
"아난이여! 그렇게 생각하지 마라. 청정한 삶을 살아감에 선지식, 좋은 도반들, 착한 벗들과 함께하는 것은 도의 절반이 아니라 그 전부다."
_『잡아함경』 27권 「선지식」

올바른 수행 공동체 안에 머물며 착한 마음으로 서로 도와 도를 닦아 나간다면 열반을 성취할 수 있고, 각자의 수행에 큰 도움을 주기 때문에 부처님께서는 승가의 중요성과 승가 공동체 구성원의 훌륭한 인품을 찬양하고 강조하셨다. 그리고 승가에 대한 신앙과 공양은 사람들을 복되게 한다고 말씀하셨다.

> 달은 별들 중에 으뜸이고, 태양은 빛나는 것 중에 으뜸이며, 승가는 공덕을 바라고 공양하는 사람들 중에서 가장 으뜸이다.
> _『숫타니파타』569「셀라의 경」

> 세존의 제자들로 구성된 승가는 공양 받을 만하고 대접 받을 만하며, 보시 받을 만하고 존경 받을 만하며, 세상의 그 어느 것과도 비교할 수 없는 복밭이다.
> _『상윳따 니까야』11 : 3「깃발의 경」

승가의 일원은 부처님 당시부터 정해진 계율에 따라 개인 소유물을 지닐 수 없었으며 걸식과 절제 등 엄격한 생활을 하였다. 신분에 따른 차별은 없었으며 평등하게 맡은 바 소임을 다할 뿐이었다. 부처님과 같은 석가족 출신의 출가자들에게도 특별한 우대는 없었다. 승가 대중은 법에 따라 청정하게 살아가고 법을 존중하며 수행하였고 서로 존경하였다. 문제가 생기면 그 해결책을 찾을 때까지 서로 모여 대책을 논의하며 화합하고 잘못이 드러나면 당사자의 참회로 그 죄를 다스렸다. 승가는 진리의 실천자였고 화합의 실행자였

으며 성자답게 살아간 훌륭한 공동체였다. 그래서 승가를 비난하고
위해를 가하며 화합을 깨는 자에게는 가장 무거운 과보가 따른다고
했다.

사부대중 공동체

불교에서 화합 집단은 승가 외에 사부대중 공동체가 있다. 이 사부
대중 공동체는 비구, 비구니, 남성 재가신도인 우바새, 여성 재가신
도인 우바이로 구성된다.

> 비구들이여, 네 가지 부류의 사람은 총명하고, 잘 길들여지고, 성숙
> 하고, 많이 배우고, 법을 수호하고 법답게 실천하며 승가를 빛낸다.
> _『앙굿따라 니까야』4 : 8「빛냄의 경」

이 경에서 말하는 네 가지 부류의 사람이 바로 사부대중 공동체
다. 초기불교에서 불자의 구성은 사부대중으로 이루어져 있었으며,
대승불교에서는 보살공동체[菩薩衆]를 강조했다. 보살공동체에서
는 출·재가가 함께 어우러져 구도의 길을 걸었다.
　사부대중 공동체는 교단을 유지하고 발전시키는 데 중요한 역할
을 한다. 교단의 수행과 외호, 신행과 전법, 조화와 균형 발전을 위해
서는 사부대중이 한마음, 한뜻으로 정진하며 서로 살피고 존중해야
한다. 역사 속에서 불교계의 신행 결사운동도 출·재가가 서로 결사

의 주체로 공동체 정신을 발휘할 때 위기를 극복하고 돌파구를 열어 갔다. 그런 의미에서 수행과 외호의 두 날개로 힘차게 비상하는 교단은 길이길이 발전할 것이 분명하다.

제3장

나와 존재에 대한 바른 이해

작은 티끌 하나 속에 시방세계 머금었고
일체 모든 티끌들이 한결같이 그러하네.
한량없는 오랜 시간 한순간과 다름없고
한순간은 그대로가 한량없는 시간이네.
_「법성게」

1. 바른 견해의 중요성 — 중도

실천적 중도

부처님이 깨달은 진리를 중도, 연기, 무아 등으로 다양하게 표현한다. 부처님 가르침의 궁극적 목적은 사람들이 겪고 있는 괴로움에서 벗어나는 해탈이다. 괴로움에서 벗어나려면 먼저 사실을 있는 그대로 보는 바른 견해, 즉 정견正見을 세우는 것이 중요하다. 그것은 양극단에 치우치지 않는 수행이고 실천이며 사상이다. 양극단을 떠나는 것을 중도中道라고 한다. 부처님은 중도를 깨달았다고 했다. 그렇다면 중도란 무엇인지 부처님 말씀을 직접 들어보도록 하자.

> 비구들이여, 수행자는 두 가지 극단을 피해야 한다. 두 가지는 무엇인가? 첫 번째는 감각적 쾌락에 몰두하는 것으로, 이것은 저열하고 천박하고 하찮고 유익하지 않다. 두 번째는 지나친 고행에 몰두하는 것으로, 이것도 고통스럽고 저열하고 유익하지 않다. 여래는 이 두

가지 극단에 치우침 없이 중도를 깨달았다. 중도는 통찰력을 주고 지혜를 주고 평화를 주며, 깨달음으로 이끌고 열반으로 이끈다.

_『쌍윷따 니까야』 56 : 11 「초전법륜경」

부처님께선 깨닫기 이전 인도의 전통 명상과 고행 등 여러 수행을 해보았으나 열반으로 이끌 수 있는 길이 아님을 알았다. 그리고 새로운 길을 모색하였는데 그것이 바로 중도 수행법이다. 부처님은 쾌락주의와 고행주의 양극단에 집착하지 않고, 중도의 마음으로 보리수 아래서 고요한 선정을 통해 깨달음을 이루었다. 그렇다면 중도란 정중앙인가? 그렇지 않다. 여기서 말하는 중도란 조화와 균형, 평등과 평정에 입각한 실천적 중도다. 거문고 줄이 너무 팽팽하지도 않고 너무 느슨하지도 않을 때 소리가 잘 나듯이 말이다.

소나여, 바로 그와 같음을 알라. 뼈를 깎는 정진이 너무 지나치면 마음이 격앙되어 안정되지 못하고, 정진이 너무 완만하면 나태에 빠진다. 그러므로 소나여, 그대는 평등한 정진에 머물러야 하고, 또 여러 감각기관이 고루 평등하도록 지켜야 하며, 그 중도를 취해야 하느니라.

_『잡아함경』 9권 「이십억이경」

그리고 또 하나 실천적 중도의 중요한 의미는 양극단을 떠나 바른 실천을 드러낸다는 점이다. 그런 의미에서 중도는 올바르며 균형 잡힌 실천의 길로 안내한다는 점에서 바른 길인 정도正道다. 이는 쾌락주의와 고행주의를 지양하는 중도의 구현이 여덟 가지 성스러운 길인 팔정도八正道의 실천으로 이어지는 데서도 잘 드러난다.

> 비구들이여, 어떤 것이 여래가 완전히 깨달았으며, 안목을 얻고 지혜를 얻으며 고요한 선정과 최상의 지혜와 바른 깨달음과 열반으로 인도하는 중도인가? 그것은 팔정도이니 정견正見, 정사유正思惟, 정어正語, 정업正業, 정명正命, 정정진正精進, 정념正念, 정정正定을 말한다.
> _『상윳따 니까야』56 : 11「초전법륜의 경」

정견은 바른 견해, 정사유는 바른 사유나 결심, 정어는 바른 말, 정업은 바른 행위, 정명은 바른 생계, 정정진은 바른 노력, 정념은 바른 알아차림이나 깨어 있음, 정정은 바른 집중을 의미한다. 바로 중도의 길을 걸어가 팔정도를 실천하라는 것이다.

사상적 중도

중도란 양극단에 치우치지 않는 것이다. 치우치지 않는 것이란 어떤 생각이나 관념에도 집착하지 않는 것이다. 따라서 양극단만이 아닌 모두를 포용하는 입장을 취한다고 하더라도 일단 어떤 입장에 대해서 집착하는 마음이 있다면 그것은 중도가 아니다. 이런 중도의 개념은 사상적 중도로 발전한다. 사상적 중도란 유와 무, 생성과 소멸, 같음과 다름, 긴 것과 짧은 것 등의 편견을 떠난다.

깟짜야나여, '모든 것이 존재한다[有]'고 하는 것은 하나의 극단이다. '모든 것이 존재하지 않는다[無]'고 하는 것도 또 하나의 극단이다. 깟짜야나여, 여래는 양극단을 떠나 중도로 가르침을 설한다.

_『쌍윳따 니까야』 12 : 15 「가전연경」

존재 즉 유有는 영원히 변하지 않는 존재를 일컬으며, 존재하지 않음 즉 무無는 아무것도 없다는, 존재의 철저한 없음을 말한다. 유에 집착할 경우, 유는 고정불변하는 영원한 모습으로 언제나 그대로 유에 머물기 때문에 어떤 변화도 찾을 수 없다. 만약 아름다운 노랫소리가 영원하고 실재한다면 그 소리는 언제 어느 곳에서라도 들을 수 있어야 한다.

반대로 무에 집착한다면, 무란 아무것도 없는 단멸이므로 거기서도 사물의 생성이나 변화 발전을 기대할 수 없다. 아무리 노력해도 노랫소리가 들릴 리가 없다. 하지만 아름다운 노랫소리는 조건이 형성되면 들리기 마련이다. 모든 것은 유라든가 무로 실체화되고 고정된 것이 아니라 여러 가지 조건에 따라 발생하고 소멸할 뿐이다. 이런 까닭에 이러한 사상적 중도는 연기법緣起法과 연결된다.

유와 무뿐 아니라 길고 짧음, 마음과 육체, 선과 악, 이것과 저것, 너와 나 등 모두 양극단적인 견해로 치우친 단견이다. 긴 막대는 짧은 막대기에 비해서 길 뿐이다. 영원히 길고 영원히 짧은 것은 없다. 선과 악, 미와 추 또한 고정된 모습으로 나타나지 않는다. 사랑할 때 좋아 보이던 그 사람을 미워할 땐 보기도 싫다. 나 또한 그 무엇으로도 비교하거나 규정할 수 없다. 고정된 모습으로 규정되는 순간 양극단에 빠져 자신을 원망하거나 세상을 원망하게 된다.

대승불교의 중도

중도는 대승불교에 들어와 다시 한 번 크게 꽃피운다. 대승불교에서는 공空을 전면에 내세운다. 그 공을 논리적으로 조명한 분이 인도의 승려인 용수보살이다. 용수보살은 제2의 부처라고 불릴 정도로 부처님의 중도·연기사상을 공으로 잘 조명했다. 중도란 양극단에 집착하지 않고 인연 따라 이어지는 사물의 실상이라는 점을 강조한 용수보살의 유명한 게송을 한번 보자.

　생기는 것도 아니고 사라지는 것도 아니고
　영원한 것도 아니고 단절된 것도 아니며
　같은 것도 아니며 다른 것도 아니고
　오는 것도 아니며 가는 것도 아니네.

　능히 이런 인연법을 말씀하시어
　온갖 희론을 훌륭하게 적멸하였으니
　설법자 중에 제일이신
　부처님께 예경을 올리옵니다.
　_『중론송』「귀경게」

탄생과 소멸, 영원과 단절, 같음과 다름, 오는 것과 가는 것 등 서로 반대를 이루는 여덟 가지 사항은 존재의 모습을 설명하는 대표적인 말이다. 『반야심경』에 나오는 "생하지도 멸하지도 않으며 늘지도 줄지도 않는다"는 내용도 이 구절과 맞닿아 있다.

탄생과 소멸은 내 생사의 문제이기도 하고, 영원과 단절은 내가 영원히 존재하는가 아니면 그냥 허무로 사라지는 찰나적 존재인가에 대한 물음이기도 하다. 또 '어제의 나와 오늘의 나, 과거의 나와 현재의 나, 나아가 미래의 나는 동일한 자인가 다른 자인가?'에 대한 궁금증이며, '나는 어디에서 와서 어디로, 어떤 모습으로 가는가?'에 대한 진지한 성찰이기도 하다. 이런 물음은 비단 '나'에게만 적용되지 않고 모든 존재에게 적용된다.

하지만 「귀경게」에서 보듯 생성과 소멸을 비롯해 여덟 가지가 모두 부정된다. 이를 팔부중도八不中道라고 한다. 이는 양극단으로 치우친 견해를 부정한다. 그 부정의 관점은 그들 각각을 실체시하는 흑백논리적 사유에 대한 부정이다. 보통 우리의 사유는 흑과 백, 내 편과 네 편, 이것과 저것, 옳고 그름 등으로 나누어 분별하며, 어느 한쪽으로 치우쳐 대립한다. 생각과 말로 망상하고 분별하는 것을 희론戱論이라 한다. 중도란 이런 희론을 떠난다. 전체를 연기적으로 조망하면서 모든 것은 인연을 따라 탄생하고 사라진다는 사실을 통찰한다.

이렇게 볼 때 중도는 일상의 번뇌를 일으키는 원인을 제거하는 바른 안목이다. 투쟁하고 대립하며 갈등하는 나를 텅 비워놓는 것이다. 색안경을 끼고 나를 중심으로 시비하고 분별하는 순간 진리로부터 멀어진다. 도는 이렇게 분별과 차별을 떠나는 일상의 그 자리에서 열린다.

> 도를 알고자 하는가? 평상심이 바로 도다. 왜 평상심이 도라고 하는가? 여기에는 조작도, 옳고 그름도, 취하고 버림도, 단멸주의와 영원주의도, 범부와 성인도 없기 때문이다.
> _『마조록』「시중」

> 언어와 침묵, 움직임과 고요함, 모든 소리와 색깔이 모두 깨달음이거늘 어느 곳에서 부처를 찾겠는가? 머리 위에서 머리를 찾지 말며 부리 위에 부리를 더하지 마라. 다만 차별적인 견해만 일으키지 않는다면 산은 산, 물은 물, 승僧은 승, 속俗은 속일 뿐이다.
> _『완릉록』

시비와 차별을 떠나면 바로 그 자리가 해탈의 자리요, 평화의 자리다. 달리 무엇을 더 보탤 것이 없다. 이와 관련하여 성철스님은 세상이 선善과 악惡, 시是와 비非, 유有와 무無, 고苦와 낙樂 등 상대적으로 이루어져 있기에 대립과 갈등이 끊이지 않는다고 하며 대립의 양변을 떠나 중도로 융합하자고 말한다.

> 중도는 시비선악是非善惡 등과 같은 상대적 대립의 양쪽을 버리고, 모순과 갈등이 상통하여 융합하는 절대의 경지다.
> _「성철스님 법어」

2. 나를 구성하는 다섯 가지 요소 ─ 오온

나는 누구인가

불교에서는 나를 무아의 존재로 본다. 그런데 사람들은 '내가 이렇게 느끼고 걸어가며 먹고 말하고 있는데, 어떻게 내가 무아냐'고 묻는다. 무아라고 해서 내가 완전히 없다는 말은 아니다. 무아란 예전이나 지금이나 고정된 모습으로 존재하는 내가 아니라 여러 요소가 일시적으로 결합된 존재로서의 나, 변화하는 존재로서의 나를 말한다. 수레를 예로 든다면 바퀴도, 살도, 축도 분명 그 자체는 수레가 아니다. 다만 그것들이 일시적으로 결합하여 수레라고 불릴 따름이다.

> 마치 여러 목재를 함께 엮어 만든 것을 세상에서 수레라고 부르는 것처럼, 모든 쌓임의 인연이 모인 것을 거짓으로 중생이라 부른다.
> _『잡아함경』 45권 「시라경」

이 세상에 존재하는 것은 일반적으로 물질적인 요소와 정신적인 요소로 나뉜다. 불교도 마찬가지로 일체를 물질인 것과 정신적인 것으로 나눈다. 그리고 인간을 비롯한 뭇 생명들을 오온五蘊으로 본다. 온이란 쌓임, 무더기, 다발, 집합 등의 뜻이다. 따라서 오온이란 다섯 가지 요소의 쌓임으로 보면 좋을 것이다. 인간이란 다섯 가지 요소가 쌓였다가 흩어지면서 생멸한다.

> 부처님께서 여러 비구들에게 말씀하셨다. 다섯 가지 쌓임이 있다. 어떤 것이 다섯인가? 물질의 쌓임과 느낌·표상·의지·식별의 쌓임이다. 이 다섯 가지 쌓임은 모두 생겼다 소멸하는 법이라고 관찰하라. 이른바 '이것은 물질이요, 이것은 물질의 모임이며, 이것은 물질의 멸함이다. 또 이것은 느낌·표상·의지·식별이요, 이것은 느낌·표상·의지·식별의 모임이며, 이것은 느낌·표상·의지·식별의 멸함이다'라고 관찰하라.
> _『잡아함경』3권「생멸경」

다섯 가지 쌓임인 오온은 물질적인 요소인 색色과 정신적인 요소인 수受(느낌)·상想(표상)·행行(의지)·식識(식별)을 일컫는다. 색온은 물질요소이고, 수온·상온·행온·식온은 정신적인 요소인 마음과 그 마음의 작용을 의미한다.

색은 일체의 물질적인 요소로서 지·수·화·풍이라는 4대 원소로 이루어진다. 구체적으로 말하자면 눈을 비롯한 신체감각에 의해서 알려진 것이 오온의 색이다. 수受는 외부 대상을 느끼고 받아들이는 감각작용, 상想은 감각으로 경험한 내용을 바탕으로 지각하는 표상작용이다. 그런데 그 지각은 있는 그대로 이루어지는 것이 아니라 과거에 생각해두었던 개념과 이름을 바탕으로 파악한다. 그것은 생각의 산물이며 상상의 산물이다. 행行이란 행동의지를 말한다. 마음을 이끌어 어떤 행위를 하게끔 하는 것으로 의욕 내지는 결심, 노력 등을 말한다. 식識은 사물을 식별하는 작용이다.

이런 오온의 일시적인 결합으로 '만들어진 것'은 인연에 의해서 화합된 것이기에 언젠가 그 인연이 다하면 사라진다. 보라! 색으로 이루어진 이 몸이 나인가? 이 몸은 이내 노쇠하고 죽으면 사라진다. 그렇다면 몸을 움직이는 이 마음이 나인가? 마음이 나라면 내가 마음을 마음대로 다스릴 텐데 내 마음 나도 모른다. 그리고 마음처럼 변화무쌍한 것도 없다. 나의 느낌이나 나의 생각 등도 시시각각 변한다. 과연 어디서 진정한 나를 찾을 수 있을까? 이렇듯 나와 세계는 고정된 존재가 아니다. 나의 신체도 마음도 매 순간 생멸을 거듭하고 세계도 매 순간 생멸을 거듭한다.

오온은 무아다

그럼에도 나 자신이 연속성을 가지고 변함없이 존재한다고 여긴다. 거울이나 타인의 눈에 비친 나의 모습 그리고 나의 느낌이나 생각 등을 통해 내가 타인과 구별되는 개별적인 사람이라고 본다. 그렇게 자기를 규정하고 개념화한다. 그러면서 나, 나의 것, 나의 생각 등을 특정한 틀 속에 가둔다. 다른 사람이 나에게 기분 나쁜 말이나 행동을 하면, '어떻게 감히 나에게 이럴 수 있어?' '나를 뭐로 본거야?'라고 생각하며 화를 내거나 억울해한다.

하지만 사실 그대로 보면 그것은 나에 대한 집착이 만들어낸 뿌리 깊은 착각에 지나지 않는다. 마치 누구나 앉을 수 있는 자리를 내가 계속 앉다 보면, 그 자리를 나만의 자리로 착각하고 다른 사람이 앉으면 불쾌하게 생각하는 것과 같다. 모든 것은 변한다. 그것들은 연속성을 가진 실체가 아니라, 촛불이나 영화의 영상처럼 찰나 찰나 변하는 것들이 연속체처럼 보이는 착시일 뿐이다. 따라서 일반적으로 생각하는 고정된 존재란 단지 중생이 일으킨 착각과 집착에 지나지 않는다. 오온은 무아다. 나의 고정된 실체는 없다.

> 비구들이여 과거와 미래의 물질은 무아이고, 느낌은 무아이고, 표상은 무아이고, 의지는 무아이고, 식별은 무아이다. 하물며 현재의 물질은 말해서 무엇하겠는가? 비구들이여, 이와 같이 보는 부처님의 가르침을 잘 배운 성스러운 제자는 물질을 싫어하고 느낌을 싫어하고 표상을 싫어하고 의지를 싫어하고 식별을 싫어한다. 계속해서 싫어하여 번뇌에서 멀어진다. 번뇌에서 멀어져 해탈한다.
> _『상윳따 니까야』22 : 11「과거 · 미래 · 현재의 경」

무아를 일깨우는 수행

불교는 몸, 영혼, 나, 나의 것이라는 고정된 물질이나 정신을 인정하지 않는다. 따라서 불교수행은 집착이 만들어낸 나라는 존재가 허상에 불과함을 깨닫는 과정이다. 그렇다면 허상에 불과한 나라는 존재를 어떻게 깨달을 수 있을까? 이에 관한 부처님의 말씀을 보자.

> 물질은 덧없나니, 덧없는 것은 곧 괴로움을 초래하며, 괴로움을 초래하는 것은 곧 나[我]가 아니고, 나의 것[我所]도 아니다. 이와 같이 관찰하는 것을 진실한 관찰이라 하느니라. 마찬가지로 느낌·생각·의지·식별도 덧없으며, 덧없는 것은 곧 괴로움을 초래하고, 괴로움을 초래하는 것은 나가 아니고 나의 것도 아니다. 이와 같이 관찰하는 것을 진실한 관찰이라고 한다. 거룩한 제자가 이와 같이 관찰한다면 물질에서 해탈하며 느낌·표상·의지·식별에서 해탈하니, 나는 이것을 태어남·늙음·병듦·죽음·근심·슬픔·괴로움·번민에서 해탈함이라고 설한다.
> _『잡아함경』1권「염리경」

 우리는 자신을 매우 견고한 존재라고 착각하는 경우가 많다. 하지만 '나'를 구성하고 있는 오온도 '너'를 구성하고 있는 오온도 매우 연약하고 쉽게 파괴되는 속성을 가지고 있다. 그것들은 시시각각 변한다. 나도, 나의 감정도, 나의 사랑도, 나의 집이나 나라도 고정된 나, 나의 것이라 할 만한 모습을 찾을 수 없다. 이와 관련하여 부처님께서는 파초의 비유를 드셨다.

> 수행자들이여, 비유하면 눈밝은 사람이 단단한 재목을 구하려고 날
> 이 선 도끼를 가지고 숲으로 들어갔다가 통통하고 곧고 크고 긴 파
> 초나무를 보고, 곧 그 밑동을 베고 그 꼭대기를 자르고 잎사귀를 차
> 례로 벗겨보곤 단단한 알맹이가 없다는 것을 자세히 관찰하고 사유
> 하여 분별하는 것과 같다. 자세히 관찰해 사유하고 분별할 때 거기
> 에는 아무것도 없다[無所有]. 단단한 것도 없고, 알맹이도 없으며, 견
> 고함도 없다. 왜냐하면 그 파초에는 단단한 알맹이가 없기 때문이다.
> _『잡아함경』 10권 「포말경」

부처님은 파초의 비유 외에 물거품, 아지랑이, 번갯불 등의 비유
로 나의 실체가 비어 있고 무아임을 설명한다. 나의 것 역시 마찬가
지다. 이런 무아를 이론이 아닌 체험으로 깨치는 과정이 수행이다.
다양한 불교수행법의 핵심은 나는 물론 모든 것이 비어 있음을 통찰
하는 것이다. 그래서 앎도 중요하지만 수행을 해야 한다. 수행을 통
해 나의 것에서 떠나고 나에게서 떠난다. 내가 무아임을 깨닫는다.
『반야심경』에서도 말한다. 오온이 공空함을 비추어보라고.

> 관자재보살이 깊은 반야바라밀다를 행할 때 오온이 공한 것을 비추
> 어보고 온갖 고통에서 건너느니라.

오온은 고정된 모습이 없고, 영원히 소유할 수도 없다. 나도 그렇

고 나의 것이라고 여기는 것도 소유하는 순간, 단절의 아픔을 피할
수 없다. 꽃을 꺾어 내 소유물로 지니기보다는 수줍게 피어난 아름
다운 꽃 한 송이를 보고 그 꽃과 내가 하나가 되는 순간이 중요하다.
이렇게 바라볼 때, 자신을 확장하고 세상을 소유하려 했던 우리의
집착과 욕망이 얼마나 허황된 것인지 스스로 발견하게 된다. 무아이
기에 모든 것은 나의 것이 아니고 내가 아니며, 나의 자아가 아니다.

> 물질은 모인 물방울 같고
> 느낌은 물거품과 같으며
> 생각은 봄날 아지랑이 같고
> 의지는 파초와 같으며
> 식별과 대상은 허깨비 같다고 관찰하라.
>
> 두루두루 자세히 사유하고
> 바른 기억으로 잘 관찰해보면 알맹이 없고 단단하지도 않나니
> 거기에는 나[我]도 내 것[我所]도 없느니라.
> _『잡아함경』 10권 「포말경」

내 생명의 뿌리는 있다. 그런데 그것이 고정된 알맹이로 있지 않
고 시시각각 조건에 따라서 변한다. 나는 고정된 어떤 특정한 모습,
제한된 모습으로 살고 있지 않다. 변화하는 자아, 행위하는 자아는
분명 존재한다. 나는 이렇게 흐름 속에 있고 변화의 과정 속에 있기
때문에 언제나 자유로운 모습으로 새롭게 얼굴을 내민다.

3. 감각과 대상 그리고 인식
   — 십이처, 십팔계

십이처란 무엇인가

불교에서는 이 세계를 어떻게 설명할까? 우리가 보고 듣는 이 세계가 전부인가? 아니면 또 다른 특별한 세계가 있는가? 그리고 우리는 이 세계에서 어떻게 활동하며 살아가는가? 이와 관련한 바라문의 질문에 부처님께서 답하셨다.

> "고타마시여, '이 세상 모든 것[一切法]'이라고들 하는데, 어떤 것이 이 세상 모든 것입니까?"
> 부처님께서는 바라문에게 말씀하셨다.
> "이 세상 모든 것은 십이처十二處다. 즉, 눈과 색, 귀와 소리, 코와 냄새, 혀와 맛, 몸과 닿음, 마음과 그 대상인 법이다. 이것을 일체라고 한다. 이것을 떠나 달리 일체가 있다고 말한다면, 그것은 단지 말일 뿐이어서 여러 차례 물어봐도 알지 못하고, 어리석음과 의혹만 커질

것이다. 그것은 인식할 수 있는 영역이 아니기 때문이다."

_『잡아함경』13권 「일체경」

일체란 모든 것이다. 이 모든 것을 십이처라고 한다. 십이처란 여섯 가지 인식의 주체인 육근六根과, 여섯 가지 인식의 대상인 육경六境을 일컫는다. 근根이란 무엇을 일으키는 강한 능력을 말한다. 대상인 경境과 접하여 인식작용을 일으키는 능력이며 기능이다.

육근은 바로 눈, 귀, 코, 혀, 몸, 마음인 안眼, 이耳, 비鼻, 설舌, 신身, 의意다. 육경은 색깔, 소리, 냄새, 맛, 닿음, 마음의 대상으로 일컬어지는 색色, 성聲, 향香, 미味, 촉觸, 법法이다. 우리는 눈으로 색을 보고, 귀로 소리를 들으며, 코로 냄새를 맡고, 혀로 맛을 느끼고, 신체의 촉감으로 닿음을 느끼며, 마음으로 대상인 법을 파악하고 판단한다. 다시 말해서 오감으로 느끼고 마음으로 파악한다.

십이처에서 처處란 들어가 머무는 장소 혹은 감각과 인식이 가능한 영역을 의미한다. 인간의 모든 인식과 경험을 이 열두 가지 요소의 조합 즉 십이처로 분석하며, 이를 일체라 한다. 현실이란 우리의 감각과 인식을 바탕으로 구성되는 경험과 체험 속의 세계다. 부처님이 '이 세상 모든 것은 십이처다'라고 선언한 것은 우리가 현실 속에서 역력하게 인식하고 경험하는 생활세계를 중요하게 여긴다는 뜻이다.

불교에서는 육근과 육경의 십이처가 무아이며 무상하다고 한다. 그런데 인간은 분별과 집착을 일으켜 눈으로 대상을 보고 좋으면 탐착하거나 싫으면 피한다. 그러면 어떻게 분별과 탐착에서 벗어날 수 있을까?

> 눈으로 대상을 보아도 탐착을 일으키지 않음으로 욕심을 여의고, 애욕을 멀리해 사랑을 갈구하지 않으며, 쓸데없는 망상을 떠나 마음이 고요하고 법다운 행동을 함으로써 마음이 평온하고 그릇된 행위를 하지 않는다. 또한 귀, 코, 혀, 몸, 마음으로도 이와 같이 행한다면, 그런 수행자는 마땅히 공경 받고 공양 받을 만한 사람이다.
> _『잡아함경』11권「빈두성경」

『반야심경』에서는 말한다. "무안이비설신의 무색성향미촉법"이라고. 눈도 없고 귀, 코, 혀, 몸, 마음도 없으며, 색깔도 없고 소리, 냄새, 맛, 촉감, 마음의 대상도 없다. 모든 것이 인연 따라 흘러갈 뿐이다. 시끄러운 소리가 들렸다. 과연 그 소리의 실체가 있는가? 없다. 인연이 다하면 그 소리는 곧 사라진다. 이렇게 여기면 마음은 소리에 걸리지 않는다.

십팔계란 무엇인가

십이처에 여섯 가지 인식작용을 더하면 십팔계+八界가 된다. 눈으로 색깔을 보는 활동 내지는 그렇게 형성된 인식의 영역은 안식眼識, 귀로 소리를 듣는 활동 내지는 그렇게 형성된 인식의 영역은 이식耳識이다. 비식鼻識이나 설식舌識, 신식身識도 이와 마찬가지로 작용한다.

의식은 이런 다섯 가지 인식작용을 바탕으로 말과 개념으로 인지하는 활동 내지는 그렇게 형성된 인식의 영역을 말한다.

십팔계의 '계界'는 종류 또는 영역의 의미로, 이 세계 모든 것이 열여덟 가지 영역으로 이루어져 있음을 말한다. 십팔계 또한 십이처와 마찬가지로 이 세계의 모든 것을 일컫는다. 부처님께서는 십팔계를 제대로 알라고 하셨다.

> 어떤 비구는 십팔계를 보아 진실 그대로 안다. 곧 안계眼界 · 색계色界, 안식계眼識界와 이계耳界 · 성계聲界, 이식계耳識界와 비계鼻界 · 향계香界, 비식계鼻識界와 설계舌界 · 미계味界, 설식계舌識界와 신계身界 · 촉계觸界, 신식계身識界와 의계意界 · 법계法界, 의식계意識界를 안다. 이 십팔계를 보아 진실 그대로 안다.
>
> _『중아함경』 47권 「다계경多界經」

안식, 이식, 비식, 설식, 신식을 전오식前五識이라고 한다. 이런 전오식이 오감을 통하여 각각의 감각적 대상을 느끼고 알아차리는 기능을 한다면, 의식은 그것들을 기억하고 추리하며 종합하고 판단하는 기능을 갖는다. 예컨대 빨간 사과 하나가 내 눈과 코로 들어왔을 때, 전오식은 사과를 오감으로 알아차리고 달콤한 향기를 느끼는 기능을 하지만, 의식은 오감을 통해 보고 느낀 것을 종합하여 그것이 맛있는 빨간 사과라고 판단하는 작용을 한다. 그렇다면 부처님께서는 왜 십이처 외에 십팔계를 말씀하셨을까?

비구들이 부처님께 물었다.

"어떤 인연으로 눈으로 색깔을 보고 식별하는 안식이 생기며, 어떤 인연으로 귀, 코, 혀, 몸, 마음을 구별하는 식識이 생기는 것입니까?"

부처님께서 말씀하셨다.

"눈이 색깔을 인연으로 삼아 안식이 생긴다. 즉 눈의 식이 생겼다면, 눈과 색깔의 인연이 되었기 때문이다. 귀와 소리의 인연으로 이식, 코와 냄새의 인연으로 비식, 혀와 맛의 인연으로 설식, 몸과 촉감의 인연으로 신식, 마음과 그 대상을 인연으로 하여 의식이 생기는 것이다. 비구들이여, 안식, 이식, 비식, 설식, 신식, 의식은 다 인연화합으로 생겨난다."

_『잡아함경』9권「인연경」

세계를 설명할 때 인식작용과 인연화합의 중요성을 밝히기 위해 십팔계를 설명한다. 인식이 성립하려면 눈과 그 대상 그리고 의식이 함께 작용해야 한다. 이 중에서 어느 한 가지라도 빠지면 볼 수 없고 알 수도 없다. 구체적으로 말하자면 눈이 사과를 보고 '아, 저것이 맛있는 빨간 사과로구나'라고 인식할 때, 눈이 사과와 접촉하고, 느끼고, 옛 기억을 모아 생각하며, 취하려고 움직일 때, '아 먹음직한 빨간 사과'라고 인식한다.

이런 일련의 작용이 함께 어우러지지 않으면 인식은 성립하지 않는다. 여기서 중요한 점은 사과를 그냥 보는 것이 아니라 나의 과거와 생각과 내 마음의 상태, 탐착의 정도에 따라 달리 본다는 점이다. 즉 사물은 그냥 보는 게 아니라 내 마음이 그려낸 의식의 작용에 따라 달리 본다.

지금 내가 눈으로 아름다운 바다를 보고 있다고 하자. 과연 그 바다는 사실 그대로의 바다일까? 아니다. 내 눈에 들어온 바다요 내가 인식한 바다다. 내가 인식하지 않은 것은 알 수가 없다. 모든 것은 내 마음의 작용에 의해서 드러난 세계일 뿐이다. 십팔계는 이렇게 세계가 내 인식을 근거로 성립하고 있음을 보여준다. 그러나 내 인식도 시시각각 변한다. 실체가 없다. 십팔계는 인연화합으로 생겼다가 사라진다.

따라서 오온이나 십이처와 마찬가지로 십팔계 하나하나는 불변하는 고정된 것도 아니고, 영원히 소유할 수 있는 것도 아니다. 이와 같이 관찰할 때, 경험의 결과물로 쌓은 성에 갇혀 몸부림치는 우리 삶이 얼마나 허황된 것인지를 스스로 발견하게 된다. 그래서 『반야심경』에서 다시 말한다. "안계 내지 의식계도 없다." 눈으로 느끼는 세계뿐만 아니라 의식의 세계도 고정됨이 없다는 말이다. 이렇게 십팔계를 바로 알 때 진실 그대로 아는 것이다.

4. 모든 존재는 인연 따라 생겨나고 사라진다 — 연기법

연기를 보는 자, 법을 본다

부처님이 보리수 아래에서 깨달은 중심 내용은 모든 것이 인연 따라 생겨나고 인연 따라 소멸한다는 연기법緣起法이다. 연기는 중도와 더불어 초기불교부터 대승불교에 이르기까지 불교 전반을 꿰뚫고 있는 핵심적인 가르침이다. 연緣이란 '조건'과 '관계'를 말하며, 기起란 '일어난다' '생겨난다'는 뜻이다. 따라서 연기란 관계와 조건으로 말미암아 생겨난다는 뜻이다. 부처님께서는 이 연기의 도리를 법, 즉 진리라고 말씀하셨다.

> 연기를 보는 자는 법을 보고, 법을 보는 자는 연기를 본다.
> _『중아함경』 36권 「상적유경」

부처님 당시에 세계의 존재원리를 설명하는 세 가지 외도外道 설이 있었다. 그것은 숙명론, 창조론, 유물론이었다. 숙명론이란 모든 것은 전생 업의 소산이기 때문에 운명에 맡긴 채 살아갈 뿐이라는 설이다. 어떤 창조적인 노력이나 의지도 군더더기일 뿐이다. 창조론은 모든 것은 절대자에 의해 만들어졌으니 신에게 기도하고 신의 의도대로 살아가는 것이 최선이라고 한다. 하지만 창조론은 '그 신을 창조한 또 다른 창조자가 누가인가'라는 곤란한 질문과, '인간의 자발적인 의지와 원력은 무가치하단 말인가'라는 의문에 직면한다. 유물론은 업과 도덕도 없고 절대자도 없으며 모든 것은 오직 물질의 흐름에 불과할 뿐이어서 살아 있을 때 마음껏 쾌락을 즐기라고 권유한다. 이럴 경우 세상은 쾌락 만능주의자들의 무질서로 혼란스러울 것이다.

부처님은 이런 설들을 잘못되었다고 보고 연기설을 내세웠다. 연기설은 창조론에 입각한 수직적 질서를 받들지 않으며 모든 존재들의 수평적인 상호관계 속에서 서로 화합하고 어우러지면서, 순간순간 창조적인 행위를 바탕으로 스스로 운명을 개척해 나갈 것을 제시한다.

이런 연기법은 부처님이 발견한 것이지, 새롭게 만들어 구축한 이론이 아니다. 연기법은 이 세상에서 변함없이 이어지는 존재의 질서요, 보편적인 진리다. 만들어진 진리라면 언젠가 사라지기 마련이다. 하지만 연기법은 그렇지 않다.

연기법은 내가 만든 것도 아니고, 다른 사람이 만든 것도 아니다. 여래가 세상에 출현했든 출현하지 않았든, 이 법은 항상 법계에 머물러 있다. 여래는 다만 이 법을 발견하여 바른 깨달음을 이루고 중생들에게 잘 헤아려 들려준 것이며, 열어 보여 나타낸 것이다.

_『잡아함경』12권「연기법경」

이렇게 연기법은 영원히 변하지 않고 머물러 있는 존재의 실상이다. 그런 진리가 머물러 있는 세계가 법계다. 부처님께서는 연기법을 다양한 방식으로 설명하셨다. 그 가운데 대표적인 것은 다음과 같다.

이것이 있기 때문에 저것이 있고
이것이 생김으로써 저것이 생긴다.
이것이 없기 때문에 저것이 없고
이것이 사라짐으로써 저것이 사라진다.

_『잡아함경』13권「무명증경」

이렇게 모든 존재는 원인이라는 인因과 조건이라 연緣, 즉 인과 연의 화합이라는 '상호의존 관계'에 따라 생겨나고 사라진다.

모든 것은 인연 따라 생겨난다

이 세상에 독립된 존재나 현상은 없다. 모든 것은 상호영향을 미치며 돌아간다. 이 세상에 우연히 발생하거나 자발적으로 발생하는 존재와 현상은 없다. 모든 것은 뭔가를 조건으로 발생하고, 또 뭔가를 조건으로 소멸한다. 골짜기에 물이 흐른다고 할 때, 그럴 만한 원인과 조건 때문에 흘러가는 것이지, 영원히 흐르는 독립된 물은 따로 없다. 인연이 서로 닿으면 골짜기에 물이 흐르고, 인연이 다하면 흐름을 멈춘다. 이처럼 연기법은 생성과 소멸이라는 인연의 상호관계성을 밝히고 있다. 비유하면 이러하다.

> 지혜로운 사람은 비유로써 뜻을 알게 되는 것이니, 비유하자면 갈대 세 줄기가 빈 땅에 서려고 하면 서로서로 의지해야 하는 것과 같다. 만약 그 하나를 버려도 둘은 서지 못하고, 만약 둘을 버려도 하나는 또한 서지 못하여 서로서로 의지해야 서게 되는 것이다.
> _『잡아함』 12권 「갈대의 경」

다시 배추를 예로 들어보자. 배추씨가 없다면 배추는 존재할 수 없다. 상추씨에서 배추가 생길 리 없다. 배추가 존재하기 위해서는 반드시 배추씨가 있어야 한다. 이를 원인[因]이라고 한다. 또한 배추씨가 있다고 해서 반드시 배추를 얻을 수 있는 것도 아니다. 배추를 얻기 위해서는 그 씨를 땅에 뿌려야 하고, 수분과 햇빛과 거름 등이 적절히 공급되어야 하고, 또한 성장할 수 있는 일정한 시간과 공간이 필요하다. 이를 조건[緣]이라 한다. 이와 같이 모든 존재와 현상은 원인과 조건의 차이에 따라 각양각색의 결과들로 도출된다.

배추라는 결과물이 있기까지 영향을 미친 원인과 조건은 과연 몇 가지나 될까? 과연 위에서 거론한 배추씨, 토양, 수분, 햇빛, 거름 등으로 그칠까? 그렇지 않다. 면밀히 관찰해보면 결과물인 배추의 상태에 영향을 미친 요소들은 일일이 거론할 수 없을 정도로 많다. '나비효과'라는 말이 있다. 한 나비가 브라질에서 날갯짓을 하면 텍사스에 토네이도가 일어날 수도 있다는 뜻이다. 이는 소설가나 시인이 한 말이 아니라 유명한 기상과학자가 제시한 가설이다. 이를 통해서도 모든 존재와 현상이 상호 긴밀한 관계 속에서 전개되고 있음을 새삼 확인할 수 있다.

창조와 소멸은 인연 따라 생겨나고 사라진다. 그러므로 지금 이 순간의 내 모습과 행위, 비와 바람의 움직임은 영원한 창조다. 지금 이 순간의 인연을 떠나 달리 영원한 창조란 없다. 그러니 바로 이 순간을 살고 사랑하라. 그것이 법을 보는 것이다.

> 모든 세계는 끝없는 인연 따라 성립된다. 모든 것은 인연 따라 창조된다. 이미 과거에도 창조되었고 현재에도 창조되고 있으며, 또 미래에도 창조될 것이다.
> _『화엄경』 3권 「노사나품」

> 보살은 모든 업을 분별하지 않으며 과보에 집착하는 일도 없으나 모든 세간 연을 따라 생겨나매 인연을 떠나지 않고 모든 법 보네.
> _『화엄경』 24권 「십회향품」

대승불교의 법계 연기, 모든 존재는 관계 속에 있다

초기불교에서는 연기법으로 고통의 발생과 소멸을 해명한다. "그러므로 모든 괴로움의 원인인 무명을 타파하라"고 한다. 이에 반해 대승불교에서는 다양한 방식으로 연기법을 해석한다. 그 가운데 하나가 연기법을 공존과 조화의 원리로 보는 것이다. 모든 존재와 현상이 서로 긴밀한 관계를 맺고 있다면 이 세상에 소중하지 않은 존재는 없고, 이 세상에 소홀히 여길 일은 하나도 없다. 왜냐하면 모든 존재와 현상은 나와 나의 삶과 긴밀히 연관되었기 때문이다. 그래서 대승의 보살들은 상호 신뢰와 존중 속에서 타인의 삶에 적극 참여하는 보살행을 실천했다. 즉 대승불교에서 바라본 연기법은 '그러므로 모든 중생을 사랑하라'에 방점이 찍혀 있다.

갈대의 비유는 훗날 대승의 『화엄경』에 이르러 '인드라망'의 비유에서 더 실감나게 전개된다. 인드라망이란 비와 번개의 신이자 신들의 아버지 격인 제석천 인드라의 궁전 하늘에 처져 있는 그물을 말한다.

> 제석천 궁전 위에 구슬 그물망 낱낱의 구슬 속에 서로서로 모든 구슬의 영상을 드러내되 다함이 없다. 하나의 보배구슬 안에 천 개의 빛, 만 가지 색이 서로서로 겹겹이 되비추되 역력히 구분된다. 이같이 하나의 마음속에 모든 사람의 지혜가 중첩되어 들어간다. 진여의 성품은 필경 다함이 없으므로 중첩되고 또 중첩되며, 다함없고 또 다함없다.
>
> _『종경록』 38권

인드라 신의 궁전 그물망 각각의 구슬이 서로 연결되고 되비추는 복합적인 영상처럼 일체 존재들은 우주적 연대 속에 서로 관계하고 있다. 나에게는 우주의 모든 존재가 들어와 있으며 너에게도 역시 나를 비롯한 우주의 모든 것이 스며들어 있다. 이렇게 모든 것이 연결되어 서로 어우러지는 것을 법계연기法界緣起라고 한다. 법계란 나를 비롯한 우주 삼라만상을 일컫는다.

내 존재 속에는 바람과 햇빛은 물론 가족, 사회, 국가와 세계의 모든 구성원들이 직간접적으로 들어가 있으며, 너에게는 나를 비롯한 그 모든 것들이 들어가 있다. 하나 속에는 여럿이, 여럿 속에는 하나가 서로 맞물려 있고 상호침투하고 있다. 저 하늘과 별에도 나와 네가 들어가 있으며 함께 숨 쉬고 있다. 세계는 나와 더불어 시시각각 창조되고 움직인다.

작은 티끌 하나 속에 시방세계 머금었고
일체 모든 티끌들이 한결같이 그러하네.
한량없는 오랜 시간 한순간과 다름없고
한순간은 그대로가 한량없는 시간이네.
_「법성게」

모든 것이 서로 연결되어 있음을 인정한다면, 차이는 있어도 차별은 있을 수 없다. 인종, 국적, 남녀 등에 대한 편견도 없다. 약자에 대한 폭력과 타인에 대한 무관심도 없다. 그들이 곧 나의 일부고, 또 다른 이름의 나다.

5. 고정된 시각을 벗어나라 — 아공, 법공

실체는 없다

신 중심적 종교는 사람에게 실체적인 자아가 있고, 이런 자아가 사후에도 지속된다고 말한다. 실체란 자신만의 변치 않는 고유한 특징을 지니며 스스로 존재하는 것을 말한다. 나와 이 세상을 포함한 우주만물은 모두 신에 의해서 독립적으로 창조된 것들이기 때문이다. 나아가 실체는 그것에 대한 인식과 상관없이 별도로 존재한다. 즉 내가 알든 모르든 상관없이 독립적으로 영원히 존재한다. 하지만 불교는 무아를 내세운다. 오온 어디에도 실체주의자가 주장하는 영혼 같은 자아는 없다.

> 무아는 '이것은 나의 것이 아니다, 이것은 내가 아니다, 이것은 나의 자아가 아니다'라고 바른 지혜로 있는 그대로 보아야 한다. 이와 같이 바른 지혜로 있는 그대로 보는 사람은 번뇌에 집착하지 않고 욕

망에서 벗어나 해탈한다.

_『쌍윳따 니까야』22 : 59「특징경」

만약 물질이 나라면 이 몸은 병들지 않고 지치지도 않으며 영원히 존재할 것이다. 그러나 부처님께서는 그렇지 않다고 말씀하신다.

> 비구들이여, 물질은 내가 아니다. 만약 이 물질이 나라면 이 물질은 질병에 걸리지 않고, 이 물질에 대하여 '나의 물질은 이렇게 되라. 나의 물질은 이렇게 되지 마라'고 말할 수 있다. 하지만 비구들이여, 물질은 내가 아니므로 이 물질은 질병에 걸릴 수 있고, 이 물질에 대하여 '나의 물질은 이렇게 되라. 나의 물질은 이렇게 되지 마라'고 말할 수 없다.
> _『쌍윳따 니까야』22 : 59「특징경」

이렇듯 물질은 내 마음대로 할 수 없기에 내가 아니다. 내 위장도, 심장도 내가 아니다. 그렇다면 나의 직책, 나의 모습, 나의 이름이 나인가? 직책도 모습도 이름도 사실 그렇게 일시적으로 불리고 있을 뿐이지 거기서 나를 찾을 수 없다. 그렇다면 내 마음이 나인가? 내 마음 또한 내가 마음대로 할 수 없다. 내 마음은 나도 모른다. 내 마음 또한 시시각각 변하기에 실체가 없으며 무아다.

나란 존재는 정말 없을까

무아의 가르침에서 유의할 점은, 내가 존재하지 않는다고 해서 상식적 차원에서 '나'라고 부르는 존재 자체를 부정하거나 없애라는 뜻은 아니란 것이다. '무아를 깨달으라'는 말은 지금 여기에서의 존재란 오온의 화합일 뿐임을 알라는 의미다. 오온은 특수하지 않고 영원하지 않다. 오온으로 구성된 나 역시 결코 특별하지도 영원하지도 않다. 몸과 마음은 내 것이 아니며 내 마음대로 할 수 있는 게 아니다. 조건에 따라 변한다. 이렇게 존재에 대한 시각을 바르게 교정하여 욕망과 고집과 교만에 휩싸였던 삶의 태도를 바꾼다면, 다툼과 슬픔으로 점철된 고단한 삶에서 훌쩍 벗어날 수 있다.

공이란 무엇인가

무아와 같은 맥락에서 대승불교에서는 '공空'을 내세운다. 공이란 비어 있다는 의미다. 나도 텅 비어 공이니 아공我空이요, 나를 구성하는 요소는 물론 모든 존재도 텅 비어 공하니 법공法空이다. 모든 존재의 실체는 없다. 물도 바람도 영원하지 않다. 원자나 소립자도 영원하지 않다. 번뇌나 슬픔도 영원하지 않다. 번뇌나 슬픔은 인연 따라 생겨났을 뿐이다. '홍길동' '김철수' 등은 다른 이름으로 불리지만 두 존재 모두 인연 따라 생겨났다가 인연 따라 소멸할 뿐, 거기에 특별한 실체가 있거나 독립된 존재가 있는 것은 아니다. 공할 뿐이다.

하지만 나도 너도, 온갖 만상도 공하다 하여 그 공에 집착하여 아무것도 없다는 허무적멸에 빠지면 문제가 생긴다. 공은 그러한 공에 집착하는 공견에서 벗어날 것을 요구한다. 그것을 아공, 법공의 두가지 공마저 공하다 해서 구공俱空이라고 한다. 공마저 공으로 비울 때 나도 너도 삼라만상도 자신을 비운 채 다시 색으로 살아 움직인다.

이해의 폭을 넓히기 위해 불자들이 늘 암송하는 『반야심경』으로 돌아가서 생각해보자. 『반야심경』에서 "색과 공은 다르지 않다" "색이 곧 공이다"라고 했다. 이것은 규정된 나의 모습에 대한 부정이다. 나뿐만 아니라 너도, 모든 대상도 변하지 않는 어떤 모습으로 규정될 수 없다. 거지 같은 인생을 사는 사람이 항상 거지로 규정되는 것은 아니다. 나도 공하고 너도 공하며 물도 공하고 바람도 공하다. 사랑과 미움, 슬픔도 모두 공하다. 사랑도 고정되어 있지 않고 미움도 고정되어 있지 않다. 작은 것도 긴 것도 고정되지 않았다. 향나무는 큰 소나무에 비하면 작지만, 진달래보다 큰 나무다. 이렇게 모든 것을 공으로 바라볼 때 나를 구속하고 있는 고정된 시각에서 해방된다. 나는 고정되지 않았다. 누구도 나를 구속하지 못한다. 나는 자유다. 그래서 색은 곧 공이라 했던 것이다.

『반야심경』에서는 다시 "공과 색이 다르지 않다" "공이 곧 색이다"라고 말한다. 공은 곧 일체요 우리가 살아가는 모습이다. 이는 공이 다시 공을 부정하여 색으로 살아 움직이는 것을 말한다. 규정되지 않는 공의 지평에서 멋진 색의 향연을 펼쳐 나간다. 그러면 공이 색으로 살아 움직인다. 이렇게 해서 색이 공으로, 공이 색으로 서로 스며들면서 신나고 멋진 세상을 만들어간다. 공이 공에 머물지 않고 열린 마음으로 자유롭게 모든 것과 창조적으로 관계를 맺는다. 이것이 진정한 반야의 지혜다.

> 색이 공과 다르지 않고 공이 색과 다르지 않으며 색이 곧 공이요, 공이 곧 색이다.
>
> _『반야심경』

결국 공은 나 자신을 구속하고 깨달음에 이르는 길을 가로막는 일체의 결박과 형상에서 우리를 철저히 해방시키며, 걸림이 없고 창조적인 관계 속에서 모든 것을 성립시킨다. 모든 존재는 공하기 때문에 서로 관계를 맺고 자신의 자리를 찾아 나름대로 역할을 한다.

> 공의 이치이므로, 모든 존재가 성립할 수 있다. 만일 공의 이치가 없다면 어떤 존재도 성립하지 않는다.
>
> _『중론』「관사제품」

무자성이기 때문에 공하다

공이란 비어 있는 것이다. 그것은 무엇이 결여되어 있다는 의미다. 무엇이 결여되어 있는가? 바로 자성이 결여되어 있다. 이렇게 공은 자성이 없기에 '무자성無自性'이라고 한다. 자성이란 다른 것에 의존하지 않고 스스로 존재함을 말한다. 하지만 이 세상에 스스로 존재하는 것은 아무것도 없다.

　'홍길동' '김철수'는 다른 이름으로 불리지만 두 존재에서 각기 그
것만의 독특한 성품이라 할 만한 것은 보이지 않는다. "홍길동은 화
를 잘 내고 김철수는 온화하다면, 화를 잘 내고 온화한 것이 홍길동
과 김철수가 가진 독특한 성품이 아닌가?"라고 반론을 제기할 수도
있다. 만약 홍길동이 태어나면서부터 죽을 때까지 화를 잘 낸다면,
김철수가 태어나면서부터 죽을 때까지 온화하다면 그 각각을 홍길
동과 김철수의 자성, 즉 그만이 가지는 독특한 성품이라고 인정할
수 있다. 과연 그런가? 면밀히 관찰해보면 존재가 가지는 대부분의
특성은 일시적이고 가변적이라는 것을 확인할 수 있다.

　만약 어떤 존재에게서 시간과 공간 등 상황의 변화에 상관없이 항
상 지속되는 특성을 찾을 수 없다면 그 존재를 다른 존재와 특별히
구별해서 지정할 필요가 있을까? 아마 없을 것이다. 그래서 대승에
서 "모든 법은 헛된 이름만 즐비할 뿐 실체가 없다"라고 한 것이다.
따라서 '공'과 '무자성' 역시 '무아'와 같은 내용임을 알 수 있다. 그
런 의미에서 공은 무아, 중도, 연기를 모두 아우르는 대승불교의 꽃
이다.

> 여러 인연으로 생긴 법을 나는 공이라고 말하네.
> 이것 또한 가명假名이니 이것이 중도의 뜻이라네.
> 인연 따라 생기지 않은 법은 단 하나도 없었네.
> 따라서 모든 법은 공 아닌 것이 없다네.
> _『중론』「관사제품」

대승에서 "모든 법이 공함을 깨달으라"고 요구했던 것은 '나'도 '너'도 인연의 화합일 뿐임을 관찰하라는 것이고, '너'와 구별될 수 있는 특별한 '나'도, '나'와 구별될 수 있는 특별한 '너'도 없다는 것을 알라는 뜻이며, '나'와 '너'의 경계가 없는 인연의 물결 속에서 하나로 연결되어 끝없이 펼쳐지는 조화로서 중도를 깨달으라는 뜻이다. 이렇게 존재에 대한 시각을 바르게 교정하여 서로를 돕고 가꾸어가는 태도를 확립할 때, 기쁨과 환희가 가득 찬 아름다운 공동체를 만들 수 있다. 그 생명력은 모든 존재가 실체가 없으니 거기에 머물거나 집착하지 않고 마음을 내는 데서 움터 나온다.

> 신체적 특징들은 모두 허망한 것이니 신체적 특징이 신체적 특징 아
> 님을 본다면 바로 여래를 보리라.
> _『금강경』5권 「여리실견분」

> 형색에 집착하지 않고 마음을 내어야 하고, 소리 · 냄새 · 맛 · 감
> 촉 · 마음의 대상에도 집착하지 않고 마음을 내어야 한다. 마땅히 집
> 착 없이 그 마음을 내어야 한다.
> _『금강경』10권 「장엄정토분」

무아가 철학적 담론이나 형이상학적 이론에 그치는 것이 아니듯, 공 또한 결코 애매모호한 관념의 유희나 공허한 구호에 그치지 않는다. 공은 모든 다툼과 고뇌의 시발점인 이기심의 극복을 뜻하며, 나와 너를 아우르는 보살행의 시작을 뜻한다.

또한 공은 모든 견해와 집착에서 해방된 해탈의 가르침이고, 분별을 떠난 무분별의 가르침이며, 자신을 떠난 자기 비움의 가르침이다. 철저한 비움은 하늘의 흰 구름처럼 흘러간다. 이것이 선에서 일컫는 방하착放下着이다. 완전히 내려놓는 것이다. 결박과 속박에서 벗어나 걸림 없이 사는 것이다. 윤회도 공하고 열반도 공하다. 윤회 속에서 열반을 실현하고 열반 속에서 윤회를 실현한다. 그것이 보살의 삶이다.

6. 모든 것은 변한다 — 무상

무상이란

무상無常이란 '영원하지 않다'는 뜻이다. 모든 것은 시시각각 변한다. 태어난 자는 늙고 병들어 죽어가기 마련이고, 사물 또한 생겨나서 머물며 변하다 소멸한다. 우주도 별도 태어나서 머물다 파괴되어 공으로 돌아간다. 모든 것은 무상하게 흐를 뿐이다. 그래서 부처님께서는 모든 형성된 것들을 무상하다 말씀하셨다. 이것이 제행무상諸行無常이란 가르침이다. 행行은 형성된 것, 만들어진 것이라는 의미다.

> 비구들이여, 형성된 것들은 무상하고, 형성된 것들은 견고하지 못하다. 비구들이여, 형성된 것들은 불안정하다.
> _『앙굿따라 니까야』 7 : 66 「태양의 경」

서울을 관통해 흐르는 강을 '한강'이라고 한다. 그 강은 어제도 한강이라 불렸고, 오늘도 한강이라 부르고, 내일도 아마 한강이라 불릴 것이다. 하지만 '한강'이라 불리는 그것을 가만히 관찰해보면 어제 그곳을 흐르던 물방울과 오늘 그곳을 흐르는 물방울은 같지 않다는 것을 알 수 있다. 아마 내일은 또 오늘과 같지 않을 것이다. 그럼에도 우리는 그 강을 어제도 오늘도 한강이라 부르고, 아마 내일도 한강이라 부를 것이다. 이렇듯 사물도 사람도 그리고 갖가지 현상과 개념도 어느 하나 정지해 있는 것은 없다. 질량도 형태도 그리고 그 특성도 끊임없이 변화한다. 멈추어 있는 것이 있다면 오직 하나, 낙인처럼 또 꼬리표처럼 따라다니고 있는 그 '이름'뿐이다.

> 물질은 무상하다. 혹은 인因으로 혹은 연緣으로 온갖 물질이 생기더라도 그것 또한 무상하다. 무상한 인과 무상한 연으로 생기는 모든 물질적 존재가 어떻게 영원할 수 있겠는가? 느낌, 표상, 의지, 식별 또한 무상하다. 혹은 인으로 혹은 연으로 온갖 식별이 생기더라도 그것 또한 무상하다. 무상한 인과 무상한 연으로 생기는 모든 식별 작용이 어떻게 영원할 수 있겠는가? 이와 같이 비구들이여, 물질은 무상하며 느낌, 인식, 의지, 식별 또한 무상하다.
> _『잡아함경』 1권 「인연경」

위에서 물질도 무상하고, 우리 마음의 식별작용도 무상하다고 했다. 물질이 무상한 것은 그 모습이 시시각각 변하기 때문이다. 똑같은 물질이라도 여러 가지 조건에 의해서 변한다. 물도 온도에 따라 얼음이 되었다가 기체로 변하여 구름이 된다. 모든 존재들은 여러 요소들이 여러 조건에 의해 일시적으로 모인 집합체에 불과하기 때문이다. 현대과학에서도 겉으로 보기에는 물질이 고정되어 있는 것 같지만 실제로는 끊임없이 움직이는 에너지의 흐름에 지나지 않다고 한다. 즉 무상하다.

하지만 마음의 무상은 물질보다 더 빠르다. 마음의 흐름은 폭포수와 같다.

> 비구들이여, 나는 마음보다 빨리 변하는 다른 어떤 것도 보지 못했다. 비구들이여, 마음이 얼마나 빨리 변하는지 비유를 들어 설명하는 것도 쉽지 않다.
> _『앙굿따라 니까야』 1 : 48 「빨리 변하는 마음의 경」

무상은 허무가 아니라 사물의 실상이다

일반적으로 무상이라는 말은 감성적이고 부정적인 의미로 쓰이는 경우가 많다. 소중히 아끼던 것들이 손가락 틈새로 빠져나갈 때, 우리는 깊은 한숨과 함께 '참, 무상하구나'란 말을 쉽게 내뱉는다. 그 말을 할 때 동반되는 상실감과 허탈감은 깊은 상처처럼 쓰라린 아픔을 초래한다. 그래서 부처님께서는 자주 말씀하신다.

"무상한 것은 괴로움이다."

하지만 이 말씀에서 되짚어보아야 할 것이 하나 있다.

"무상한 것은 모든 이에게 괴로움일까?"

만약 무상이 모든 이에게 괴로움이라면, 괴로움에서 벗어날 수 있는 가능성은 사라진다. 왜냐하면 이 세상에 무상하지 않은 것은 없기 때문이다. 따라서 괴로움은 모든 이에게 필연적인 숙명이 된다. 부처님께서 인간의 숙명적 고통을 강조하기 위해 이런 말씀을 하셨을까? 결론부터 말하자면, 아니다. 그럼 왜 "무상한 것은 괴로움이다"라고 하셨을까? 이 말에는 '영원하기를 기대했다면'이란 전제가 생략되어 있음을 명심해야 한다. 즉 '영원하리라 생각하고 집착한 사람에게 무상함은 크나큰 고통으로 다가온다'는 뜻이다.

모든 것은 무상하다. 모든 물질적·정신적 존재와 현상들은 끊임없이 변화한다. 이는 특정인의 주장이 아니라 엄연한 사실이다. 이를 인정하고 집착하지 않는 사람에게도 무상이 고통으로 다가올까?

부처님께서는 사실을 사실 그대로 인정하고 현명한 판단과 행동을 하라고 말씀하신다. 그것이 잘못된 사고와 터무니없는 고집에서 비롯된 괴로움을 줄이고, 멈추며, 궁극에는 완전히 극복하는 지름길이라고 강조하신다.

> 비구들이여, 물질(과 마음)은 무상하다. 무상한 것은 괴로움이다. 괴로운 것은 실체가 없다. 실체가 없는 것은 '이것은 나의 것이 아니고, 이것은 내가 아니고, 이것은 나의 자아가 아니다'라고 있는 그대로 올바른 지혜로 관찰해야 한다.
> _『맛지마 니까야』 22 : 35 「뱀에 대한 비유경」

이 말씀은 무상하기 때문에 괴로운데, 그 괴로움은 실체가 없다.

실체가 없기에 괴로움은 곧 사라진다. 그런데 우리는 자기중심적으로 탐욕을 내어 좋은 것을 선호하고, 싫은 것을 혐오한다. 하지만 지혜로운 사람은 집착을 일으키는 탐욕과 분노가 없기에 왜곡된 분별과 그것에 대한 집착도 일어나지 않는다. 따라서 사물의 실상을 보는 자는 모든 것이 공이라고 본다. 있는 그대로 공, 무아, 무상함을 보고 집착에서 떠나는 것이 괴로움에서 떠나는 일이다.

> 일체 모든 유위법은 꿈과 허깨비, 물거품과 그림자 같고 또한 이슬과 번개 같으니, 마땅히 이렇게 관찰할지니라.
> _『금강경』「응화비진문」

대부분의 종교는 이 삶이 무상하고 덧없으므로 무상을 뛰어넘은 영원한 저 세상을 꿈꾼다. 무상한 이 삶은 헛된 삶이요, 덧없기에 저 세상의 천국과 변치 않는 신성한 삶을 고대한다. 그러나 지혜로운 사람은 이 무상한 삶의 현장에서 영원의 자취를 간직한다. 무상을 무상 그대로 통찰하며 집착 없이 사는 그 삶이 열반이요, 극락이다. 무상하게 흐르는 변화를 거부하면 괴롭기 그지없다는 사실을 명심해야 한다.

제4장

괴로운 삶에서

평화와 행복으로

과거를 알고자 하는가.

현재 받고 있는 과보를 보면 된다.

미래를 알고자 하는가.

지금 행하고 있는 것을 보라.

_『연수기신록』6권

1. 괴로움을 떠나 즐거움을 얻는다
— 사성제의 가치

괴로움의 발견

부처님의 가르침은 추상적 주장이나 막연한 이론체계가 아니다. 인간의 삶에는 너무나 많은 괴로움이 첩첩이 쌓여 있기에, 부처님의 가르침은 현실에서 직면하는 수많은 문제에 대한 구체적이고 직접적인 해답이다.

싯다르타는 태자 시절 4대문 밖으로 행차를 나가 지금까지 삶에서는 전혀 볼 수 없었던 생로병사를 보고 절망과 극심한 두려움을 느낀다. 태자의 출가 동기는 이 생로병사가 안고 있는 두려움에 대한 극복이었다. 생로병사는 인간이 태생적으로 짊어진 피할 수 없는 괴로움이다. 이 괴로움의 극복이 불교수행의 출발점이다.

부처님은 녹야원에서 깨닫기 이전 수행도반이던 다섯 비구를 대상으로 중도와 더불어 고苦·집集·멸滅·도道의 네 가지 성스러운 진리인 사성제四聖諦를 설한다. 사성제는 부처님이 깨달은 연기와 중도를 이 삶의 현장에서 곧바로 적용할 수 있도록 체계화한 것이다. 구체적으로 말해서 우리들이 살아가면서 부딪치는 직접적인 괴로움에 대한 직시와 그로부터의 해탈, 해방의 내용을 담고 있다.

> 성스러운 진리로서 괴로움은 이렇다. 태어나는 것도 괴로움이고, 늙는 것도 괴로움이며, 병이 드는 것도 괴로움이고, 죽는 것도 괴로움이다. 슬픔, 비탄, 고통, 근심, 번민도 괴로움이다. 미워하는 사람과 만나는 것도 괴로움이고, 사랑하는 사람과 헤어지는 것도 괴로움이며, 원하는 것을 구하지 못하는 것도 괴로움이다. 요약해서 말하자면 오온에 집착하며 살아가는 삶 그 자체가 모두 괴로움이다.
> _『상윳따 니까야』 56 : 11 「초전법륜의 경」

생로병사의 네 가지 괴로움을 사고四苦라고 한다. 여기에 미워하는 사람과 만나는 괴로움, 사랑하는 사람과 헤어지는 괴로움, 원하는 것을 얻지 못하는 괴로움, 오온에 집착하며 살아가는 삶 그 자체의 괴로움을 더하여 팔고八苦라고 한다. 왜 오온에 집착하며 살아가는 인간의 삶 그 자체가 괴로움인가? 그것은 우리의 몸과 마음은 인연에 따라 끊임없이 변하기 마련인데 마치 영원히 머문다고 생각하여 집착하기 때문이다.

이런 괴로움은 다시 세 가지 측면에서 살펴볼 수 있다. 첫째는 고고苦苦다. 고고는 직접적으로 경험하는 모든 종류의 정신적·육체적 괴로움을 말한다. 즉 질병과 사고, 굶주림이나 추위 등으로 인한 육체적 괴로움과 분노와 공포 등의 정신적 괴로움이 여기에 포함된다. 둘째는 괴고壞苦다. 괴고는 상실의 괴로움이다. 소중한 것을 잃었을 때 경험하는 아픔만큼 큰 괴로움은 없다. 상실의 순간이 다가왔을 때, 그 아픔을 어떻게 극복하고 해결할지는 인생의 크나큰 난제 가운데 하나다. 셋째는 행고行苦다. 행고는 변화로 인해 느끼게 되는 정신적·육체적 괴로움을 말한다. 사람들은 즐거움을 느낄 때, 그것이 지속되기를 바라는 동시에 보다 큰 즐거움을 갈망하기 마련이다. 거꾸로 말하면 오늘의 즐거움에는 그것이 지속되지 않는 데 대한 두려움과 그것에 만족하지 못하는 불만이 동반되기 마련이다. 따라서 오늘의 즐거움이 괴로움으로 변하는 것을 염려하는 괴로움은 언제 행복이 끝날지 모르는 데 대한 불확실성에서 오는 두려움과 같다. 요컨대 세상만사가 내가 원하는 대로, 내 마음대로 되지 않으니, 그 결과 괴롭고 불편하며 불안한 것이다.

괴로움은 성스러운 진리인가

부처님께서는 괴로움을 성스러운 진리라고 말씀하셨다. 고성제苦聖諦라는 말이 그 뜻이다. 그렇다면 왜 괴로움을 성스러운 진리라고 하셨을까? 그것은 괴로움에 대한 자각이 중요하기 때문이다. 괴로움을 자각하지 못하면 괴로움에서 벗어나려는 움직임 또한 불가능하다. 안수정등岸樹井藤의 비유가 이를 잘 말해준다. 사람들은 벌통에서 떨어지는 달콤한 꿀에 현혹되어 시시각각 다가오는 병과 늙음과 두려움의 고통을 잊고 산다. 마치 아주 심각한 병에 걸린 환자가 자신이 병에 걸린 줄 모르고 일시적인 향락에 취해 살아가고 있는 상태와 같다. 그래서 괴로움에 대한 자각은 지혜의 눈을 여는 것이요, 일종의 축복과 같다.

> 비구들이여, 이와 같이 '이것이 괴로움의 거룩한 진리다'라는 이전에 들어보지 못했던 법에 대하여 나에게 안목이 생겨났고, 앎이 생겨났고, 지혜가 생겨났고, 밝은 지혜가 생겨났고, 광명이 생겨났다.
> _『상윳따 니까야』 56 : 11 「초전법륜의 경」

이렇듯 괴로움을 절실하게 나의 문제로 자각하는 자만이 열반, 해탈을 지향한다. 괴로움이 없다면 궁극의 행복도 없다.

괴로움, 그 원인에서 소멸까지

그렇다면 괴로움은 인간의 힘으로 도저히 해결할 수 없는 불가항력의 영역일까? 그래서 그것을 운명으로 받아들여야 할까? 눈물과 원망 속에서 시간의 힘만을 기대해야 할까? 아니다. 불교는 삶의 괴로움에 굴복하는 비관론이나 허무주의가 아니다. 부처님은 그런 괴로움 앞에서 절망의 눈물을 보일 필요가 없다고 말씀하셨다. 괴로움에서 벗어날 길이 있기 때문이다. 그것은 괴로움의 원인을 아는 데서 출발한다.

부처님께서는 괴로움의 원인이 집착에 있다는 성스러운 진리[集

聖諦]를 말씀하셨다. 그 집착은 갈애를 일컫는다. 이러한 갈애가 끓고 있는 한 우리는 지혜의 눈으로 실상을 있는 그대로 보지 못하고, 그 결과 내 마음대로 되지 않으니 불같이 화를 낸다. 갈애란 나에 대한 애착으로서 살고자 하는 맹목적 욕망이며 탐욕이다. 그것은 자기와 자기 것에 대한 타는 듯한 갈증이다.

> 비구들이여, 성스러운 진리로서 괴로움이 일어나는 원인은 갈애다. 그것은 다시 태어나게 하고, 쾌락과 탐욕을 동반한다. 어디에서든지 대상을 애착하는 갈애. 그것은 감각적 쾌락에 대한 갈애, 생존하고자 하는 갈애, 생존을 부정하고자 하는 갈애다.
> _『상윳따 니까야』 56 : 11 「초전법륜의 경」

이어 부처님께서는 괴로움의 원인을 알고 제거하면 괴로움은 사라지고, 다시는 발생하지 않는다고 가르치셨다. 이것을 괴로움의 소멸에 대한 성스러운 진리[滅聖諦]라고 한다. 그 상태가 열반이요, 해탈이다. 그다음 부처님은 괴로움의 원인들을 제거하고 잘못된 습관과 행동들을 교정하는 길에 대해 구체적으로 설명하셨다. 이를 괴로움을 소멸하는 길에 대한 성스러운 진리[道聖諦]라고 한다. 그 길은 실상을 있는 그대로 보는 지혜로운 마음과 행동으로 괴로움을 끊고 얽매임에서 벗어나는 거룩한 행복의 길이다.

> 만약 이미 모든 것이 괴롭다는 진리를 알고 이해하며, 괴로움의 원인이 집착에 있음을 알고 끊으며, 괴로움이 소멸된 진리를 알고 증

득하며, 괴로움이 사라지는 방법의 진리를 알고 닦았다면 그런 사람
은 빗장을 활짝 열고, 구덩이를 편편하게 고르고, 모든 험하고 어렵
고 얽매이는 것에서 벗어났다고 하겠다. 그는 어질고 성스러운 사람
이라 불리며 거룩한 깃발을 세웠다.

_『잡아함경』15권「현성경」

    부처님의 가르침은 '삶에서 경험하는 괴로움을 어떻게 극복할 것
인가?'라는 문제제기에서 시작한다. 그리고 그런 괴로움에서 떠난
평온하고 자유로운 삶에서 끝을 맺는다. 이렇게 부처님의 가르침은
괴로움에서 벗어나 행복에 도달하는 매우 탁월한 방법이다. 이런 부
처님의 가르침을 불사의 진리요, 불멸의 진리라고 한다.

불사의 진리를 보지 못하고
백 년을 사는 것보다
불사의 진리를 보면서
하루를 사는 것이 더 낫다.

_『법구경』114

2. 행위가 나의 삶을 결정한다
― 업의 다양한 의미

업이란 무엇인가

업業은 행위를 말한다. 일상생활에서 자신이 다른 존재들과 상호관계를 갖는다는 것은 나의 어떤 행위가 타인과 세계에 영향을 미치고, 반대로 타인의 어떤 행위와 세계의 움직임이 나에게 영향을 미친다는 뜻이다. 불교는 이같이 상호 존재 간에 영향을 미치거나 작용을 하는 행위를 업이라고 한다. 모든 중생은 이런 자신의 업을 지니고 있다.

> 중생들은 자신의 업을 소유하는 자이고, 그 업을 상속하는 자이며, 그 업을 모태로 하는 자이고, 그 업을 친척으로 하는 자이며, 그 업을 의지처로 하는 자이다. 업이 중생을 열등하게도, 탁월하게도 하는 차이를 만든다.
> _『맛지마 니까야』 135 : 4 「업 분석의 짧은 경」

인도인들은 그들의 계급제도를 전생의 업보 때문이라고 설명한다. 즉 현재의 하층민들은 전생에 나쁜 업을 쌓았기 때문에 현세에서 그 과보를 받는다고 한다. 나아가 내세에 보다 좋은 곳에 태어나는 것은 계급적 의무를 다하고 신에게 제사를 열심히 지내야 가능하다고 한다. 하지만 부처님은 이를 부정하셨다. 부처님께서는 오로지 행위에 의해서만 그 사람의 신분이 결정된다고 말씀하셨다.

> 태생에 의해 성스러운 인물이나 태생에 의해 성스러운 인물이 아닌 자가 되는 것이 아닙니다.
> 행위에 의해 성스러운 인물이 되고, 행위에 의해 성스러운 인물이 아닌 자가 됩니다.
> 행위에 의해 농부가 되고, 행위에 의해 기술자가 됩니다. 행위에 의해 상인이 되고, 행위에 의해 노동자가 됩니다.
> _『앙굿따라 니까야』650~651「바세따의 경」

행위는 몸, 입, 마음의 행위로 전개된다. 이를 신身, 구口, 의意 삼업三業이라고 한다. 나의 육체적 행위나 언어표현은 몸과 말로 짓는 업이요, 생각을 내는 행위는 마음으로 짓는 업이다. 하지만 행동과 말은 마음에서 분리되어 개별적으로 존재할 수 없다. 몸과 말에 의한 업은 단지 마음의 뜻이 구체적으로 드러난 것에 불과하다. 그래서 불교에서는 마음으로 짓는 업을 중요시한다. 이 삼업과 어리석은 악행과 관련하여 부처님께서는 다음과 같이 말씀하셨다.

비구들이여, 어리석은 자도 행위를 특징으로 하고 현명한 자도 행위를 특징으로 하니, 행위 가운데 지혜가 드러난다. 비구들이여, 다음의 세 가지 원리를 갖춘 자를 어리석은 자라고 할 수 있다. 세 가지란 무엇인가? 몸으로 악행을 하고 말로 악행을 하며 마음으로 악행을 한다. 비구들이여, 이와 같은 세 가지 원리를 갖춘 자를 어리석은 자라고 할 수 있다.

_『앙굿따라 니까야』3 : 2「특징경」

성격이나 성향도 업이다

한편 업은 개별적 인간의 실존적 모습이며 그 특성을 보여준다. 성격과 개체적 인격으로서의 성향은 오랜 과거생부터 반복되어온 행위에 의한다. 특정인이 특정한 방식으로 생각하고 말하고 행동하고, 특정한 방식으로 세계를 인식하고 해석하는 것도 모두 업의 힘 때문이다.

어떤 사람이 몸, 말, 마음으로 행위를 짓는다면 그 행위의 영향은 의식적, 무의식적으로 내면화되어 그의 성향, 혹은 잠재적인 에너지의 형태로 무의식 깊숙이 저장되어 인격을 형성한다.

향 싼 종이에 향내 나고, 생선 싼 종이에 비린내 난다.

_『법구비유경』

내면화된 성향은 적절한 조건이 갖추어지면 다시 행위로 드러나고 이렇게 행위로 드러난 업은 다시 좀 더 강화된 형태로 다시 내면화된다. 예를 들면 화를 잘 내는 성향을 가진 사람은 화가 날 만한 조건이 되면 화를 내고픈 업의 힘을 억제할 수 없을 만큼 느끼고, 이 경우 대부분 분노를 터뜨린다. 이런 식으로 반복하면 그의 성향은 한층 강화된 형태로 고착된다. 그렇기 때문에 성향 자체를 업이라고도 한다.

개별업과 공업

업에는 개별적인 업과 공동의 업이 있다. 개별업은 개인적인 행위의 결과를 그 자신이 받는 것이고, 공업共業은 일정 단위의 공동체가 특정한 업을 함께 받는 것을 말한다. 예를 들면 국토나 바다 등의 자연세계의 상태나 움직임 등이 그렇다. 어떤 사회에서 환경을 오염시켰을 때 그 결과를 공동운명체로서 모두가 함께 받는 것과 같은 경우도 여기에 해당한다.

> 모든 중생의 다양성은 업의 차이에서 비롯된다.
> _『미란타왕문경』

> 불자들이여, 비유컨대 삼천대천세계가 하나의 인연이나 하나의 사건으로 이루어지지 않고, 한량없는 인연과 한량없는 사건으로 이루

어지니 이른바 큰 구름을 일으켜 큰 비를 내리는 것은, 네 가지 업의 바람 바퀴가 계속 맞물려 돌아가면서 서로 의지하기 때문이다. 네 가지는 무엇인가. 하나는 능히 지탱함이니 큰 바닷물을 유지하는 까닭이요, 둘은 능히 소멸함이니 큰 바닷물이 소멸하는 까닭이며, 셋은 건설함이니 모든 머무는 곳을 건설함이요, 넷은 장엄함이니 장엄하여 퍼뜨림이 다 교묘한 까닭이다. 이런 것은 모두 중생들의 공업과 보살들의 선근으로 일으키는 것인데, 그 가운데서 일체 중생으로 하여금 각각 마땅한 대로 받아서 사용하게 한다.

_『화엄경』50권 「여래출현품」

경전에서는 이런 자연세계의 공동의 업을 말하고 있지만, 동일한 조건을 가진 중생들이 공동으로 짓는 업도 여기에 해당한다고 할 수 있다. 예를 들면 인간, 한국인, 서울시민, 남자, 여자, 특정한 종교를 가진 사람들 등 같은 집단의 공동 행위가 상대적 관계에 있는 다른 집단에 영향을 미치는 경우를 말한다. 같은 의미로 가족 단위의 업, 민족공동체로서의 업, 인류공동체로서의 업이 있다.

선악의 과보는 피할 수 없다

모든 행위는 이 생이 아니면 다음 생에서라도 반드시 열매를 맺는다. 인과응보因果應報의 개념이 그것이다. 착한 행위의 결과는 즐겁고, 악한 행위의 결과는 괴롭다. 선인락과善因樂果요, 악인고과惡因苦果다.

어떤 자의 업도 결코 멸하는 일은 없다. 그것은 반드시 돌아와 그 업을 지은 자가 받는다. 죄를 지은 어리석은 자는 내세에 자신 안에서 그 괴로움을 받는다.

_『숫타니파타』「코깔리아 경」

선악의 과보는 함께 서로 좇아와서, 소리가 메아리를 울리는 것과 같고, 그림자가 형태를 따르는 것과 같아 누구도 거기서 벗어나지 못하며, 쇠사슬 같아 끊을 수가 없다. 그러므로 경솔하게 악업을 지어 무거운 괴로움을 자초하지 말아야 한다.

_『대살차니건자소경』 2권 「일승품」

그럼에도 현세에는 선한 행위를 하는 사람이 고통을 받고, 악한 행위를 하는 사람이 행복을 누리는 경우가 있다. 과연 이런 부조리를 어떻게 설명해야 할까? 이와 관련하여 부처님께서는 다음과 같이 말씀하셨다.

악의 열매가 맺기 전에는 악한 자도 복 받는다. 하지만 악의 열매가 익었을 때 악한 자는 재앙을 입는다. 선의 열매가 맺기 전에는 선한 이도 이따금 화를 만난다. 하지만 선의 열매가 익었을 때 선한 사람은 복을 받는다.

_『법구경』 119~120

자신의 행위가 결과를 맺기까지 '행위 직후'부터 '기약할 수 없는 긴 기간'까지 걸쳐 있다. 동일한 행동도 어떤 사람이 하느냐에 따라 그 과보가 다를 수 있다. 나아가 똑같은 행위도 어떠한 조건에서의 행위냐에 따라 결과는 달라질 수 있다.

이와 관련하여 부처님은 『앙굿따라 니까야』(3 : 99)에서 한 줌의 소금을 컵에 넣을 경우와 갠지스 강물에 넣을 경우를 비교한다. 소금을 넣은 컵의 물은 마실 수 없을 정도로 짜지만, 소금을 넣은 갠지스 강물은 짜지 않다. 동일한 행동도 어떤 사람이 하느냐에 따라 과보의 정도가 다르다. 이렇게 자신이 지은 행동의 결과는 개인차에 따라, 조건에 따라 다양하게 전개된다. 하지만 누구라도 인과의 법칙에서 벗어날 수는 없다. 그래서 부처님께서는 이렇게 말씀하셨다.

> 과거를 알고자 하는가. 현재 받고 있는 과보를 보면 된다.
> 미래를 알고자 하는가. 지금 행하고 있는 것을 보라.
> _『연수기신록』6권

전생의 나는 현재의 내 모습에 투영되어 있고, 미래의 내 모습은 현재의 내 행동에 깃들어 있다.

3. 좋은 사람으로 사는 법
— 열 가지 악업과 열 가지 선업

선악과 그 과보

인간을 비롯한 모든 중생은 태어나면서부터 어떤 사회에 속하고, 그 사회가 요구하는 규범에 따라서 행동하며 살아간다. 집단이 요구하는 행위의 규범을 일반적으로 윤리 또는 도덕이라고 한다. 어떤 행위의 규범이든지 기본적으로 선한 행위를 권장하고 악한 행위를 금한다. 하지만 어떤 행위가 선이고 악인지에 관해서는 각 시대마다, 사회마다, 각 집단마다 기준이 다를 수 있다.

불교에서는 선한 행위는 즐거움을 일으키고, 악한 행위는 괴로움을 일으킨다고 말한다. 선업에는 즐거운 과보가, 악업에는 괴로운 과보가 따른다는 것이다. 부처님께서는 업에 따른 과보를 다음과 같이 말씀하셨다.

몸으로, 말로, 마음으로 그 결과가 즐거움으로 느껴지는 의도적인 행위를 하면 그는 즐거움을 받는다. 몸으로, 말로, 마음으로 그 결과가 괴로움으로 느껴지는 의도적인 행위를 하면 그는 괴로움을 받는다.

_『맛지마 니까야』136 : 11「업 분석의 긴 경」

업이 검으면 검은 과보가 있고, 업이 희면 흰 과보가 있으며, 업이 검고도 희면 검고도 흰 과보가 있다. 업이 검지도 않고 희지도 않으면 과보가 없어 그러한 업은 업의 소멸로 이끈다.

_『중아함경』27권「달범행경達梵行經」

　선행과 악행, 혹은 선업과 악업은 사람들 상호간에 영향을 미친다. 나 자신의 선행 또는 악행으로 인해서 나 자신이 즐거움 또는 괴로움 과보를 받게 된다. 또한 나의 선행은 다른 중생을 이롭게 하고, 나의 악행은 다른 중생을 해롭게 한다. 이때 다른 중생을 이롭게 하는 행위는 나 자신의 즐거움으로, 그리고 다른 중생을 해롭게 하는 행위는 나 자신의 괴로움으로 귀결된다. 나와 타인은 하나로 돌아가는 생명의 그물이며 서로 구별되는 존재들이 아니다. 왜냐하면 궁극적으로 나의 즐거움과 타인의 즐거움 그리고 나의 괴로움과 타인의 괴로움은 서로 영향을 주고받기 때문이다.

　선업에는 즐거운 보가 따르고 악업에는 괴로운 보가 따른다면 우리의 행동 방향은 마땅히 악을 여의고 선을 행하는 길로 나아가야 한다. 누구나 괴로움보다는 즐거움을 바라는데, 즐거움을 불러오려면 자신의 선업 이외에 다른 길이 없기 때문이다.

그렇다면 무엇이 선이고 무엇이 악인가? 불교는 사람들을 고통에 빠뜨리지 않고 궁극적인 즐거움과 행복을 주는 것을 선이라고 한다. 그것이 오계를 지키고 사성제, 팔정도를 닦고 자비를 실천하는 길이다. 구체적으로 말하면 부처님은 탐욕과 분노 그리고 어리석음의 삼독을 여의는 것을 선한 행위라고 하셨다. 마침내 이런 선한 행위로 현생에서 해탈을 이룬다. 사리불은 이와 관련하여 다음과 같이 말한다.

> 세존이시여, 세상에 수행승이 번뇌를 부수고 번뇌 없이 마음의 해탈과 지혜의 해탈을 현세에서 스스로 곧바로 알고 성취합니다. 세존이시여, 이것이 선한 법 가운데 최상의 것입니다.
> _『디가 니까야』 3 : 28 「견고한 믿음의 경」

십악업과 십선업

사람들은 무명으로 눈앞이 가려진 탓에 자칫하면 탐욕과 분노에 물든다. 아집에 눈이 멀다 보면 선보다 악을 행하기가 더 쉬워 부지불식간에 악에 빠져들고 만다. 그럴 경우 고통은 피할 수 없다. 그래서 부처님께서는 이런 인간의 무지와 탐욕과 분노를 타파하기 위해서 먼저 악업을 경계하셨다.

> 몸으로 세 가지 악업을 짓고 괴로운 보를 받나니, 그것은 곧 살생殺生

· 투도偸盜 · 사음邪婬이다. 입으로 네 가지 악업을 짓고 괴로운 보를 받나니, 그것은 곧 거짓말[妄語] · 이간 붙이는 말[兩舌] · 욕설[惡口] · 꾸며대는 말[綺語]이다. 뜻으로 세 가지 악업을 짓고 괴로움을 받나니, 그것은 곧 탐욕 · 성냄[瞋恚] · 어리석음[癡暗]이다.

_『중아함경』3권「사경」

이러한 십악업을 짓지 않는 것이 십선업이다. 바로 십악업을 멈추고 그것을 선을 방향으로 전환해주면, 바로 그 자리가 선을 잉태하는 텃밭으로 드러난다. 대승불교에 오게 되면 보살이 실천해야 할 육바라밀 중 지계바라밀이 등장하는데, 그것은 십선업의 다른 표현인 십선계+善戒의 구체적인 실천덕목으로 제시된다. 그 십선계는 다음과 같다.

❶ 살생하지 마라[不殺生]

❷ 남의 물건을 훔치지 마라[不偸盜]

❸ 그릇된 성관계를 갖지 마라[不邪婬]

❹ 거짓말을 하지 마라[不妄語]

❺ 이간질 하지 마라[不兩舌]

❻ 악담하지 마라[不惡口]

❼ 꾸밈말을 하지 마라[不綺語]

❽ 탐욕하지 마라[不貪欲]

❾ 화내지 마라[不瞋恚]

❿ 어리석은 견해를 짓지 마라[不愚癡]

여기서 몸으로 짓는 세 가지 선업은 살생하지 않는 것, 남의 물건을 훔치지 않는 것, 그릇된 성관계를 갖지 않는 것이다. 입으로 짓는 네 가지 선업은 거짓말을 하지 않는 것, 이간질을 하지 않는 것, 악담을 하지 않는 것, 꾸밈말을 하지 않는 것이다. 마음으로 짓는 세 가지 선업은 탐욕하지 않는 것, 화내지 않는 것, 어리석지 않는 것이다.

마음으로 짓는 선행은 바로 탐욕, 분노, 어리석음의 제거이기에 십선업의 궁극적인 지향은 단순한 선악을 뛰어넘는 마음의 정화이며 지혜의 계발로 이어진다.

악업에서 선업으로, 선업에서 해탈로

악업을 지었으면 참회해야 한다. 참회를 통해 새로운 나로 태어난다. 그리고 자신을 절제하고 수행하여 나에 대한 집착을 제거해야만 진정한 행복과 자유를 얻을 수 있다. 절제란 자신의 욕망과 분노를 통제하고 제어하며 다스리는 것이다. 무엇으로 자신을 다스리는가? 계戒로 자신을 경책하며 다스린다. 그리고 이러한 자기 다스림은 강제적인 통제를 넘어 자발적인 자기 절제로 나아가야 진정한 자유를 체험하게 된다. 그러한 사람은 생각이 깊으며 거칠지 않다.

> 지혜로운 힘이 있고, 계율과 덕행을 잘 지키고, 삼매에 들어 선정禪定을 즐기며, 생각이 깊고, 집착에서 벗어나 거칠지 않고, 번뇌의 때가 묻지 않은 사람, 지혜로운 이들은 그를 성자로 안다.

_『숫타니파타』212「성자의 경」

번뇌의 때가 벗겨지고, 거만한 생각을 버리고 모든 탐욕의 길을 넘어 자신을 잘 다스리고 평안에 이르러 마음에 안정이 온다면, 그는 바르게 세상을 편력할 것이다.

_『숫타니파타』370「바른 편력의 경」

선업을 쌓을수록 삶은 자유로우며, 깨달음을 향해 나아갈 때 장애가 없어진다. 즉 자신을 구속하는 것도, 자신을 자유롭게 하는 것도 모두 자기 자신이다. 그런 의미에서 악행을 멀리하고 선행을 닦으며, 또한 수행 정진함으로써 탐욕과 어리석음을 떠나 해탈의 길에 들어설 수 있다.

일상생활에서 업의 법칙은 빈틈없이 움직인다. 행한 만큼의 행복과 불행, 상과 벌, 기쁨과 고통이 따른다. 그리고 선악에 대한 집착과 분별을 뛰어넘어 연기, 무아와 공의 도리에 따라 자신의 탐욕을 비우면서 자비를 실천해 나갈 때 선악에 매이지 않는 해탈의 길도 열린다. 선악에 매이지 않는다는 것은 선악에 반하는 것이 아니라 선악에서 자유로운 것이다.

마음은 쉴 새 없이 움직인다. 그래서 악한 마음을 부지런히 선한 마음으로 길들이고, 무엇을 얻겠다는 이해타산적인 생각도 담기지 않은 순수한 마음으로 행동하며, 걸림 없이 살아갈 수 있도록 자신을 돌이켜보며 닦아 나가는 일을 게을리하지 말아야 한다.

4. 윤회의 삶과 영원한 자유의 길
   — 윤회와 해탈

윤회의 괴로움

윤회輪廻란 우리의 삶이 금생에서뿐만 아니라 과거와 미래에 걸쳐 끊임없이 돌고 돈다는 의미다. 물이 맴돌면서 흘러가듯, 인생도 흐르고 흐르면서 거듭거듭 돌아간다. 계절이 춘하추동으로 바뀌면서 돌듯 우리 인생도 오늘과 내일 그리고 생과 사를 거듭하며 전생, 현생, 내생을 거쳐서 돌고 돈다. 이를 윤회전생輪廻轉生이라고 한다.

불교에서는 이런 윤회를 괴로움이라고 본다. 그것은 이 윤회의 삶이 피할 수 없는 영원한 구속이고 사슬이기 때문이다. 자신의 삶이 힘들고, 슬프며, 거추장스럽고, 그래서 괴로운데 그러한 삶이 영원히 윤회하면서 돌고 돈다고 생각해보라. 그것은 정말 죽으려 해도 죽지 못하는 고통이다. 속박과 괴로움이 하루하루 혹은 전생과 내생을 거쳐 생멸을 거듭한다면, 누가 그러한 윤회에서 해탈을 꿈꾸지 않겠는가?

"세존이시여, 연기는 아주 심오하다고 하지만 저에게는 분명하게 보입니다."

"아난이여, 그런 말을 하지 마라. 연기는 매우 깊고 심오하다. 아난이여, 사람들은 이 법을 깨닫지 못하고 꿰뚫어 알지 못하기 때문에 실에 꿰어진 구슬처럼 얽히게 되고, 베 짜는 사람의 실타래같이 엉클어지고, 풀이 꼬인 것과 같이 고통스럽고 처참하며 지옥과 같은 윤회에서 벗어나지 못한다."

_『디가 니까야』 15 : 1 「큰 인연의 경」

왜 이렇게 윤회하는가? 그것은 위에서 말한 대로 연기에 눈뜨지 못했기 때문이다. 그것은 다른 말로 해서 무아와 무상, 공에 어두운 탓이다. 그렇다면 어떻게 윤회하는가? 내가 지은 업에 따라, 그 행위의 결과에 따라 받은 과보로서 돌고 돈다.

생멸은 육체적 탄생과 죽음만을 의미하지 않는다. 마음이 시시각각 생멸하면서 도는 것도 윤회다. 사람들은 그 마음이 생멸하면서 지옥이 전개되기도 하고 아수라처럼 으르렁대기도 한다. 그것은 나에 집착하며 살아가는 생명의 끝없는 순환이다.

어떻게 윤회하는가

그렇다면 무아라 했는데, 도대체 무엇이 윤회하는가? 윤회의 주체란 무엇인가? 그 윤회의 동력은 업이다. 우리가 지은 행위에 따라 업이 깊고 미세한 의식의 흐름을 형성하면서 내 운명의 향방을 좌우한다. 깊은 의식의 흐름을 전문용어로 아뢰야식識이라고 한다. 이러한 업이나 식은 고정됨이 없이 폭류처럼 흐른다. 폭류나 촛불이 연속적으로 이어지는 것처럼 내가 지은 업식業識의 흐름은 점점이 생멸하며 계속 이어진다. 하지만 고정불변하는 자아가 없듯이 고정된 업이나 식의 실체는 없다. 고정되어 있다면 변화나 성장은 불가능하다. 이렇게 내가 지은 행위에 따라 순간순간 변해가며 우리는 그 과보를 받으며 윤회한다.

십이연기

무아에 밝지 못하면 무명을 시작으로 십이연기라는 마음이 움직이는 구조와 이에 따른 삶의 존재양상이 전개된다. 십이연기는 우리 마음이 나에 대한 집착으로 말미암아 생사의 수레바퀴 속에서 윤회하는 모습을 잘 보여준다. 또한 십이연기는 우리가 어떻게 태어나서 살다가 죽어가는지를 체계적으로 밝힌다.

> 비구들이여, 내가 인연법을 설하리니, 그대들은 잘 듣고 사유하여 수행하도록 하라.
> 무명無明으로 말미암아 행行이 있고 행으로 말미암아 식識이 있으며, 식으로 말미암아 명색名色이 있고 명색으로 말미암아 육입六入이 있으며,

육입으로 말미암아 애愛가 있고 애로 말미암아 취取가 있으며,
취로 말미암아 유有가 있고 유로 말미암아 생生이 있으며,
생으로 말미암아 노사老死가 있고
노사로 말미암아 근심·슬픔·괴로움·번민이 있다.
_『잡아함경』12권「연기법경」

① 무명無明 : 무명이란 밝지 못하다는 뜻이다. 이는 무상, 무아, 연기 등에 대한 무지를 말하는 것으로 자신을 비우지 못하는 뿌리 깊은 집착이다. 이로 말미암아 윤회의 흐름을 타게 된다.

② 행行 : 행이란 마음을 움직여 의식의 흐름을 지속시키는 원동력이다. 자아에 대한 뿌리 깊은 집착은 그 자아가 움켜지거나 배척하고자 하는 강한 느낌을 불러오는 습관력 혹은 형성력을 남긴다. 이런 형성력은 잠재적인 힘으로 깊은 내면에서 머물러 업을 만든다.

③ 식識 : 초기불교에서는 육식六識이라고 말한다. 그런데 식은 잠재적인 형성력이 깊은 마음의 흐름으로 전개된 것이다. 그래서 이 식을 대승불교에서는 잠재의식(제8식)으로 본다.

④ 명색名色 : 식이 인식의 주체라면 명색은 인식의 대상으로서 정신적 요소인 명과 육체적 요소인 색을 일컫는다.

⑤ 육입六入 : 육입은 눈, 귀, 코, 혀, 몸, 의식의 육근六根을 말한다.

⑥ 촉觸 : 육근과 육경 그리고 육식의 세 가지가 화합하여 접촉하는 것이 촉이다.

⑦ 수受 : 수란 느낌을 말한다. 접촉으로 인하여 느낌이 발생한다.

느낌은 즐거운 느낌, 괴로운 느낌, 즐겁지도 괴롭지도 않은 느낌으로 나뉜다.

⑧ 애愛 : 애란 애착 혹은 갈애라 한다. 즐거움이나 괴로움을 느끼는 순간 애착이 일어난다. 즐거움은 끝없이 향유하려는 탐욕이 일어나고, 괴로움은 싫어하고 미워하는 마음이 일어난다.

⑨ 취取 : 애착이 일어나면 자기 것으로 취하고자 한다. 나에 대한 집착이 가장 강하다. 탐욕과 증오에 따라 대상을 취하거나 버린다.

⑩ 유有 : 유란 존재의 뿌리다. 집착으로 인해 어떤 존재가 그대로 있어주길 원한다. 무상한 대상에 집착하여 유라는 존재로 고착된다. 이것이 존재의 뿌리다.

⑪ 생生 : 존재의 뿌리는 탄생으로 이어진다.

⑫ 노사老死 : 태어나면 늙고 죽음을 피할 수 없다.

이러한 12연기는 과거, 현재, 미래의 3세 윤회의 흐름으로 보기도 한다.

유전연기와 환멸연기

십이연기설은 인간의 생로병사가 전개되는 근본 원인을 진리에 대한 무지, 즉 무명에 두고 있다. 생사의 극복은 무명의 소멸을 통해서만 가능하다. 그래서 부처님께서는 무명에서 생사가 전개되는 과정을 설한 뒤, 무명을 멸함으로써 생사에서 벗어난다고 말씀하셨다.

> 무명으로 인연하여 행이 있고 내지 하나의 거대한 괴로움이 쌓이며,
> 무명이 멸하므로 행이 멸하고, 행이 멸하므로 내지 하나의 거대한
> 괴로움의 쌓임이 멸하게 된다.
> _『잡아함경』12권「연기법경」

무명의 물결에 휩쓸려 흘러 내려가면서 애착하고 생사의 고통을
받는 모습이 유전연기流轉緣起요, 무명을 멸함에서 시작하여 마침내
노사를 멸하여 고통에서 벗어나는 것이 환멸연기還滅緣起다. 환멸연기
는 탐욕에 물들어 갈등과 번뇌 등으로 통탕거리며 흘러가는 인생이
아니라 맑은 샘물이 솟아나는 진리의 자리로 거슬러 올라가는 삶
이다.

> 흐름을 거슬러 올라가는, 심오하고 보기 어렵고 미묘한 진리를, 어
> 둠에 덮히고 탐욕이 불붙은 자들은 보지 못하네.
> _『쌍윳따 니까야』6 : 1「권청경」

> 비구들이여, 세상의 어떤 사람이 감각적 쾌락의 욕망에 빠지지 않
> 고, 악한 업을 짓지 않고, 정신적 괴로움과 육체적 고통을 겪어 얼굴
> 이 범벅이 될 정도로 눈물을 흘리면서도 청정한 삶을 완전하게 실현
> 한다면, 그를 두고 흐름을 거슬러 올라가는 사람이라고 일컫는다.
> _『앙굿따라 니까야』4 : 5「흐름의 경」

윤회를 뛰어넘은 성자의 삶

윤회에서 벗어난 삶이 해탈이요, 열반이며 깨달은 자의 삶이다. 해탈은 완전한 자유이며 해방이다.

초기불교에서는 윤회에서 벗어난 성자를 아라한阿羅漢이라고 불렀다. 아라한은 해탈을 성취하여 몸과 마음의 모든 번뇌와 고통을 벗어나 다시 태어나지 않는다. 이 때문에 불생不生이라고 한다. 또 아라한과를 증득하면 공양을 받을 만한 분이라 하여 응공應供이요, 진리와 합치되었기에 응진應眞이라고 한다. 그는 최고의 성자다.

> 세상을 잘 알고 최고의 진리를 보며 거센 흐름과 바다를 건너고, 속박을 끊으며 집착하지 않고, 취하고 방일하지 않는 해탈한 사람, 지혜로운 이들은 그를 성자로 안다.
> _『숫타니파타』218「성자의 경」

대승불교에서는 윤회를 뛰어넘어 생사의 윤회에 얽매이지 않는 성자를 보살이라고 부른다. 보살은 집착을 떠나므로 윤회와 열반을 분별하거나 머물지 않는다. 다시 말해서 그는 윤회에서 자유롭기에 생사윤회에서 열반을 보고, 열반에서 생사를 본다. 그것은 우리가 살고 있는 이 생사의 현장에서 열반의 실현이다. 선불교에서는 자신의 성품을 직시하고 깨달은 참사람, 깨달음의 등불을 전한 조사들을 성인으로 본다. 조사들은 윤회와 인과에 어둡지 않으면서 분별을 끊고 걸림 없는 자유를 누린다. 분별을 끊은 바로 그 자리에서 도가 살아 움직인다.

그대들이 만약 성자를 좋아하고 범부를 미워한다면 생사의 바다에 떴다 잠겼다 할 것이다. 번뇌란 마음으로 말미암은 것이니 마음을 비우면 얽매일 번뇌가 있겠는가?
분별하여 모양에 집착하는 헛수고를 덜면 잠깐 사이에 자연스럽게 도를 얻는다.
_『임제록』「시중」

5. 진정한 행복, 부서지지 않는 행복
― 해탈, 열반, 깨달음

불교가 추구하는 궁극적인 목적은 깨달음이다. 그 깨달은 상태를 열반 혹은 해탈이라고 한다. 깨달음, 열반, 해탈은 불자들이 실현하고 맛보아야 할 향긋한 과일과 같으며 우리가 머물러야 할 평화롭고 자유로운 상태이기도 하다.

> 높고 낮은 모든 사실들을 깨달아 이미 그것들에 대한 집착을 제거하고 사라지게 해 적멸의 평화를 성취하고 집착을 버려 해탈한 완전한 사람은 공양을 받을 만하다.
> _『숫타니파타』 474 「순다리까 바라드와자의 경」

해탈이란

해탈이란 속박에서 벗어난 상태다. 그것은 걸림 없는 진정한 자유요, 해방이다. 이 말은 본래 인도종교철학에서 육신에서 영원한 자아가 벗어남을 의미한다. 즉 육신에 속박되어 있던 참자아가 그 속박에서 벗어나 자유롭게 됨이다. 그들은 그 초월적 자아가 신성하고 영원하다고 주장한다.

하지만 불교에서의 해탈은 육체의 유무를 떠나 무아와 마음의 해탈을 강조한다. 그것은 무명이 사라진 상태로서, 윤회의 속박에서 벗어나 매이지 않으며 탐욕과 집착이 사라져 어디에도 갇히지 않는다.

모든 존재는 인연화합에 따라 생겼다가 사라진다. 내 것이라 할 만한 것이 없다. 고정된 나 자신도, 자신이 소유할 것도 본래부터 없다. 그래서 해탈한 사람은 자신을 잡아끄는 감각적 쾌락에 대한 탐착에서 벗어난다.

> 모든 감각적 쾌락과 탐착에서 벗어나 무소유로 모든 것을 버리고 가장 높은 앎을 갖춘 해탈에 도달한 사람, 그런 사람은 감각적 쾌락에 종속되지 않는다.
> _『숫타니파타』 1072 「우빠시바의 경」

가장 무거운 결박은 자신을 스스로의 생각으로 묶는 것이다. 어떤 생각에 결박되어 있다면 절대 그 생각의 감옥에서 벗어날 수 없다. 어떤 사람도 나를 묶지 않는다. 나 자신이 스스로 묶을 뿐이다. 따라서 진정한 자유와 깨달음은 외적인 구속에서 벗어나는 것이 아니라 내 자신을 구속하고 있는 내적인 마음에서 벗어난 자유다. 해탈한 사람은 어떤 특정한 견해에 묶여 있지 않기에 다른 사람과 충돌하지 않는다. 미혹하지 않기에 자유롭다.

> 생각을 떠난 사람에게 결박은 없다. 지혜로 해탈한 사람에게 미혹迷惑
> 은 없다. 생각과 견해를 고집한 사람들은 남과 충돌하면서 세상에서
> 방황한다.
> _『숫타니파타』 845 「마간디야의 경」

 해탈은 크게 두 가지로 나뉜다. 하나는 지혜를 통한 해탈인 혜해
탈慧解脫이고, 다른 하나는 선정을 통한 마음의 해탈인 심해탈心解脫이
다. 혜해탈이란 연기 · 무아 · 중도에 대한 도리를 반야 지혜로 통찰
하여 지적인 번뇌의 결박에서 벗어남이요, 심해탈은 깊은 선정으로
마음을 가라앉혀 탐욕 · 분노 · 성적 욕망 · 갈등 등의 정서적 번뇌를
벗어나 자유로워진 상태를 일컫는다. 부처님께서 말씀하셨다.

> 나는 모든 번뇌가 다하여 아무 번뇌가 없는 마음의 해탈, 지혜를 통
> 한 해탈을 바로 여기에서 알고 깨달아 성취하였다.
> _『쌍윳따 니까야』 16 : 9 「선정과 곧바로 앎의 경」

열반이란

번뇌의 불길은 자기 자신을 태우는 것은 물론 상대방도 태운다. 열
반은 그런 번뇌의 불꽃이 완전히 꺼져 고요하고 평화로운 상태를 말

한다. 이 세상의 모든 형성된 것들은 무상하여 생겨났다 사라지지만 열반은 그런 생멸현상이 모두 잠들어 완전한 평화, 그리고 지극한 즐거움이 충만한 상태다. 이 열반에 대해서 『열반경』에서는 다음과 같이 말한다.

> 모든 것은 무상하여 생멸하나니
> 생멸경계 사라지면 열반락이네.
> _『열반경』14권 「성행품」

즐거움이나 고통도, 이익이나 손해도, 기쁨이나 슬픔도 그 어떤 것이든 시시각각 변하며 순간순간 생겨났다 사라진다. 그렇게 모든 것은 끊임없이 변화하며 무상하게 흘러간다. 하늘이 꺼질 듯한 고통도 이윽고 사라진다. 이런 무상한 현실을 직시하고 그렇게 생멸하는 모습에 내 마음이 따라다니면서 오락가락하지 않는다면, 내 마음이 고요하게 가라앉아 흔들리지 않는다면, 마음은 고요한 열반에 든다. 그 고요한 열반의 세계에 최고의 기쁨인 극락이 펼쳐진다.

이런 열반을 더 구체적으로 말하면 탐욕과 분노, 어리석음이라는 삼독이 제거된 상태다. 이는 부처님께서 가장 아끼던 제자인 사리불 존자의 말에서도 잘 드러난다.

> "벗이여, 사리뿟따여, '열반, 열반' 하는데 열반이란 도대체 무엇인가요?"
> "벗이여, 열반이란 탐욕을 소멸하고, 분노를 소멸하고, 어리석음을

소멸한 경지입니다."

_『상윳따 니까야』 38 : 1 「대반열반경」

이런 열반은 어떤 세속적 행복도 뛰어넘는 최상의 행복이다.

건강은 가장 큰 이익이고
만족은 가장 큰 재산이다.
믿고 의지함은 가장 귀한 친구이며
열반은 최고의 행복이다.

_『법구경』 204

열반의 세계는 어디에 있는가

열반의 세계는 어디에 있는가? 파도가 잔잔히 부서지며 파도 소리
가 들리는 바닷가인가? 아름다운 숲과 나무에서 새가 우짖는 곳인
가? 그렇게 상징할 수도 있겠지만 그곳이 열반의 세계는 아니다. 파
도 소리도 오래 들으면 지겹고 견디기 힘들기 마련이다. 공의 입장
에서 볼 때 윤회나 열반, 지옥이나 극락도 자성이 없기에 어떤 특정
한 모습으로 규정할 수 없다. 어디에 있든 무엇을 하든 집착과 분별
에서 벗어나면 그곳이 열반의 세계다. 이와 관련하여 대승불교에서
는 무주처열반無住處涅槃을 말한다. 무주처열반이란 생과 사에 모두
걸림이 없으며 특정한 장소에 고정되어 머무는 바 없이 마음을 내며

열반을 실현하는 것이다. 보살의 삶이 그러하다.

> 생사에 있으면서도 오염된 행위를 하지 않고, 열반에 머물면서도 영
> 원히 열반에 머물지 않는 것이 보살의 삶이다. 범부의 삶도 성현의
> 삶도 아닌 보살의 삶이다.
> _『유마경』5권「문수사리문질품」

깨달음

해탈을 성취한 자는 깨달은 자요, 부처다. 깨달은 사람은 마음이 호
수처럼 잔잔하고 평화로우며 말과 행동도 고요하다.

> 바른 지혜로 깨달음을 얻어
> 절대평화에 이른 사람은
> 마음이 잔잔하게 가라앉고
> 말과 행동도 고요하다.
> _『법구경』96

깨달음은 지식으로 이해하는 것이 아니다. 불교의 깨달음이란 완
전히 봄이요, 진리의 눈이 생겨남이다. 진리를 꿰뚫어 보고서 내 것
으로 삼아 체득하고 체험하기에 모든 궁금증이나 의심, 갈등 등이
사라져 몸과 마음이 환한 상태다. 이를 일러 반야의 지혜를 체득했

다고 한다. 이렇게 깨달은 사람은 나와 너를 나누는 경계가 무너져 양극단에 빠지지 않고 특정한 견해에 집착하지 않으며 사실을 있는 그대로 본다. 선禪에서는 이런 깨달음의 자리가 모든 사람이 본래 간직하고 있는 부처의 자리라고 강조한다.

이 마음이 곧 부처이다.
다시 다른 부처를 찾지 말고
다른 마음도 찾지 마라.
_『전심법요』

제5장

불자의 종교적 실천과 윤리

살생하지 마라.

남의 물건을 훔치지 마라.

그릇된 성관계를 갖지 마라.

거짓말을 하지 마라.

술에 취하지 마라.

_「오계」

1. 불살생과 생명존중

불살생과 생명존중의 의미

살생은 생명을 인위적으로 앗아가는 커다란 아픔이요, 고통이다. 불교에서는 모든 생명을 불성을 지닌, 누구도 대신할 수 없는 소중한 존재로 본다. 불성이란 부처님 성품이요, 부처님 생명을 말한다. 생명을 빼앗는 단절의 고통, 이별의 고통은 죽임을 당하는 당사자뿐만 아니라 죽음의 고통을 지켜보는 주변 또한 비탄과 절망을 넘어 커다란 슬픔에 빠져들게 한다.

비단 사람의 생명뿐만 아니라 모든 존재하는 것들의 생명을 함부로 빼앗지 말아야 한다. 가축을 비롯한 그 어떤 생명도 고의로 해치고 유린해선 안 된다. 모든 생명에 대한 비폭력도 불살생의 범주에 들어가기 때문이다.

부처님은 동물들을 희생하여 의식을 치르는 당시 인도종교의 잘못된 행위를 비판하고 희생제에 동원된 동물들을 풀어주셨다. 그들도 소중한 생명을 지닌 존재이기 때문이다. 부처님께서는 다음과 같이 말씀하셨다.

> 산 생명을 몸소 죽이거나 남을 시켜 죽여서도 안 된다. 그리고 죽이는 것을 보고 묵인해서도 안 된다. 폭력을 두려워하는 모든 생명에 대해서 폭력을 내려놓아야 한다.
> _『숫타니파타』 394 「담미까의 경」

> 만일 보살마하살이 위없이 바르고 평등한 깨달음을 얻고자 하면, 마땅히 스스로 생명을 죽이는 일을 떠나고, 남을 시켜 생명 죽이는 일을 떠나며, 항상 생명 죽이는 일에서 멀리하는 법을 찬양하면서 생명 죽이는 일을 멀리하는 이들을 찬탄해야 한다.
> _『대반야바라밀다경』 324권 「초분보살주품」

불살생과 생명존중의 전통은 초기불교부터 불자의 주요한 윤리로 자리 잡았다. 불자의 가장 기본적인 실천윤리인 오계五戒와 사미승이 지켜야 할 사미십계沙彌十戒는 첫 번째 조항으로 불살생을 제시하고 있다. 또한 매달 포살일에 불자가 지켜야 할 팔재계와 십선계十善戒에서도 불살생은 첫 번째 항목을 차지한다. 살생은 생명에 반하는 죽음이고 가장 큰 아픔이기 때문이다. 살생은 걷잡을 수 없는 분노의 불길에서 비롯되기 때문에 결국 나 자신까지 태우고 만다. 분노를 잠재워야 남도 살리고 나도 살린다. 그러기 위해서는 뭇 생명에게 자비로운 마음을 보내며 생명을 존중해야 한다.

성내는 데 두 가지가 있다. 첫째는 생명을 빼앗는 것이고, 둘째는 채찍질을 가하는 것이다. 사랑을 닦으면 생명 빼앗는 일을 끊고, 가엾이 여기는 것을 닦으면 채찍질하는 일을 끊는다.

_『대반열반경』14권「범행품」

불살생과 생명존중의 전통

불살생과 생명존중의 전통은 대승불교에서 더욱 중요시하였다. 중국불교에서는 육식을 철저히 금했다. 특히 『범망경』에서는 보살계를 표방하면서 육식을 금하고 생명에 대한 자비심을 강조했다.

불자들이여, 그대들은 직접 죽이거나, 남을 시켜서 죽이거나, 방편을 써서 죽이거나, 칭찬을 해서 죽이게 하거나, 죽이는 것을 보고 기뻐하거나, 주문을 외워서 죽이는 그 모든 행동을 하지 말아야 한다. 죽이는 원인이나 조건이나, 죽이는 방법이나 죽이는 것을 업業으로 삼아 생명 있는 온갖 것을 고의로 죽이지 말아야 한다. 보살은 항상 자비로운 마음과 효순한 마음을 내고, 그런 마음으로 모든 중생을 갖가지 방편으로 구호해야 한다.

_『범망경』하권「십중대계」

모든 생명을 존중하라는 불교의 이 같은 전통은 그대로 선종의 생활윤리로 수용된다. 수행자의 행위규범을 담고 있는 『선원청규』에는 한 방울의 물을 마시더라도 그 속에 살고 있는 미생물을 죽이지 않도록 하라고 했다.

> 한 방울의 물에서 8만 4천 생명을 본다. 범부는 눈은 있으나 그것을
> 보지 못하지만, 천안을 지닌 자는 분명히 본다.
> 꿈틀거리는 모든 생명이 불성의 신령함을 지니고 있으니
> 두 번 세 번 거듭거듭 걸러내는 것이 바로 수행이다.
> 그대여, 한 방울의 물을 보더라도 어찌 천 생명, 만 생명이
> 있음을 보지 못하는가?
> _『선원청규』10권 「물 거르는 법」

이렇듯 천안에만 보이고 우리 눈에는 보이지도 않는 작은 미생물까지 살펴야 한다면 눈에 보이는 다른 생명을 존중해야 하는 것은 너무나 당연하다. 옛 선사나 수행자들은 물을 거르는 녹수낭濾水囊을 항상 지니고 다녔다. 심지어 뜨거운 물을 함부로 땅바닥에 쏟아붓는 것도 경계했다. 뜨거운 물을 부으면 땅속에 사는 생명들이 죽거나 다치기 때문이다. 어록을 통해 보면 선사들이 까치, 사슴, 호랑이 등과도 스스럼없이 지냈음을 알 수 있다.

오늘날의 생명존중 정신

오늘날 많은 가금류나 가축들이 조류독감이나 광우병 등 전염성 병

때문에 속절없이 죽어가고 있다. 인간은 그칠 줄 모르는 탐욕으로 닭, 오리, 개, 돼지, 소 등을 비윤리적·비환경적인 조건에서 키우고, 그 결과 동물들의 면역력이 약해져 집단으로 병에 걸려 폐사하거나 생매장당하고 있다. 동물들의 사육조건이 환경친화적으로 개선되어야 마땅하지 않겠는가.

키우던 애완견을 방치하여 들판에 혹은 쓸쓸한 골목에 유기견이 넘쳐나고, 이들이 길을 헤매다 병들어 죽어가는 모습은 아프게 다가온다. 침팬지나 말, 개, 늑대 등도 감정이 있으며 때로는 영리하게 판단하기도 한다. 그들도 집단을 이루어 살면서 교류하고 소통한다. 그러기에 우리는 뭇 생명들을 모두 불성을 지닌 유기적 공존의 공동체로 여기고 존중해야 한다. 세상의 모든 생명들은 서로 살리고 살려주는 공생관계를 맺으며 어우러지기 때문이다.

꿈틀거리는 모든 미물도 불성을 지니고 있으니 물 거르는 주머니 이야기나 뜨거운 물도 함부로 버리지 말라는 불교의 전통적인 생명관이 비현실적으로 들릴지도 모른다. 하지만 이런 생명존중의 정신을 간직하면서 살아가는 것과 그렇지 않은 생활은 분명한 차이가 있다. 그런 의미에서 지구상의 모든 생명, 나아가 생명력이 없는 흙이나 돌마저도 함부로 대하지 않고 물 한 방울도 소중히 여기며 살아갈 때 지구의 아름다운 환경은 물론 인류의 평화도 지속된다.

> 진실과 진리, 비폭력과 절제, 자제로써 더러운 때를 벗어버린 지혜로운 사람을 큰 스승이라 한다.
> _『법구경』261

모든 생명은 폭력을 두려워한다. 모든 생명은 죽음을 두려워한다.

이를 깊이 알아 죄 없는 생명을 함부로 죽이거나 죽이게 하지 마라.

모든 생명은 폭력을 두려워한다. 모든 생명은 삶을 지극히 사랑한다.

이를 깊이 알아 죄 없는 생명을 함부로 죽이거나 죽이게 하지 마라.

_『법구경』129~130

2. 나누는 삶과 노동윤리

불투도의 현대적 의미

불투도不偸盜는 오계 가운데 두 번째다. 이 계는 일반적으로 남의 것을 훔치지 말라는 뜻으로 이해된다. 하지만 좀 더 정확히 말하면, 자신에게 주어지지 않은 것을 취하는 행동을 떠나고 멀리함을 의미한다. 남의 소유물은 말할 것도 없고, 설사 특정한 누군가의 소유물이 아니더라도 자신에게 주어지지 않은 것은 어떤 것이든 함부로 취해선 안 된다는 뜻이다.

> 주지 않는 것은 무엇이든, 어디에서라도, 그것을 가져선 안 된다. 빼앗거나 빼앗는 것도 묵인하지 말라. 주지 않는 것은 무엇이든 취해선 안 된다.
> _『숫타니파타』395「담미까의 경」

마을에 있거나 숲에 있거나 남의 것을 나의 것이라 하고, 주지 않는
것을 빼앗는다면 그를 천한 사람으로 알라.

빚을 지어 돌려 달라고 독촉 받을 때 갚을 빚이 없다고 발뺌한다면
그를 천한 사람으로 알라.

얼마 안 되는 물건을 탐내어 길을 가는 행인을 살해하고 그 물건을
약탈한다면 그를 천한 사람으로 알라.

_『숫타니파타』119~121「천한 사람의 경」

　여기서 볼 수 있듯이 비단 주어지지 않은 남의 물건을 취하는 것
뿐만 아니라 빚을 지고 그것을 갚지 않는 것도 투도에 해당한다. 현
대사회에서는 남의 지적재산권을 도용하거나 표절하는 것도 투도
요, 노동자를 혹사하고 그에 대한 합의나 적절한 대가 없이 노동력
을 착취하는 것도 투도다. 정당한 노동 없이 불로소득을 취한다면
그것도 투도요, 뇌물과 사기, 횡령과 배임 등 사회적 탈법도 이에 해
당한다.

　때론 자신의 이익을 위해 비리를 저지르면서까지 남의 것을 빼앗
는 사람들을 보게 된다. 다른 사람이 억울하게 손해 보고, 그로 인해
고통을 받으리라는 생각은 까맣게 잊은 채, 마치 이를 자신의 훌륭
한 능력인 듯 착각하며 상대방의 무능력을 비웃는다. 부처님께서는
그런 사람을 아주 천한 사람으로 보셨다. 심지어 꽃향기마저도 허락
없이 맡은 수행자를 일컬어 향기를 훔치는 도둑이라 하셨다.

불자의 노동윤리

중국에서 선종은 신도들의 시주물에 의존하지 않고 자급자족적인 사원 경제체제를 마련하여 노동하고 수행하였다. 이런 선종 사원경제를 만든 스님이 백장(百丈 懷海, 720~814)선사다. 스님은 팔십 노구에도 손수 괭이를 들고 매일 밭에 나가 일을 하면서 모범을 보였다. 그 모습이 안타까워 하루는 제자들이 스승의 농기구를 숨겨두었다. 그러자 스님은 밖으로 나와 공양도 하지 않고 두문불출하면서 움직일 줄을 몰랐다. 제자들이 그 연유를 묻자 선사가 답했다.

> "하루 일하지 않으면 먹지 마라!
> 일일부작一日不作, 일일불식一日不食."

위 내용은 「백장청규」에 들어 있다. 청규에서는 지위고하를 막론하고 노동하라고 강조한다. 비록 큰 스님이라 할지라도 일을 하지 않으면 먹지 말라고 했다. 노동을 하는 것도 수행이기에, 노동하지 않으면 수행자도 먹을 자격이 없다. 노동이란 사람들이 생명을 유지하고 공동체를 이루어 잘 살기 위한 중요한 행위이기 때문이다.

노동에는 정신적 노동과 육체적 노동이 있다. 부처님 당시부터 선종이 출현하기 전까지 출가수행자들은 논밭에서 일하는 육체적 노동을 금하였다. 농기구로 논밭을 갈면 본의 아니게 땅에서 기어다니는 생명들을 살상할 수 있기 때문이다. 그래서 출가수행자들은 정신적 노동만 하였다. 부처님께서는 이런 정신적 노동의 사례로 농부가 밭을 가꾸는 것처럼 수행자는 '마음 밭[心田]'을 가꾼다고 하셨다. 부처님은 자신을 '밭 가는 사람'이라고 자처하기도 하셨다. 부처님은 어느 날 유행을 하다가 바라두와자 바라문이 쟁기로 밭을 가는 곳으로 갔다. 바라문은 일꾼들에게 음식을 나누어주던 참이었다. 부처님을 보고 바라문은 말한다.

"고타마여, 나는 밭을 갈고 씨앗을 뿌려 그것으로 먹고 살아갑니다. 사문께서도 밭을 갈고 씨앗 뿌려 그것을 드시고 살아가야 합니다."
부처님께서는 바라문에게 말씀하셨다.
"나도 또한 밭을 갈고 씨앗을 뿌려 그것을 먹고 살아갑니다."
"나는 사문 고타마의 쟁기도 멍에도 고삐도 끈도 보습도 채찍도 전혀 본 일이 없습니다. 그런데도 사문께서는 '나도 또한 밭을 갈고 씨앗을 뿌려 그것으로 먹고 살아간다'고 말씀하시는군요."
그러자 부처님께서는 다음과 같이 게송으로 말씀하신다.

믿음은 씨앗
고행은 때맞춰 내리는 단비
지혜는 쟁기를 끄는 멍에
뉘우치며 부끄러운 마음은 끌채가 되네.

바른 생각으로 스스로 보호하면
이것이 곧 훌륭한 몰이꾼이요
몸과 입의 업을 잘 단속하고

알맞은 양만큼 먹을 줄 아네.

진실을 진정한 수레로 삼고
즐거이 머무르되 게으르지 않으며
부지런히 정진하여 거칠음 없애고
안온하면서도 빨리 나아가며
되돌아오는 일 없이 곧장 나아가
근심이 없는 곳에 이르게 되네.

이와 같이 밭을 갈면 불사의 열매를 얻고
이와 같이 밭을 갈면 다시는 속박되지 않네.
_『잡아함경』4 : 11「밭 가는 경」

그렇지만 부처님은 재가자에겐 육체적 노동과 생산 활동을 강조하셨다. 재가자가 집에서 지내며 현세의 편안함과 즐거움을 얻는 방편에 대하여 부처님께서는 다음과 같이 말씀하셨다.

선남자가 여러 가지 생산물을 만드는 직업으로써 스스로 생활을 경영하는 것이니, 곧 농사를 짓고 장사를 하며 임금을 섬기거나 혹은 글씨, 글, 셈, 그림으로써 이런저런 직업에 꾸준히 힘쓰고 수행하는 것입니다.
_『잡아함경』4권「울사가경」

부처님께서는 재가자가 농사를 짓거나 상업 및 공업 등 생업에 종사하는 것이 바로 수행이며, 그렇게 함으로써 현재의 삶에서 행복을 누리게 된다고 분명히 말씀하셨다. 사실 이러한 삶은 일과 수행이 하나가 되는 것을 말한다. 이와 관련하여 보조국사 지눌 스님도 각자의 직업에서 자신의 마음을 밝히며 능력을 발휘하는 삶이 바로 여래의 삶이라고 강조한다.

> 자기 마음속 모든 부처의 보광명지普光明智로 널리 모든 중생을 비추면, 중생의 모습이 곧 여래의 모습이고, 중생의 말이 곧 여래의 말이며, 중생의 마음이 곧 여래의 마음이며, 세상을 잘 다스리는 정치, 생산업과 숙련된 기술이며 예술적 재능이 모두 여래의 보광명지가 움직이는 모습과 작용이여서 도무지 별다를 게 없다.
> _『원돈성불론』

나누고 보시하는 삶

불투도계는 자신에게 주어지지 않은 것은 취하지 않겠다는 성실하고 정직한 마음을 바탕으로, 남의 이익을 위해 적극적으로 노력하는 상태를 이상으로 삼는다. 소유물에 대한 집착에서 벗어나 이를 모든 생명의 행복을 위해 함께 공유하려는 보시의 마음을 잃지 않는 것, 이것이야말로 불투도계의 진정한 실천이자 우리 모두 행복해지는 길임이 분명하다.

자기의 소유에서 남는 것이 있으면 남에게 나누어준다. 그런 사람은 몸이 무너지고 목숨이 끝난 뒤에는 천상의 세계에 태어나고, 만일 인간으로 태어나면 재물이 많고 보배가 넉넉하며 궁핍하거나 단명하지 않는다.

_『증일아함경』21권「고락품」

때론 보시하라고 하니까 능력에 맞지 않게 빚을 내어 하는 경우도 있다. 부처님께서는 분에 넘치는 보시는 경계하셨다. 그럴 경우 그 보시자를 파산에 이르게 해 당사자는 물론 그의 가족을 난처하게 만든다. 그러므로 자신의 능력에 맞게 경제력을 감안해 보시하는 것이 좋다. 물론 가난할지언정 분수에 맞는 보시는 할 수 있다. 정성껏 마음을 나눌 수 있다. 따뜻한 정성이나 마음, 용기나 격려 등으로 베푼다.

착하고 아름다운 삶을 사는 불자라면 주지 않는 물건을 훔쳐서 내 것으로 만들려고 하기보다 너그러운 마음으로 널리 나누어주는 일을 실천해야 한다. 또한 하루하루 주어진 일에 최선을 다하며, 일하지 않으면 먹지 않는다는 자세로 생활해야 한다. 그러면 나도 세상도 행복하고 풍요로워진다.

3. 건강한 성윤리와 아름다운 인간관계

성에 대한 불교의 가치관

성욕은 인간의 가장 큰 욕구 가운데 하나이지만, 이를 절제하지 못한 채 맹목적 욕망에 끌려갈 경우 돌이킬 수 없는 불행으로 빠져든다. 성욕은 욕망의 대명사라 할 만큼 인간의 욕망을 강하게 추동한다. 그래서 성욕은 욕망 중에서 가장 위험한 요소로 꼽힌다.

불자의 생활에서 욕망의 문제와 관련해 출가자와 재가자를 나누는 가장 중요한 지점은 '성적 욕망'이다. 재가자에게는 정당한 범위 내에서 성적 행위가 인정되는 반면 출가자에게 성생활은 금물이다. 그래서 정식으로 승려가 되기 전에 예비승인 사미가 받은 사미십계 沙彌十戒에 불음不婬이 중요한 계목으로 언급되고 있다. 비구가 성행위를 할 경우에는 교단에서 추방된다. 설사 금방 뉘우쳐 승단에 남는 것만은 허용되더라도 두 번 다시 정식 구성원으로서 신분을 얻을 수 없다.

174

반면 재가불자들이 받는 오계에는 불음이 아닌 불사음^{不邪淫}을 강조하며 경계하고 있다. 바로 정당한 성행위는 인정하지만, 배우자가 있는 사람으로 도리를 벗어난 성행위는 엄격히 금지한다.

> 지혜로운 사람이라면 타오르는 불구덩이를 피하듯, 청정하지 못한 성관계를 삼가라. 만일 청정한 불음^{不淫}을 닦을 수 없다 하더라도, 남의 아내를 범해서는 안 된다.
> _『숫타니파타』395「담미까의 경」

> 폭력으로, 혹은 사랑에 빠져 친척이나 친구의 아내와 부적절한 관계를 맺는다면 그를 천한 사람으로 아십시오.
> _『숫타니파타』123「천한 사람의 경」

사음이란 삿된 음행, 즉 자신의 배우자 이외의 사람과 성관계 맺는 것을 말한다. 재가자들은 가정을 꾸리고 일상생활을 영위하는 사람이므로 건전한 성생활은 용인되고 권장한다. 그 주요한 허용기준이 부부이고, 사랑하는 사이다. 남의 아내 혹은 남의 남편과의 성행위는 커다란 고통과 파멸을 불러온다. 상대편 배우자에게 큰 상처를 주고 결국에는 한 가정을 파국으로 몰아가기 때문이다. 미성년자와의 성행위 또한 성숙한 인격이 형성되지 않은 당사자는 물론 그의 부모나 가정에 커다란 고통을 불러오기에 이 역시 정당한 성행위가 아닌 사음에 해당한다.

재가자라도 완벽한 해탈을 얻으려면 비록 가정을 이루고 산다고 해도 청정한 생활이 필수조건이다. 초기불교에서 재가자가 아라한 과를 얻은 경우 그것은 금욕생활을 전제로 하며, 대승불교의 유마거사도 청정한 범행梵行을 닦으며 보살의 삶을 살았다.

올바른 불교의 성윤리

성욕이 지나치면 그 욕망의 폐해가 남에게 영향을 끼친다는 점에서 성윤리는 매우 중요하다. 식욕이나 수면욕 같은 다른 욕망은 주로 개인 차원에서 이루어지지만, 성욕은 상대를 필요로 하며, 특히 사랑의 확인으로 이어지기 때문에 방향이 엇나갈 경우 다른 욕망보다 심각한 부작용을 일으킨다. 특히 성행위는 사람과 사람 간의 가장 은밀하고 인격적인 교류이며 둘만의 공간에서 이루어지는 사랑의 행위이므로 더욱 조심하지 않으면 안 된다.

오늘날 성추행과 성폭력으로 인한 폐해와 부작용이 매우 심각한 사회병리 현상으로 대두되고 있다. 직장 내에서 혹은 공공장소에서 벌어지는 성추행과 폭력에 피해를 입은 당사자들은 커다란 고통과 트라우마 속에 살고 있다. 특히 우월한 지위를 이용해 행해지는 직장 내에서의 성폭력은 힘없는 사람을 고통 속에서 흐느끼게 한다. 사랑의 행위는 서로가 서로를 사랑하는 아름다운 관계 속에서 이루어져야 하는데 일방적 탐욕과 강압이 앞선다면 그것은 맹목적이고 자기중심적인 탐욕이자 욕망의 배설에 다름 아니다. 그 결과는 깊은 허무요, 괴로움이다.

나아가 남녀가 사랑하다 헤어질 때 종종 발생하는 연인 사이의 데이트 폭력으로 심각한 신체적 손상을 입거나 죽음에까지 이르기도 한다. 사랑이 증오로 변해 돌이킬 수 없는 강을 건넌 것이다. 진정 사랑한다면 놓아줄 줄도 알아야 하는데, 나의 소유물로 집착하여 이런 현상이 벌어진다.

부부로서 가정을 이루었으면 성행위는 사랑의 아름다운 표현이다. 그 사랑의 결실로 새로운 생명을 잉태한다. 그래서 성행위는 소중하다. 하지만 부부라 할지라도 강제나 강요에 의한 성생활은 문제를 일으킨다. 서로간의 준비된 사랑이 아닌 일방적 사랑이나 강요는 부부라 할지라도 성폭력이 될 수 있다. 상호 예의와 배려, 진정한 사랑이 전제되지 않은 성은 성추행이요, 폭력이다.

상대방을 위하여 자신을 버릴 줄도 아는 진정한 사랑만이 상대방의 정신적 성장을 일깨운다. 부처님께서도 악기에 맞춰 아름다운 사랑의 찬가를 부른 음악의 신 빤짜시까를 칭찬하셨다. 그 찬가의 내용을 보자.

땀 흘리는 자에게 바람처럼, 목마른 자에게 물처럼, 빛나는 여인이여, 그대는 나의 사랑입니다. 병든 자에게 약과 같고 배고픈 자에게 음식과 같습니다. 선한 여인이여, 타오르는 불을 물로 끄듯 내 사랑의 열병을 꺼주오. 그대에게 마음이 묶였으니, 낚싯바늘을 삼킨 물고기처럼 내 마음을 되돌릴 수 없습니다. 아름다운 여인이여, 나를 안아주오. 착한 여인이여, 나를 품어주오. 마치 성자가 최상의 원만한 깨달음을 이뤄 기뻐하듯 선한 여인이여, 그대와 한 몸이 되면 더

없이 기쁘겠습니다.
_『디가 니까야』 21 「제석천 질문의 경」

이렇듯 사랑은 아름다운 것이다. 하지만 그 사랑은 서로가 행복해야 한다. 사람이 성의 노예가 되지 않고, 그것을 잘 다스린다면 사랑의 열매는 달콤하게 맺힐 것이다. 아이들도 아름다운 부부관계를 보고 훌륭한 인격으로 성장한다.

성의 역할과 상호존중의 인간관계

부처님은 남성 위주의 인도 사회에서 여성의 지위와 역할을 존중했으며 계급의 차별과 더불어 성차별을 반대했다. 어느 누구도 출신 성분에 의해 그 운명이 결정되지 않으며 오로지 행위에 의해 그 사람의 역할이 달라질 뿐이라고 하셨다. 부처님께서는 사람들에게 이렇게 말씀하셨다.

세상은 행위에 의해 움직이며, 사람들도 행위에 의해 존재합니다. 모든 생명은 달리는 수레바퀴가 축에 매여 있듯 행위에 매여 있습니다.
_『숫타니파타』 654 「바셋타의 경」

이렇게 모든 사람들은 행위에 따라 그 사람의 인생과 인격이 결정된다. 성 또한 마찬가지다. 다만 역할에 따른 차이만 존재할 뿐이다.

사실 불사음계에는 남녀의 평등과 성평등이 그 바탕에 깔려 있다. 그래서 초기불교에서는 부부간의 윤리를 강조하며, 아내를 '최상의 벗'이라고 하였다. 반면 남자가 다른 여자와 관계를 갖는 것을 파멸의 길로 간주하였다.

부처님께서는 '바른 남녀관계를 지켜라' '사음하지 마라'에 대한 구체적 방법으로 남편이 아내하게 베풀어야 할 의무 다섯 가지를 제시하셨다.

첫째, 드나들 때에는 아내에게 인사로 공경하고
둘째, 먹을 걱정 없게 하고 철 따라 의복을 해주며
셋째, 금 · 은 · 진주 등 폐물을 마련해주고
넷째, 집안의 재산권을 모두 맡기고
다섯째, 밖에 다른 여자를 두거나 딴살림을 차리지 않는다.
_『육방예경』

부처님께서는 성윤리가 바로 서야 나라가 번영한다고 말씀하셨다. 특히 사람들이 힘으로 남의 아내나 처녀를 범하지 않는다면 그러한 나라는 망하지 않는다고 하셨다.

어떤 특정한 상에 얽매이는 것은 그만큼 그 사람의 자유를 구속하는 것이다. 자신을 고집하지 않고 서로 어우러진 관계 속에서 주인 역할도 하고 때로는 심부름꾼 역할도 하는 것이다. 역할에 따른 차이만 있을 뿐이다. 그 이상도 그 이하도 아니다.

4. 술 및 중독의 제거와 맑은 정신

술에 취하지 말아야 하는 이유

정신이 혼미하거나 흥분된 상태에서 몰상식한 행위를 하여 사람들의 눈살을 찌푸리게 하고 악행을 저지른다면, 그것은 주변 사람들을 고통 속으로 빠뜨린다. 제정신을 차리지 못하고 정신줄을 놓아버려 흥분할 경우 분위기를 험악하게 만들고, 큰 실수를 범하거나 돌이킬 수 없는 상처를 입히기 때문이다. 어느 누구도 술 취한 사람이 부리는 추태를 마주하기 싫다. 그래서 부처님께서는 오계 속에 불음주계를 포함시켜 술을 삼가라고 말씀하셨다.

> 어리석은 자들은 취함으로써 악을 짓고, 남들을 취하게 만든다. 그것은 광기를 불러오고 현혹케 한다. 어리석은 자가 행하는 이런 불행의 장을 피하라.
> _『숫타니파타』 399 「담미까의 경」

여자에게 미치고 술에 취하며 도박에 빠져 버는 즉시 낭비하는 사람이 있다면 이야말로 파멸의 문이다.

_『숫타니파타』106「파멸의 경」

술에 중독되면 파멸의 길을 면하기 어렵다. 술을 마시되 절제하면 좋은데 그것이 쉽지 않으니 문제다. 사실 술 마시는 것 자체가 문제는 아니다. 다만 술 취한 상태에서 벌이는 온갖 악행이 사람들을 고통 속으로 빠뜨린다. 술이 많이 취하면 누가 말려도 제어하기 힘들다. 오계 가운데 살생이나 도둑질, 순결하지 못한 성행위, 거짓말 등은 그 자체가 악행이자 죄업이다. 그러므로 이들을 실죄實罪, 혹은 성죄性罪라고 부른다. 음주는 그 자체가 죄는 아니지만 여러 가지 죄의 원인을 제공한다. 다시 말해서 술에 취해 광분하여 살생할 수 있고, 두려움이 없어져 도둑질을 하며, 판단이 흐려지고 황홀해져 자신도 모르게 사음을 저지르며, 이성을 잃고 상스러운 말과 폭행을 저지르며 거짓말도 서슴지 않게 한다. 따라서 다른 죄를 저지르는 것을 미연에 방지할 수 있다는 의미에서 술에 취하지 않는 것을 차죄遮罪라고 한다.

음주를 오계에 포함한 이유는 술에 흠뻑 취하면 다른 죄를 짓게 될 가능성이 매우 높기 때문이다. 그렇기 때문에 불자들은 되도록이면 술을 삼가고, 마시더라도 과하게 마시지 말아야 한다. 술을 마시더라도 절제할 줄 알아야 한다.

악행을 싫어하여 멀리하고, 술을 절제하며, 가르침에 게으르지 않는 것, 이것이야말로 으뜸가는 행복이다.

_『숫타니파타』264 「큰 행복의 경」

각종 중독성 물질과 중독성 문화

'술에 취하지 말라'라는 불음주계의 근본정신은 비정상적인 흥분에 빠지지 말라는 경고다. 이 계는 술만이 아니라 정신을 취하게 하여 사람을 흥분시키는 모든 것을 금하고 있다. 불음주계의 구체적인 표현은 '곡주나 과일주 등 취기가 있는 것에 취하지 않는 것'이기 때문이다.

사람의 정신을 혼미하게 만들고 환각상태에 이르게 하는 향정신성 약품이나 음식물도 불음주계의 대상이다. 예를 들어 대마초나 아편 등과 같은 일체의 환각제가 그렇다. 이런 향정신성 약품이나 음식은 중독을 불러온다. 중독 역시 취하는 것과 마찬가지로 사람들의 감각을 마비시킨다. 사실 이런 향정신성 약품은 술보다 더 위험하다. 아예 먹지 말아야 한다. 오늘날 세계 최고의 범죄 요인은 마약 등의 약물 복용이라고 한다. 앞으로 향정신성 약물로 인한 범죄와 부작용은 더욱 기승을 부릴 것이다. 불음주 정신의 철저한 이행은 이런 중독성 물질을 삼가는 것이다.

그렇다면 중독을 불러오는 컴퓨터 게임이나 오락물 등의 중독성 문화는 어떠한가? 그것들에 중독되지 않는다면 어느 정도 허용되지만, 중독을 불러온다면 문제다. 중독으로 사람들의 정신이 혼란에 빠진다면 중독을 불러오는 문화도 역시 불음주계에 해당한다.

중독은 일종의 마약과 같다. 중독이라는 병은 사람을 물귀신처럼 붙들고 늘어진다. 그래서 그것을 하지 않으면 도저히 불안해서 견딜 수가 없다. 술중독자는 술을 마시지 않으면 마음이 편치 않고 갑갑하다. 담배를 즐겨 피는 사람은 한시라도 담배를 피우지 못하면 답답해서 못 견딘다.

중독은 강한 독성을 품고 있다. 독성을 지니고 있기에 그것에 빠지면 마음과 몸이 병들며 심한 경우 죽기까지 한다. 부처님께서는 술이 불러오는 여섯 가지 상실의 고통을 이야기하셨는데, 이것은 술뿐만 아니라 술을 마시고 취하거나 무언가에 중독되었을 때 일어날 수 있는 여섯 가지 허물이라고 해도 좋다.

> 술과 중독성 물질이 품고 있는 여섯 가지 상실의 고통을 알아야 한다. 그것은 재산을 탕진하는 것이요, 병을 얻는 일이며, 싸움과 투쟁에 휘말리고, 안 좋은 소문이 널리 퍼지는 것이며, 분노가 폭발하며, 날로 지혜를 잃는 것이다.
>
> _『장아함경』11권「선생경」

이 경전에서 보여주는 술과 중독성 물질의 폐해를 다시 정리해보자.

첫째, 잦은 과음으로 재산을 허비하는 것은 흔한 일이며 잘못될 경우 패가망신한다.

둘째, 술에는 장사가 없다. 술을 많이 마시면 병이 생기고 건강을 해친다.

셋째, 다른 사람과 다투기 쉽다. 마음이 들떠 조그만 일에도 흥분하기 때문이다. 범죄도 이런 상태에서 일어난다.

넷째, 나쁜 소문이 퍼져 다른 사람들이 가까이하지 않는다. 무엇이든 중독되면 이성을 잃기 때문에 좋지 않은 소문이 퍼지기 마련이다.

다섯째, 분노가 폭발하기 쉽다. 술 마시고 흥분하여 서로 싸우는 일을 자주 보게 된다.

여섯째, 지혜가 날로 없어진다. 술, 환각제, 중독성 취미는 이성을 마비시켜 중독자는 사물에 대한 판단력이 흐려진다. 이는 지혜의 종자를 끊는 원인이 된다.

맑은 정신의 중요성과 중독 다스리기

일상에서 맑은 정신으로 깨어 있거나 평정심을 간직하면 그 맑고 청정한 상태에서 세상과 사태를 마주하기 때문에 실상을 바로 보는 지혜가 솟아난다. 새벽에 깨어나 신선한 공기를 마시며 숲속을 걸어보라. 맑은 차를 마시며 정신을 깨워보라. 이리저리 날뛰는 마음을 가라앉히고 조용히 명상에 잠겨보라. 고요한 마음속에서 맑은 바람이 불어와 마음이 평안해지고, 그 상태에서 일을 하게 되면 뒤엉켰던 실타래도 풀리고 창조적인 생각도 나온다.

사회생활을 하다 보면 원활한 대인관계를 위해서 술을 마실 수도 있다. 때때로 술은 분위기를 부드럽게 하는 윤활제 역할을 하곤 한다. 하지만 술에 과하게 취해 정신을 못 차리고 광분하면 곤란하다. 적당한 게임이나 오락도 스트레스를 해소하거나 기분을 전환시키는 좋은 촉매제 역할을 한다. 하지만 과도한 것이 문제다. 조금씩 떨어지는 달콤한 꿀에 젖어 거기에 중독되면 파멸의 구렁텅이에서 헤어나기 어렵다. 인내심, 집중력, 자기 제어능력과 판단력이 사라지고 서서히 파멸과 죽음의 늪으로 빠져든다.

중독을 다스리는 것은 쉽지 않지만 마음가짐에 달렸다. 게임하고 싶은 생각이 가슴속 깊은 곳에서 몰려오면 그 마음을 쉬어주어야 한다. 계속 그 생각 속에 머물러 있으면 급한 마음에 그것을 안 하곤 못 견딘다. 강박관념이 내 마음을 지배하기 때문이다. 고요히 앉아 마음을 쉬어주면 달아오르는 마음이 끊겨 강박관념은 사라지기 마련이다. 마음은 쉼 없이 변한다. 영원한 것은 없다.

사람들이 중독에 빠지는 이유는 외로움과 절망, 고통과 좌절, 두려움, 슬픔 등이 내면에 잠재해 있기 때문이다. 이런 고통을 피하지 않고 대면하여 그 원인을 풀어주고 높은 이상과 원력을 심어준다면 행동은 바뀔 수 있다. 그러므로 중독에서 벗어나려면 마음을 쉬어주며 아픔을 치유하고 원력을 세워서 행동을 바꾸어가야 한다. 행동이 바뀌면 습관이 바뀌고, 습관이 바뀌면 인격이 바뀐다.

5. 바른 언어생활의 중요성

언어생활이 중요한 이유

우리는 육체적인 폭력에는 매우 민감하게 반응하면서 언어폭력에는 의외로 둔감할 때가 많다. 부처님은 "사람이 태어났을 때, 그 입 속에는 도끼가 생긴다. 어리석은 사람들은 악언惡言을 하며 그 도끼로 자신을 찍어내린다"라고 하여, 혀가 자신을 파멸시키는 무서운 무기가 될 수 있음을 가르치고 있다. 무심코 던지는 한마디 말이 때론 상대방에게 커다란 마음의 상처를 주는 흉기로 변한다. 오계 가운데 네 번째 등장하는 불망어계는 거짓말을 하지 말라는 것으로 폭넓게는 바르지 않은 말을 버리고 멀리할 것을 가르친다.

대승불교에 오면 보살이 실천해야 할 육바라밀 중 지계바라밀이 등장하며, 십선계가 그 구체적인 덕목으로 제시된다. 이 십선계 중 네 가지가 입으로 짓는 말에 해당함을 볼 때 언어표현이 얼마나 중요한지 알 수 있다. 그 십선계 중 네 가지를 다시 확인해보자.

거짓말을 하지 마라[不妄語]

이간질을 하지 마라[不兩舌]

악담을 하지 마라[不惡口]

꾸밈말을 하지 마라[不綺語]

거짓말은 사람들을 비방하기 위해 듣지 못한 것을 들었다고 하고, 깨달음을 얻지 못했으면서도 얻었다고 하고, 보지 못했으면서도 보았다고 속이며 말하는 것이다. 거짓말은 진리와 사실을 가리고 교묘하게 속이기 때문에 사람들을 혼돈 속에 빠뜨려 고통스럽게 만든다. 그래서 말한다.

모임이든 무리 가운데 있든 간에, 누구도 거짓말을 해서는 안 된다. 남에게 거짓말을 시켜서도 안 된다. 또 거짓말하는 것을 묵인해도 안 된다. 모든 근거 없는 말을 하지 말아야 한다.
_『숫타니파타』 397 「담미까의 경」

'이간질은 여기서는 이 말을 하고 저기서는 저 말을 하는 행위다. 한 입으로 두말하며 사람들을 갈라놓는 것이다. 물과 불처럼 서로 반대되는 말을 하는 경우다.

악담하는 말인 악구惡口는 항상 다른 이의 좋지 못한 점을 들추어내어 말하기를 좋아하므로 그 입으로 내뱉는 언설은 바늘과 같고 칼과 같으며 창과 같다고 부처님께서는 말씀하셨다. 욕설, 흉보는 말, 깔보는 말, 거친 말, 험담 등이 여기에 해당한다. 이런 악담은 상대방의 가슴에 비수를 꽂아 상처를 준다.

> 하늘과 인간들 가운데 좋은 말의 향기보다 나은 것이 없고, 모든 세
> 상 가운데 악담만큼 냄새나는 것이 없다.
> _『수십선계경受+善戒經』「십보시품」

"꾸밈말은 남을 현혹시키는 말이다. 그것은 아첨하는 말이고 사
탕발림하는 말이며, 헛된 말이고 쓸데없는 말이다. 이 꾸밈말에 대
한 부처님의 말씀을 보자.

> 꾸밈말은 좋은 것을 도리어 나쁘다고 하고, 나쁜 것을 도리어 좋다
> 고 한다. 격조 깊은 말과 조롱하는 말이 분명하지 않으며, 교묘하고
> 날카롭게 말하되, 무익한 말을 하고, 이롭지 않은 말을 하며, 의미 없
> 는 말을 하고, 오욕五慾을 찬탄하는 말을 하며, 마음을 명료하지 않게
> 말하고, 깜깜하게 어두운 말을 한다. 이러한 가시와 같고 엉킨 수풀
> 과 같은 말로 중생들을 잡아맨다.
> _『수십선계경』「십보시품」

나쁜 말들은 반드시 부메랑이 되어 다시 나에게 돌아온다. 억울하
고 답답하고 입이 간지러워 당사자가 보지 않는 곳에서 이간질을 하
며 악담을 하지만, "발 없는 말이 천 리 간다"는 속담이 있듯이 어느
새 그 말이 돌고 돌아 자신에게 되돌아오면서 괴로움은 더 커진다.

불자의 올바른 대화법

말로 인한 고통과 분쟁에서 멀리 떠나려면 대화의 기술, 소통의 기술을 익혀야 한다. 먼저 상대방의 말에 마음을 잘 기울여야 한다. 경청이 중요하다. 그리고 그 사람이 무엇을 말하려는지 의도를 잘 알아차리고 그에 적절한 대답을 하여야 한다. 부처님께서는 상대방에게 충고를 할 때도 때를 잘 가려서 해야 한다고 말씀하셨다.

> 다른 사람에게 충고할 때 다섯 가지 원칙에 따라 충고해야 한다.
> 첫째, 아무 때나 말하지 않고 알맞은 때에 말한다.
> 둘째, 사실을 말하며 사실이 아닌 말을 하지 않는다.
> 셋째, 상대방에게 이익이 되는 말을 한다.
> 넷째, 부드럽게 말하지 거칠게 말하지 않는다.
> 다섯째, 자애로운 마음을 가지고 말하지 성내며 말하지 않는다.
> 이렇게 다른 사람에게 충고하려면 마음속으로 다섯 가지 원칙을 세운 뒤에 충고해야 한다.
> _『잡아함경』18권「거죄경」

부처님께서 이야기하신 대화법은 충고할 때뿐만 아니라 어느 때, 어느 사람에게라도 적용되는 대화의 황금률이다. 상대방이 들을 준비가 되어 있지 않은데, 내 마음만 급해서 때와 장소를 가리지 않고 말한다면 그것은 잡담으로 들리거나 상대방의 비위를 거스르는 악구로 돌변할 수 있다. 그리고 사실과 진리를 말해야지 없는 말을 지어내거나 허황된 이야기로 사실을 곡해하거나 호도하면 안 된다. 나아가 진실을 말한다 해도 상대방에게 이익이 되는 말을 해주어야 한다. 내가 보기에는 진리라고 하더라도 상대가 볼 때는 진리가 아닌 말도 있다. 이런 말은 내가 생각한 나의 주장에 불과하기에 내 말을 강요할 경우 상대방은 반발하기 마련이며 다툼이 일어날 수 있다. 그래서 부처님께서는 진리나 사실이라 할지라도 상대방에게 이익이 되는 말을 하라고 하셨다. 진실하고 이익이 되는 말이라도 부드럽고 사랑스러운 말씨를 써야 한다. 그럴 때 서로 공감하고 이해하게 된다.

　계의 바탕에 깔려 있는 기본정신은 다른 생명에 대한 자비와 연민이다. 다른 생명이 정신적으로든 육체적으로든 상처 받지 않도록 배려하는 마음으로 그들에게 이익을 가져다주는 행동을 하는 것, 그리고 이를 통해 자기 자신의 인격을 완성해가는 것이다. 험한 말은 하지 않느니만 못하다. 부드럽고 온화한 말로 상대방을 이끌고, 마음을 열고 상대방의 어떠한 말이라도 경청하는 적극적인 태도가 필요하다.

소셜네트워크에서 비방하지 않기

최근에는 인터넷 소셜네트워크 등 사이버 공간에서 벌어지는 언어폭력이나 그에 따른 갈등이 현실세계보다 더 빈번하고 심각하다. 컴퓨터 네트워크에 기반을 둔 사이버 공간의 속성상 사이버 폭력의 대부분은 언어폭력이다. 그 폭력은 욕설, 거친 표현 및 악성 댓글에 의한 모욕이며 명예훼손 등으로 표출된다. 익명성을 담보로 한 채팅이나 게시글, 댓글 등의 절제되지 않은 표현과 욕설과 악담은 심한 경우 당사자를 자살이라는 비극적 선택으로 몰아가기도 한다.

사이버상에서 윤리는 그것이 공식적 공간이든 욕구충족을 위한 놀이 공간이든 간에 사람들이 함께 살아가는 공간이라는 점을 자각하는 일이다. 혼자서 컴퓨터 속의 세상을 들여다보고 있는 것이 아니라 나와 같은 무수한 사람이 함께 만들어가는 세상이라는 점을 깨달아야 한다. 인터넷을 통한 연결망은 나와 세계의 뭇 생명이 상호 연결되어 서로 소통하면서 아름다운 꽃으로 장엄하는 나눔의 현장이다. 그것은 공존하고 공생하며 서로 정보를 교환하고 공유하는 가상공간이다.

그런 의미에서 사이버 공간에서 벌어지는 언어폭력과 관련하여 십선계의 실천이 매우 중요하게 다가온다. 십선계의 가르침 중 불망어, 불양설, 불악구, 불기어 등 네 가지 말과 관계된 계는 사이버 공간에서 언어폭력을 막고 사이버 공간을 서로 소통하고 공감하는 창구로 만드는 데 훌륭한 지침이 될 수 있다. 최근 심각성을 더해가는 악플이나 사이버 명예훼손 등은 바로 이 네 가지 말로 짓는 악행에서 비롯되기 때문이다. 따라서 십선계의 실천 윤리는 사이버 공간의 윤리적 쟁점을 해결하는 데 매우 유용하다.

6. 불자의 직업윤리와 바른 삶

불교에서 말하는 직업이란

사람들은 직업을 통해 수익을 창출하는 경제활동으로 생계를 유지한다. 직업을 통해 자기를 실현하며 자신의 능력을 발휘하여 더불어 사는 사회적 가치를 실현한다. 부처님은 직업의 중요성과 생산 활동 및 부의 축적에 대해 장려하셨다. 부처님께서는 돈을 벌어 잘사는 법과 관련하여 다음과 같이 말씀하셨다.

생활을 경영하는 업으로 농사짓는 것과 장사하는 것,
소나 양을 치며 번식시키는 것, 셋집을 놓아 이익을 구하는 것,
집짓기와 침구 만드는 것, 이렇게 여섯 가지 자산을 생산하는 직업
이 있으니
방편을 구하여 온갖 직업에 힘쓰면 이 세상을 안락하게 살아갈 것
이다.

이와 같이 직업에 충실하며 지혜로써 그 재물을 구하면, 그에 따라 재물이 생기니,

모든 물이 바다로 흐르는 것과 같다.

그 재물이 쌓여 이롭기는 꿀벌이 온갖 맛을 모으듯 하고,

밤낮으로 그 재물 불어나기는 마치 개미가 쌓은 흙무더기와 같다.

_『잡아함경』 48권 「기능경」

여기서 직업의 종류로 농업, 상업, 목축업, 대부업, 공업 등을 들고 있지만, 이런 직업은 시대상의 반영이다. 이 밖에 또 다른 경전에서는 직업의 종류로 농업, 상업, 공업, 공무원, 예술 및 예능직 등을 들고 있는데, 부처님께서는 이들 직업에 대한 차별을 두지 않으셨다.

불교에서 말하는 직업은 팔정도의 '정명正命'이라는 단어에서 그 뜻이 잘 드러난다. 정명의 명命은 삶의 방식, 직업, 생계수단을 의미한다. 그것이 직분에 따른 살림살이인 직업職業이다. 따라서 정명이란 올바른 직업이나 생계수단을 의미한다. 직업에는 귀천이 없지만, 올바르지 않은 생계수단에 대해서 부처님께서는 다음과 같이 경계하신다.

잘못된 직업이란 무엇을 말하는가.

기만, 사기, 요술, 고리대금으로 살아가는 것이다. 이것이 잘못된 직업이다.

_『맛지마 니까야』 117 「큰 사십의 경」

사람들을 속이고 사기 치는 수법, 고리대금업 등으로 생계를 유지한다면 이런 행위는 사람들의 눈과 귀를 멀게 해 가난과 고통으로 몰고 가기 마련이다. 이 밖에 부처님께서는 무기판매업, 인신매매업, 중독성 물질 매매업, 독극물을 파는 독약매매업 등을 금하셨다. 이런 직업은 사람과 세상을 황폐화시키고, 사람들을 슬픔과 고통에 빠지게 하기 때문이다.

팔정도의 정명은 바른 직업으로 해석하지만, 이것은 바른 직업윤리도 포함한다. 그런 의미에서 불자들은 직업에 따른 업무를 수행할 때 남에게 해를 끼칠 우려가 있는 일을 저지르지 말아야 한다. 가령 사기, 횡령 등 부도덕한 행동을 멀리하고 떳떳하고 정당한 방법으로 업무를 처리해야 한다. 인색하거나 사치스럽지 않고 낭비하지 않는 생활, 검소하고 검박한 생활도 정명에 따른 생활이다.

재물의 바른 사용

직업을 택하여 잘살려면 먼저 그 직업에 필요한 기술을 습득해야 한다. 일을 통해 재물을 얻더라도 그 재물을 잘 관리하지 않으면 물처럼 새어 나가기 마련이다. 이와 관련해 부처님께서는 이렇게 말씀하셨다.

처음엔 먼저 기술을 배워라. 그다음으로 재물을 구하라. 재물을 구한 뒤에는 그것을 4등분으로 나누어라. 그 한 몫은 먹고 마실 생계에 쓰고, 또 한 몫은 직업의 밑천으로 쓰며, 또 한 몫은 비축하여 급할 때 쓰고, 나머지 한 몫은 농사꾼이나 장사꾼에게 빌려주어 이자를 나게 하라.

_『중아함경』33권「선생경」

부처님께서는 직업을 통해 재산을 축적하여 저축도 하고 이자도 불려 나가야 한다고 말씀하셨다. 하지만 재물을 축적하되 사치스러운 행위는 경계하셨다. 불자들이 돈을 많이 벌고 부자가 되는 것에 대해서는 별다른 말씀이 없었으나 재물을 함부로 쓰거나 호화롭거나 사치스럽게 살지 말며 나누고 베풀라고 하셨다. 나아가 부처님께서는 끝없는 욕망을 경계하고 탐욕에 빠지지 말 것을 당부하셨다. 초기경전에 등장하는 장자들은 당시 대부호였으며, 그들은 절을 지어 승가공동체에 보시했다.

용맹정진하고 게으르지 않으며 재난에 처했을 때 동요하지 않고 흠없는 삶을 사는 슬기로운 자, 이러한 자는 명성을 얻는다. 그는 보시를 행하고 사랑스런 말을 하며 세상에 이익을 베푸는 삶을 살고 모든 것에 협동하여 행하며 어디서든지 가치 있는 것을 행한다. 마치 수레 차축의 쐐기처럼, 이런 것들이 세상을 돌아가게 한다.

_『디가 니까야』31「싱갈로왓다 경」

머무는 곳마다 주인이 되라

많은 사람들은 하루의 대부분을 직장에서 보낸다. 직장은 중요한 삶의 현장이요, 함께 살아가는 아주 친밀한 공생 공동체다. 그런데 이런 직장생활이 녹록치 않다. 그 가운데 가장 어려운 부분이 인간관계다.

직장 공동체에서 가장 중요한 요소는 소통과 협력이다. 소통과 협력만 잘된다면 어떤 어려운 일도 거뜬히 이겨낼 수 있다. 그런데 상사의 권위의식과 갑질 논란, 주인의식을 갖지 못하는 직원들의 태도, 조직 갈등 등이 발목을 잡는다. 부처님이라면 이 상황에서 어떻게 하셨을까?

첫째, 상대방의 입장이 되어본다. 나는 너와의 관계에서 나일 수 있다. 내가 온전히 존재하려면 나의 빈자리에 타자가 들어 있어야 한다. 이런 의미에서 상사는 나 자신만을 고수하지 않고 부하직원의 입장에서 무엇을 바라는지 살펴보아야 한다. 그렇게 된다면 갈등은 제거되고 조화롭게 협력할 수 있다.

둘째, 일할 때는 화두를 들 듯이 일에 집중하고 몰입한다. 부처님께서도 잘 살기 위해서는 용맹정진하며 게으르지 말라고 하셨다. 하지만 낯선 업무, 좋아하지 않는 업무에 마음을 붙이기란 쉽지 않다. 하는 일이 재미가 없고 맞지 않은 옷을 입은 것처럼 어색하고, 그러다 보니 지루하다. 하지만 일단 이러저런 생각을 내려놓고 해야 할 일이라면 한다. 행복의 비결은 좋아하는 일을 하는 데서 오는 것이 아니라 해야 하는 일을 좋아하는 데서 온다는 말이 있다. 일에 전념하다 보면 솔솔 재미가 생기고 즐거움이 싹튼다. 그러면 나만의 방식으로 일을 처리하게 되고, 그 일이 자기화된다. 반면 탐욕과 나태는 금물이다. 탐욕과 나태는 아름다운 마음을 천천히 죽이는 것은 물론 직장의 조직문화를 나쁘게 물들인다.

셋째, 일에서 자기를 완성한다. 일을 통해 자신의 원력을 성취하고 그 속에서 자기를 발견해 나가고 타자의 도움까지 읽을 수 있다면 창조적으로, 주체적으로 일할 수 있다. 임제선사는 이와 관련해 다음과 같이 말한다.

머무는 곳마다 주인이 되면, 바로 그 자리가 진리의 자리다.
_『임제록』「시중」

넷째, 명상의 실천이다. 매일 5~10분 정도 명상을 실천하면서 자신의 마음을 다스린다면 건강은 물론 조화로운 대인관계, 리더십 향상에도 도움이 된다. 이 밖에 동료들 간에 존중과 배려, 책임의식을 가지고 일한다면 일터가 바로 도량이요, 수행처가 아니겠는가.

7. 허물을 뉘우치며 새롭게 태어나는 삶

참회하는 마음

오계나 십선계를 받고 불자로서의 삶, 보살로서의 삶을 살아간다고 해도 우리는 때때로 계를 어기고 죄를 짓는다. 때로는 악담과 악행도 서슴지 않는 나 자신을 보며 섬뜩하여 놀라기도 한다. 비록 우리가 본래 부처님 마음, 착한 마음을 지니고 있다고 해도 방심할 경우 그 빈틈으로 폭력, 거짓, 부적절한 행위 등이 비집고 올라온다.

오늘날 세상은 탐욕과 욕망을 자극한다. 사람들은 갖가지 유혹에 노출되어 있다. 무한경쟁의 틈바구니 속에서 살아남기 위해서 아등바등하다 보면 나도 모르게 욱하며 화가 올라온다. 자기중심적 생각과 행동으로 시비분별을 일삼고 대립하고 싸우며 남과 상처를 주고받는다. 내가 철저히 죽지 않는 이상 아집과 독선, 탐욕, 분노는 요동을 친다.

그래서 계를 받고 아무리 선을 행한다 하더라도 자신도 모르게 죄악을 저지르고 눈물을 흘리며 후회한다. 착하게 살아야지 마음먹지만 그렇지 못한 현실과 이에 따른 죄의식이 어두운 그림자가 되어 내 앞길을 가로막는다. 그래서 하루하루의 삶이 편치 못하다. 바로 이 지점에서 종교적 참회가 필요하다. 참회하면 본바탕을 회복하여 청정해진다. 이에 대해 부처님께서는 다음과 같이 말씀하셨다.

> 나의 법에는 죄를 범함이 없는 두 가지 인간이 있다. 첫째는 그 성품이 알뜰하고 순수하여 본래부터 죄를 범하지 않는 사람이요, 둘째는 죄를 범한 뒤에 부끄러워하고 드러내어 참회하는 사람이다. 이 두 가지 사람을 나의 법에서는 용기 있고 굳세어 청정함을 얻은 사람이라고 한다.
>
> _『지장십륜경』7권「참회품」

참회라 할 때 '참懺'이란 지나간 허물을 뉘우친다는 뜻이고, '회悔'란 앞으로 다시는 죄를 짓지 않겠다는 결심을 말한다. 우리는 참회를 통해 나 자신을 과거에 지은 죄악의 결박에서 풀어내고, 온갖 죄의식의 다발인 업장을 소멸하여 새로운 삶으로 거듭나게 된다. 참회를 하면 없어지지 않을 죄도 없고, 복 또한 다함이 없다고 한다. 대지에 봄이 돌아오는 것처럼 참회를 통하여 복의 새로운 샘물을 길어 올린다. 참회하면 화로에 떨어지는 눈처럼 죄가 없어지지만, 덮어두면 그 싹이 비집고 올라온다. 참회하면 안락하지만 참회하지 않으면 죄가 무거워진다. 그러므로 불자들은 죄를 지은 즉시 참회하고 하루하루를 건강하게 살아야 한다. 보현보살은 보살이 닦아야 할 열 가지 행원 중 업장 참회에 대해 다음과 같이 말한다.

> 제가 오랜 세월 동안 탐욕과 분노와 어리석음 탓으로
> 몸과 말과 마음으로 지은 죄업이 한량없고 끝없사옵니다.
> 그 죄업에 형태가 있다면 가없는 허공으로도 다 담을 수 없을 것이
> 옵니다.
> 제가 이제 몸과 말과 마음의 청정한 업으로
> 온누리에 두루 계신 모든 부처님과 보살님들 앞에 마음 다해 참회하
> 오니
> 다시는 악업을 짓지 않으며 항상 청정한 계행으로 일체의 공덕을 지
> 으며 살아가겠습니다.
>
> 이와 같이 허공계가 다하고 중생의 세계가 다하며 중생 업이 다하고
> 번뇌 다하면 나의 참회도 다하겠지만,
> 허공계와 중생의 번뇌가 다할 수 없으므로 저의 참회도 다하지 않습
> 니다.
> 순간마다 계속하여 몸과 말과 마음으로 참회하여도
> 지치거나 싫어하는 일이 없을 것이옵니다.
> _『40권본화엄경』40권「보현행원품」

　나는 온누리의 뭇 생명과 연결되어 있다. 보살은 뭇 생명의 아픔
과 함께하면서 진리를 실현한다. 그러므로 중생계가 다하고 중생의
업이 다하고 중생의 번뇌가 다할 수 없으므로 보살의 참회는 끝이

없다. 아니, 나 자신도 나를 철저히 비우지 않는 한 악행을 또 저지르게 되므로, 악행이 있는 한 나의 참회도 그와 같이 끝이 없다.

사참과 이참

참회는 크게 사참事懺과 이참理懺 두 가지로 나뉜다. 사참이란 일상생활 중 타인과 뭇 생명에게 지은 구체적인 죄악에 대해서 불보살님이나 대중 앞에서 참회하는 것이다. 악담하고 거짓말하며 삿된 행위를 한 죄업을 고백하며 뉘우친다. 사참에서는 죄를 지은 상대방에게 직접 잘못을 빌고 용서를 구하는 게 중요하다. 자신의 잘못을 솔직하게 인정하고 용서를 구하며 다시는 그러하지 않겠다고 다짐한다.

이참이란 죄의 실상도 없음을 공으로 비추어보며 참회하는 것이다. 사실 고정된 죄의 실체는 없다. 조건에 따라 일어났다 사라질 뿐이다. 죄는 분별과 집착에서 비롯된다. 따라서 죄에 대한 분별과 집착에서 벗어나면 분별의식이 사라져 죄에서 해탈한다. 과연 죄 자체가 있는가? 찾아보라. 『천수경』엔 다음과 같은 구절이 있다.

> 오랜 세월 쌓인 죄업 한 생각에 없어지니
> 마른 풀이 타버리듯 남김없이 사라지네.
> 죄의 자성 본래 없어 마음 따라 일어나니
> 모든 죄가 없어지고 마음조차 사라져서
> 죄와 마음 공해지면 진실한 참회라네.

_『천수경』

　　대승불교의 진면목은 사참보다 이참에서 더욱 잘 드러나는데, 그
렇다고 해서 사참을 무시하거나 경시하지 않는다. 사참과 아울러 이
참을, 이참과 아울러 사참을 함께하는 것이 좋다. 그런 의미에서 먼
저 사참을 행하고 더 깊이 살펴보아 이참까지 행하는 게 바람직하
다. 영화 〈밀양〉에서 보았듯 실제로 상처를 받은 상대는 나를 용서
하지 않았는데도, 신에게서 죄 사함을 받았으니 나의 죄는 없어졌다
고 여겨 떳떳하게 행동한다면, 이는 상대방에게 더 큰 상처를 주게
된다.

참회와 포살

참회의식에는 자자自恣와 포살布薩 그리고 예참禮懺이 있다. 자자란 안
거나 수행을 마치는 날 그동안의 허물을 대중 앞에 스스로 드러내
어 참회하고 또 지적 받는 의식을 말한다. 포살은 매달 보름과 그믐
날에 대중들이 함께 모여 계본을 낭송하고 지은 죄를 참회하며, 청
정한 마음으로 새롭게 살고자 하는 의식이다. 부처님 당시 재가자의
경우 매달 특별한 날에 팔재계를 지켰다. 그 팔재계를 지키는 날에
재가자는 포살의식을 갖고 마음을 닦았다. 팔재계란 오계에 '제때가
아닌 때 음식을 먹지 않는다' '꽃이나 향을 몸에 장식하거나 바르지 않
는다' '다리가 있는 침대에서 자지 않는다' 이 세 가지를 더한 것이다.

승가공동체의 스님들도 보름에 한 번 계율 조문을 읽으며 포살을 행하고 있다. 오늘날 불자들도 이런 포살의 전통을 잘 살려, 적어도 중요한 재일마다 오계나 십계를 지키면서 생활한다면 내 마음가짐도 밝아지고 죄악을 짓고 괴로워하지 않을 것이다.

그리고 한 달에 한 번 이상 사찰이나 단체, 가정에서 포살의식을 행하고 불자로서 보살의 길을 가는 삶의 자세를 되새기고 계율과 청규를 지켜 나간다면 나 자신은 물론, 가정과 마을, 사회, 사찰이 맑고 아름답게 변해가리라고 본다. 계율은 오계를 지키는 것으로 하고, 청규는 각 사찰이나 단체, 마을에 맞게 항목을 정하여 실천하면 된다. 청규 항목에는 지역과 사회, 지구 환경을 아름답게 하는 내용을 담는다.

예참은 예불대참회禮佛大懺悔라고 한다. 예배를 통해서 참회한다. 불보살님께 예배하면서 내가 지은 허물과 악업을 그분들께 드러내며 참회한다. 불보살님 앞에서 참회하니, 사람들에게 실망하거나 미워하지 않고, 벌하지도 소문내지도 않는다. 이렇게 불보살님 앞에서 참회하는 것은 내 마음속의 죄의식, 업장 들을 불보살님께 드러내 내 마음을 비워내는 것이다. 『화엄경』「보현행원품」의 업장 참회도 이런 예참의 일종이다. 그렇지만 강조해서 말하건대 어느 특정한 사람에게 죄를 지었다면 그 사람에게 먼저 잘못을 빌고 용서를 구해야 하는 것도 잊지 말아야 한다.

제6장

불고의 생사관과 정토신앙

생각은 생겨났다 머물다 변하여 사라지고,

몸은 태어나서 늙고 병들어 죽는다.

세계도 생겨났다 머물다가 파괴되어 공으로 돌아간다.

이러한 일들이 매우 기특하지 않은가.

_『직지심경』「백운화상발문」

1. 삶과 죽음의 의미

불교의 생사관

삶이란 무엇이고, 죽음이란 무엇인가? 우리는 어디서 왔다가 어디로 가는가? 오래전부터 인류는 이런 삶과 죽음의 문제를 진지하게 물어왔으며, 인간은 어린 시절부터 죽음에 이르기까지 이 생사의 문제에 대해 근원적인 의문을 던지며 살아간다. 그래서 세계의 종교와 철학은 삶과 죽음에 대한 문제를 주된 관심 영역으로 삼고 이를 규명해왔지만 아직도 속 시원한 답변은 듣기 힘들다. 인간의 이성으로 삶과 죽음의 실상을 정확히 파악하기 힘들기 때문이다. 살아가는 것은 그래서 일종의 신비다. 죽음 길 또한 자취가 묘연하다. 옛 선사들은 삶이란 한 줄기 구름이 일어나는 것이요, 죽음이란 한 줄기 구름이 흩어지는 것이라고 했다.

태어남이란 어디서부터 오는 것인가? 죽음이란 어디로 가는 것인가? 태어남이란 한 조각 구름이 이는 것과 같고, 죽음이란 한 조각 구름이 흩어짐과 같다. 뜬구름은 본래 실체가 없듯이, 태어나고 죽고 오고 감도 또한 그와 같다.

_『승가의례문』「다비작법문」

삶과 죽음이란 생명이 인연 따라 일어나고 사라지는 모습이다. 인간의 삶과 생명은 신이 창조하지도 않았고, 그저 우연히 생겨났다가 허무하게 사라지지도 않는다. 이러한 인연은 나 자신의 행위가 헤아릴 수 없이 많은 조건을 주고받으며 만나고 어우러지며 헤어지는 관계 속에서 이루어지므로, 그 정확한 면모를 파악하기란 불가능하다. 분명한 것은 사람들은 과보에 따라 좋은 인연을 맺기도 하고 나쁜 인연을 맺기도 하면서 잠시도 고정되지 않고 살아간다는 점이다.

인연이 다하면 모든 사람은 죽기 마련이다. 어린 시절이 엊그제 같은데 어느 날 갑자기 거울 앞에서 늙어버린 자신의 얼굴을 보게 된다. 세월이 화살처럼 흐른다. 그렇게 육신은 늙고 병들어 세상과 이별을 고한다. 행복도 잠시뿐이요, 젊음도 잠시뿐이다.

젊은이도, 늙은이도, 어리석은 사람도, 지혜로운 사람도
모두 죽음에 굴복하고 만다.
모든 사람은 반드시 죽음에 이르게 된다.

_『숫타니파타』578「화살의 경」

젊고 아름답던 청소년도 금방 수명이 다하며

208

모든 부귀도 사라질 날이 금방 다가온다네.

하늘의 신도 영원하지 않고 부귀도 영원하지 않아

잠시도 머무는 일이 없으니 산란한 생각 품지 말지니.

_『묘법성염처경』 7권

영원한 젊음도, 영원한 행복도, 영원한 생명도, 영원한 죽음도 없다. 아무리 무병장수를 누린다 해도 생로병사를 벗어날 수 없는 것이 인생이다. 인간뿐만 아니다. 모든 생명을 가진 것들은 파릇한 새싹으로 자라나 꽃을 피우다가 열매를 맺은 뒤 낙엽을 드리우고 사라진다. 그렇게 생사를 거듭하는 것이 인생이요, 생명을 가진 모든 것들의 모습이다.

생각은 생겨났다 머물다 변하여 사라지고, 몸은 태어나서 늙고 병들어 죽는다.

세계도 생겨났다 머물다가 파괴되어 공으로 돌아간다.

이러한 일들이 매우 기특하지 않은가.

_『직지심경』「백운화상발문」

이 세계나 역사 또한 고정되지 않고 흘러간다. 쉼 없이 변화하면서 생겨났다가 머물다가 때가 되면 파괴되어 공으로 사라지고 윤회를 거듭한다. 세계의 역사 또한 끊임없는 흐름 속에서 윤회한다.

생사를 뛰어넘는 삶

우리는 생명을 받아 태어나 살아가지만 그것은 다른 면에서 죽음을 향해서 뚜벅뚜벅 걸어가는 모습이다. 삶 속에 죽음이 숨어 있고, 죽음 속에 삶이 움직이고 있다. 삶과 죽음은 동전의 양면과 같다. 그래서 『열반경』에서는 "삶과 죽음은 함께 다니는 쌍둥이 자매와 같다"고 했다.

지금 살아가는 이 발길에서도 생사가 교차하고 있다. 마음이 순간순간 일어나면서 사라지는 것을 마음의 생사라고 한다. 마음이 일어났다가 꺼지면서 때로는 행복해하고 때로는 슬퍼한다. 그토록 사랑했다가도 원수처럼 증오한다. 이렇게 우리 인생은 생사로 점철되면서 희로애락을 느끼며 살고 죽어가고 있다. 하지만 인간은 이런 죽음의 절박함과 그로 인한 한계상황에 직면하여 그 죽음을 뛰어넘는 길을 모색한다. 특히 불교는 생사를 뛰어넘는 길을 찾는다.

> 만약 더럽거나 깨끗한 마음이 사라지면, 얽매임에도 머물지 않고 해탈에도 머물지 않아서, 인위적 행위와 무위적 행위, 얽매임과 해탈 등의 마음의 테두리가 일절 없어서 삶과 죽음 속에서도 그 마음이 자재할 것이다.
>
> _『백장록』「천화 16」

이처럼 불교는 수행을 통해 죽음의 고통, 생사의 괴로움에서 벗어나는 길을 걷는다. 부처님도 그러하셨고, 역대 선사들도 그랬다. 죽음의 공포에서 벗어나 죽음을 담담히 받아들이며 생사에 초연한 재가불자들도 적지 않다. 죽음을 준비하며 잘 살고 잘 닦았기 때문이다. 그렇기 때문에 인간으로 태어난 것 자체가 참으로 기특한 일이다.

『잡아함경』「맹구경盲龜經」에서는 인간으로 태어나는 일이 마치 눈 먼 거북이가 백 년마다 한 번씩 바다 위로 떠오르는데, 마침 그 순간 거북이가 몸을 의지할 구멍 난 나무를 만나는 것보다 희유하다고 한다. 이를 '맹구우목盲龜遇木의 비유'라고 한다. 몇 백 생의 아주 귀한 인연을 맺어야 인간으로 태어날 수 있다는 의미다. 그런데 인간으로 태어나 불법을 만나기는 더 어렵다고 한다.

> 사람으로 태어나기 어렵고
> 태어나도 오래 목숨 보존하기 어려우며
> 살더라도 법이 머무는 세상 만나기도 어렵지만
> 법의 가르침 듣기란 더욱 어려운 일이다.
> _『법구경』182

인간으로 태어났다면, 죽음에 직면하여 생사를 거듭하는 삶이라 할지라도 생사를 뛰어넘어 생과 사에 얽매이지 않고 자유롭고 창조적으로 살아야 한다. 이것이 진정 행복한 삶이요, 불자의 삶이다.

열반에도 안주하지 않는 대승보살의 삶

위대한 인간인 대승의 보살은 생사에 머물지 아니하며, 그렇다고 열반에 머물지도 않는다. 지혜와 청정심과 평화를 갖추어 생사에 지배받지 않으며 대자비심으로 이웃과 함께하며 열반에도 안주하지 않는 것이 보살의 삶이다. 생사관을 적극적으로 바꾸어 번뇌가 곧 깨달음이고, 중생의 삶이 곧 부처의 삶임을 안다면 현재의 삶에서 언제나 열반의 기쁨을 누릴 수 있다. 죽음은 결코 마지막도, 단절도 아니다.

> 보살은 생사와 열반을 둘로 보지 않는다. 반야를 따르므로 생사에 머물지 않고, 자비를 따르므로 열반에 머물지 않는다. 생사를 분별하면 생사에 머물며, 열반을 분별하면 열반에 머물기 마련이다. 보살은 무분별의 지혜를 얻어 분별하지 않으므로 머무는 바가 없다.
> _『섭대승론석』13권

대승보살은 생사의 흐름에 휩쓸려 정신없이 살지 않고 생사의 흐름을 거슬러 올라가는 맑은 정신으로 사는 사람이다. 사회라는 혼탁한 물속에 살면서도 흙탕물에 물들지 않는 사람이다. 그는 역사에 휩쓸리는 인생이 아니라 역사를 창조하며 창조적으로 살아가는 존재다.

2. 죽음, 새로운 삶의 시작

죽음과 윤회

인간의 괴로움 중에서 가장 두려운 고통은 무엇일까? 틀림없이 그 것은 죽어가는 고통일 것이다. 죽음을 맞이하는 자든, 지켜보는 자든 이 생에서 더 이상 볼 수 없는 이별의 순간은 크나큰 슬픔이다. 죽음은 모든 것을 해체해버리고 캄캄하고 외로운 길에 홀로 서게 만들며, 인간의 의지로 어찌할 수 없다는 무력감으로 다가온다.

> 죽음이란 험난한 길에 노자가 없는 것과 같고, 갈 길은 먼데 길동무 가 없는 것과 같으며, 밤낮으로 가도 가도 끝을 알 수 없는 길과 같 다. 그것은 어두운 길에 등불이 없는 것과 같고, 들어갈 문은 없는데 집은 있는 것과 같으며, 아픈 데는 없으나 치료할 수 없고, 가도 끝이 없고 이르러도 벗어날 수 없는 것과 같다. 또한 죽음은 파괴된 곳은 없지만 보는 이마다 근심하고, 악하고 무서운 빛깔은 아니지만 사람

들을 무섭게 하며, 내 몸에 있더라도 보지 못하는 것과 같다.

_『열반경』12권「성행품」

왜 이렇게 죽음을 외롭고 쓸쓸하고 두렵고 무섭게 묘사했을까? 생명의 단절, 사랑하는 사람과 헤어져 홀로 가는 외로운 길, 불가항력인 죽음의 물결에 속절없이 쓸려 나가는 자신의 무능력 등이 죽음에 담겨 있기 때문이다. 죽음이란 이승의 삶에서 볼 때 모든 것과의 단절과 절망이고, 철저한 생명의 사라짐이다. 우리는 거기에 대항할 능력조차 없다.

하지만 이는 죽음에 대한 전체적인 통찰이 아니다. 죽음에 대한 일반적인 견해는 몸은 죽지만 마음은 사후에도 존재한다는 것이요, 다른 하나는 몸도 마음도 죽으면 모두 사라진다는 것이다. 불교에서는 죽음을 큰 생명의 흐름 속에서 윤회의 한 과정으로 본다. 이런 생사윤회에 대해 나가세나 존자는 그리스 출신인 밀린다 왕에게 다음과 같이 말한다.

대왕이시여, 이 세상에 태어난 자는 이 세상에서 죽고, 이 세상에서 죽은 자는 저 세상에 태어납니다. 저 세상에 태어난 자는 저 세상에서 죽고, 저 세상에서 죽은 자는 다시 다른 세상에 가서 태어납니다. 대왕이시여, 이것을 윤회라 합니다.

_『미란왕문경』7권 제6품

죽음은 새로운 다른 차원에서 보면 새로운 삶의 시작이다. 이 세상에서 죽음은 모든 것과의 이별이고 종말이지만, 저 세상에서는 새로운 만남과 탄생의 시작이다.

삼계와 육도윤회

불교에서 바라보는 우주관을 표현한 말이 삼계三界다. 부처님을 '삼계의 도사導師'라 한다. 삼계란 욕계欲界 · 색계色界 · 무색계無色界를 말한다. 욕계란 욕망이 가득한 세계요, 색계란 욕망은 떠났지만 형상의 속박에서 자유롭지 못한 세계이며, 무색계란 육체마저 떠난 정신의 세계를 말한다.

욕계의 중심에는 우주적인 산인 수미산須彌山이 우뚝 솟아 있다. 수미산의 맨 아래 지하 세계부터 점점 올라가면 지옥, 아귀, 축생, 아수라, 인간, 천신 들의 세계가 전개된다. 천신들은 수미산 정상 부근의 창공에서 노닌다. 이 수미산을 묘고산妙高山이라고도 하는데, 히말라야산을 모티브로 삼았다.

지옥, 그것은 끝없는 추락을 의미하는 말로 '나라카naraka'라고 한다. 이를 한자로 음역한 것이 나락奈落이다. '지옥의 나락으로 떨어진다'라고 할 때 그 나락을 말한다. 그것은 밑도 끝도 없는 추락이다. 아귀는 탐착이 많고 죄업이 깊고 무거운 귀신을 일컫는다. 아귀는 항상 배가 고파 허기져 있는데, 목구멍이 너무 가늘어 잡티 하나 섞이지 않은 아주 청결한 음식이 아니면 삼키지 못한다. 그래서 항상 굶주리고 배고파한다. 축생은 동물의 삶이요, 동물 같은 삶이다. 수미산 주변의 바다에는 아수라들이 살고 있다. 아수라는 호전적인 악신으로 그 힘은 신을 능가할 만큼 세다. 수미산 중턱에는 사천왕이 머물면서 수미산과 신들의 세계를 보호한다. 신들은 수명이 인간보다 길고 하늘을 날며 힘도 어마어마하게 세지만, 이들도 욕망을 지니고 있기에 시기하고 질투한다.

색계色界는 욕망에서 자유롭긴 하지만 형상[色]의 속박에서 벗어나지 못하는 존재들이 사는 세계다. 이곳에서는 선정을 통해 맹목적 욕망을 제거해 나가기 때문에 육신이며 물질이 청정하고 훌륭하게 자리 잡힌다. 이 색계의 낮은 하늘 나라에는 인도 최고의 신인 브라만이 머문다.

색계 다음에 등장하는 것이 무색계無色界다. 이곳은 형상과 육체를 떠나 정신만으로 깊이 선정에 든 자가 머무는 공간으로 장소와 방위가 전혀 없다.

욕망을 지닌 중생들은 지은 업에 따라 지옥·아귀·축생·아수라·인간·천신 등 여섯 세계를 윤회한다. 이 중에서 지옥·아귀·축생의 세계로 윤회하는 것을 삼악도三惡道라고 하고, 아수라·인간·천신의 세계로 윤회하는 것을 삼선도三善道라고 한다. 하지만 악도惡道든 선도善道든 정도의 차이는 있을지언정, 모두 탐욕과 고통의 소용돌이 속에서 돌고 도는 윤회의 길일 뿐이다. 이를 육도윤회六道輪廻라고 한다.

비유컨대 막대를 던질 때 윗부분이 땅에 떨어지기도 혹은 아랫부분이 땅에 떨어지기도 하며, 더러운 곳에 떨어지기도 하고 깨끗한 곳에 떨어지기도 하듯이, 모든 중생도 그처럼 무명無明에 덮여서 혹은 천상에 나기도 하고 인간에 나기도 하며 혹은 지옥·아귀·축생에 떨어지기도 하며 혹은 또 아수라에 떨어지기도 하나니, 이 때문에 생사가 길고 먼 것이다.

_『별역잡아함경』16권 348경

육도윤회는 나를 중심으로 생각하면 시간의 흐름에 따라 삶과 죽음을 반복하는 일이지만, 전체적 입장에서 보면 지금 나의 삶에도 나와 다른 사람뿐만 아니라 지옥의 중생은 물론 동물, 식물 등의 모든 중생들의 삶이 들어와 있다. 온 세계의 뭇 생명들은 서로 연결되어 있다. 모든 존재는 관계성 속에서 서로 생명을 주고받는다. 따라서 윤회란 사후의 세계뿐만 아니라 현재의 내 삶 속에서도 다른 중생들의 삶도 전개되고, 각각 다른 중생의 삶에도 나의 삶이 스민 것으로 생각해야 한다. 현생의 삶에서도 살다 보면 내가 지은 행위에 따라 지옥 같은 나락으로 떨어지기도 하고 축생처럼 으르렁대기도 한다. 성내며 싸울 때는 호전적인 아수라가 되었다가 어느새 안락해지면 신과 같은 삶을 누리지 않는가. 이렇게 나의 삶은 뭇 생명과 연결되어 있으며 내가 지은 행위, 즉 업에 따라 윤회한다. 거기에는 나에 집착하며 살아가는 생명의 다양한 모습이 담겨 있다.

윤회에서 자유로운 삶

불교에서는 생사윤회 세계를 벗어나 열반의 세계에 도달할 것을 가르친다. 불자로 산다면 수행을 통해 지혜를 터득하여 윤회에서 자유로워야 한다. 부처님께서는 죽기 전에 집착을 놓으면 과거에 매여 근심하고 미래에 대한 불안으로 걱정할 필요가 없으며 현재를 두려움 없이 편안히 살 수 있다고 하셨다. 이런 삶에 대해 어떤 사람이 질문하자 부처님께서는 다음과 같이 말씀하셨다.

집착하지 않는다면 가르침을 알아 가르침에도 집착하지 않습니다. 그에게는 생존을 위한 집착도, 생존을 끊어버리려는 집착도 없습니다.

감각적 쾌락의 욕망에 마음을 두지 않는 사람, 그런 사람이야말로 '평안한 사람'이라고 부릅니다. 그에게는 더 이상 얽매임도 없으며, 이미 모든 집착을 뛰어넘었습니다.

_『숫타니파타』857~858「죽음이 오기 전의 경」

공에 투철하고, 어떤 상도 내지 않으며, 어떤 바람도 없는 자유로운 사람은 죽음에도 자유롭다. 윤회에서 자유롭다.

죽음이란 금시조처럼 무수한 중생을 잡아먹지만 공空, 무상無相, 무원無願의 선정에 든 보살은 잡아갈 수 없다.

_『열반경』12권「성행품」

3. 7·7재, 망자의 추모와 천도

죽음과 삶 사이

뭇 생명들은 예외 없이 생로병사를 겪는다. 늙기 전에 사고와 병으로 죽음을 맞이할 수도 있지만, 태어난 자는 반드시 죽는다. 부자나 빈자나 관계없이 어느 누구도 죽음에서 자유롭지 못하다.

> 삶이란 참으로 짧구나.
> 백 년도 못 되어 죽는구나.
> 아무리 더 산다고 해도 늙어서 죽는구나.
> _『숫타니파타』 804 「늙음의 경」

그런데 죽음으로 곧장 가지 않고 중유中有라는 과정을 거친다. 다시 말해서 인간의 목숨이 다하면 몸과 의식이 사라지고, 중유의 몸인 중음신中陰身을 받게 된다. 불교는 생명의 탄생부터 죽음의 길을 시간적으로 생유生有, 본유本有, 사유死有, 중유中有의 과정으로 나눈다.

> 사유와 생유의 중간 존재로서 태어나야 할 곳에 아직 이르지 못한
> 까닭에 중유라고 하며, 아직 생명을 받지 못한 상태다.
> _『아비달마구사론』8권「분별세품」

　생유는 이 세상에 태어나 생명을 받는 기간이다. 본유는 생명을 받고 태어나서 일정 기간 동안 살아가는 생존의 시기다. 본유의 기간은 사람의 일생에 따라 달라서 젊어서 죽는 사람도 있고 오래 사는 사람도 있다. 사유는 생을 마치는 순간을 말한다. 중유는 사람이 죽어서 다음 생으로 윤회하기 전까지 잠재적인 기간 동안의 중간적 존재를 일컫는다. 아직 다음 생으로 윤회가 결정되기 전의 준비기간인 셈이다. 이 시기에 사람들은 7·7재 등 천도의식을 지낸다. 사실 전생의 업에 따라 죽은 뒤에 며칠 만에 다음 생을 받기도 하지만, 일반적으로 49일 동안 중유의 과정을 거친다.

천도의 의미

부모가 돌아가거나 혹은 명을 다하지 못한 어린 자식이나 주변 이웃, 친구들이 저세상으로 갈 때, 세월호처럼 아주 큰 재난으로 못다 핀 어린 꽃들이 속절없이 떨어질 때 사람들은 큰 슬픔을 느낀다. 남은 자나 죽음을 맞은 자의 고통, 슬픔, 절규는 한으로 맺힌다. 한과

슬픔이 치유되지 않고 풀리지 않는다면 한 맺힌 응어리가 갈 길을 방해하고 사람들을 잡아끌고 동여맨다.

그래서 돌아가신 분들의 억울함, 놓지 못하고 떠난 아픔, 원망과 집착 등을 내려놓고 저세상으로 편히 가시도록 도와야 한다. 사후의 영혼을 불교에서는 영가靈駕라고 한다. 저승으로 가기 위해 가마에 탄 영혼이란 의미다. 이런 영가도 생각하고 사유한다. 그러므로 불교에서는 이들 영가의 마음을 달래고 죄업의 무게를 덜어주기 위해 좋은 세상으로 가게 해주는 천도재薦度齋를 지낸다. 천도의식은 여러 가지 형태가 있다. 첫째는 인간이 사망할 때 염불을 하는 시다림尸茶林이 있고, 흔히 49재라고 하는 7·7재가 있다.

시다림이란 장례를 치르기 전 고인의 위패를 모시고 법문을 들려주는 독경과 염불의식을 말한다. 이런 의식을 베풀어주는 의미는 고인의 한 맺힌 집착인 애착을 풀어주기 위함이다. 인간은 평소 자신의 몸에 깊이 애착하고, 재산과 처자권속, 명예 등 헤아릴 수 없이 많은 것들에 대한 애착을 버리지 못한다. 특히 불행한 사고로 사망하였다면 그 슬픔과 애착은 아주 깊다.

애착은 번뇌를 낳고 갈 길을 가로막으며 내생으로 접어드는 데 커다란 장애로 작용한다. 그러므로 불교에서는 재를 지내 이런 영혼의 애착과 한을 제거해 모든 것을 내려놓고 가벼운 마음으로 저세상으로 보내드린다. 무상의 도리를 설하며 영혼의 슬픔을 달래준다.

태어나면 모두 죽고 고운 얼굴 변하나니
병 앞에선 장사 없어 생로병사 못 면하네.

묘고산이 높다 해도 시간 가면 무너지고
한량없는 큰 바다도 언젠가는 마르리라.

이 세상의 모든 것은 때가 되면 사라지니
무상하지 않은 것은 단 하나도 있지 않네.
_『무상경』

7·7재에서는 다음 생을 받기 전에 영가에게 7일마다 법문을 들려주고 음식을 베푼다. 7·7재라고 하는 것은 고인이 돌아가신 날부터 7일마다 재를 열어 총 일곱 번의 천도재를 행하기 때문이다. 이 기간에 유족은 천도재를 지내 영가가 부처님의 보살핌과 가피 속에서 보다 더 좋은 곳으로 왕생하기를 기원한다. 모든 재를 다 올리는 것이 힘들면 1·7재인 초재와 막재인 49재만이라도 드린다.

중생들은 자신이 지은 악업으로 악도에 떨어지게 되었더라도 가족들이 그를 위하여 짓는 인연공덕으로 갖가지 죄가 소멸된다.
또한 만약 그가 죽은 뒤 49일 안에 가족들이 여러 가지 공덕을 지으면, 그 사람은 영원한 악도를 여의고 인간과 천상에 태어나 뛰어나고 묘한 즐거움을 받으며, 현재 가족들도 한량없는 이익을 받는다.
_『지장보살본원경』 7권 「이익존망품」

이때 중요한 것은 영가의 극락왕생을 위하여 불보살을 향해 지극한 마음으로 기원하는 것만이 아니라, 영가에게 법문을 들려주어 미혹한 마음을 깨우치도록 도와주는 점이다. 세상을 떠난 뒤라 하더라도 스스로 마음을 밝혀 극락세계로 가거나 더 좋은 세상을 살아갈 수 있도록 열어두는 것이다.

마지막 날 49재를 지내면 영가는 내세의 몸을 받고, 유족은 탈상을 하며 일상의 생활로 돌아간다. 유족은 49일간 사찰에서 재만 올리는 것이 아니라 집에서도 기도와 독경, 염불 등으로 고인의 극락왕생을 위해 정성을 다한다. 유족뿐만 아니라 평소에 잘 알고 지내던 사람들도 7·7재에 동참하여 마지막 길을 함께해준다면 영가뿐 아니라 남아 있는 사람들에게 큰 위안이 되며 그 복덕 또한 크다.

추모와 제사 그리고 백중

저세상으로 먼저 간 조상을 위해 해마다 돌아가신 날에 드리는 제사가 기제사다. 기제사는 크게 가정에서 지내는 불교식 제사와 사찰에 의뢰하여 지내는 재齋 형식의 제사가 있다. 사찰에서 지내는 기제사는 삼보의 가피력으로 조상영가를 불러 모시고 부처님의 가르침을 전하여 극락왕생하기를 기원하는 천도의 의미와 조상에게 공양을 올리고 가호를 비는 의미를 담고 있다. 가정에서 지내는 불교식 기제사도 조상들이 극락세계에 편히 머물기를 기원하면서, 조상들의 가호로 집안의 행복과 평화를 염원한다. 이런 기제사는 부처님의 가르침을 바탕으로 고인에 대한 추모와 효를 실천하는 중요한 가정의 례다.

백중百中은 우리나라의 대표적인 민족 명절이자 선대에 돌아가신 조상님들을 천도하는 날이다. 백중이라는 말은 100가지 음식을 차려놓고 부처님께 공양을 올려 저세상으로 간 조상들이 좋은 세상에 태어나기를 바라는 법회에서 나온 말이다.

이날은 보통 사찰에서 합동천도재를 지내는데, 돌아가신 지 오래된 조상을 천도해주는 것이 좋다. 별도로 조상들에게 기제사를 올린다고 해도, 이날은 모든 조상을 위해 천도재를 올리면 더 좋다.

진정한 천도는 돌아가신 분들에게 불보살님의 법문을 들려주는 것이고, 지극한 마음으로 음식을 올려 배고픔의 고통에서 벗어나게 해주는 것이다. 지옥의 고통에서 신음하는 중생들을 천도하는 분은 지장보살이다. 지장보살은 "죄과로 인해 고통 받는 육도중생들을 모두 해탈케 한 연후에 성불하겠노라"는 원을 세우고, 지옥에서 괴로움으로 신음하는 중생들의 아픔에 눈물을 흘리며 중생을 구제하는 보살이다. 그래서 보통 천도의식을 할 때는 지장보살을 부르며 지옥을 비롯한 육도윤회의 고통 속에서 헤매는 중생들의 죄업을 씻겨준다. 지장보살은 만월 같은 얼굴과 맑은 강물 같은 눈을 가졌으며, 마니구슬을 손에 들고 원만한 과위를 보인다. 나아가 자비광명을 발하여 저승의 길을 밝히고 죄악의 뿌리를 끊는다.

석가모니 부처님께서는 죽은 자들의 행복을 염원하면서 축원 법문을 하셨다. 오늘날 불자들이 새겨볼 만한 내용이라서 주요 내용을 요약한다.

죽은 이를 연민하는 이라면

'이 공덕이 죽은 친척들에게 회향되기를'
'죽은 친척들이 행복하기를' 하면서
깨끗하고 훌륭하고 공양 올릴 만한 마실거리와 먹을거리를
적당한 시기에 보시한다네.

그러면 그곳에 이른 죽은 친척들도 그 자리에 모여들어
먹을거리와 마실거리를 많이 보시한 데 대해
감사하고 존경하는 마음으로 기뻐한다네.

이런 헌공은 수행공동체에 의해 잘 보존되었으니
오랜 세월 축복된다면
반드시 그대에게 유익할 것이네.
_『쿳다까 니까야』 7권 「담장 밖의 경」

4. 극락정토와 아미타불

극락세계란

서방정토를 극락의 땅 혹은 안락의 대지라 부른다. 그곳의 뭇 생명들은 고통이 없고 즐거움만 있으며, 그곳은 갖가지 눈부신 보화로 장식되어 있다. 물질이든 정신이든 즐거움만 있는 곳이기에 즐거울 '락樂' 자를 붙여 안락 혹은 극락이라고 한다.

> 사리불이여, 그 나라를 어떤 이유로 극락이라 이름하는가? 그 나라의 중생들은 아무런 괴로움이 없고 다만 여러 가지 즐거움만 받기 때문에 극락이라 이름한다. (…) 사리불이여, 저 불국토에는 미풍이 불어 모든 보배나무 및 보배그물을 움직이며 미묘한 소리를 낸다. 비유하면 백천 가지 음악을 동시에 울리는 것과 같다. 이 소리를 들은 사람들은 모두 자연히 부처님을 생각하고 불법을 생각하며 불자들을 생각할 마음을 낸다. 사리불이여, 부처님의 국토는 이와 같은 공덕장엄으로

226

이루어졌다.

　_『아미타경』

　이런 묘사를 통해 극락세계는 진귀한 보배로 뒤덮인, 인간의 상상을 초월하는 아름다운 곳이라고 느낄 수 있다. 극락은 석양으로 물드는 일몰의 아름다움, 맑고 깨끗한 호수, 새들이 노래하는 아름다운 숲속 등으로 묘사된다. 그야말로 우리가 느낄 수 있는 최고의 즐거움과 아름다움 가득한 힐링 장소인 셈이다. 경전에서는 가장 멋지고 청정한 곳임을 알리기 위해 극락을 이렇게 아름답고 쾌적한 곳으로 설명한다. 요즘의 상상력을 최대한 동원하여 가장 안락한 곳을 묘사한다면 그곳이 바로 극락이다. 이것만이 전부가 아니다. 그곳에 가면 누구나 지혜가 밝아서 깨달음의 상큼한 과일을 맛볼 수 있다. 성불하는 데 이만한 곳이 없다. 마음은 편안하고 몸은 건강하다. 그래서 안양安養이라고도 한다.

　아미타불이 항상 설법하는 극락정토, 그곳은 낙원이고 유토피아며 청정한 불국토다. 이런 극락에 가서 태어나는 것을 왕생이라 하는데, 극락세계에서는 과보에 따른 차이는 있지만 깨달음에 차별은 없으며, 누구나 깨닫게 된다.

아미타부처님은 누구인가

진리를 깨달아 부처로 살려면 캄캄하고 두꺼운 무명의 장벽을 허물어야 한다. 어리석음과 죄악이 가득하고, 연약하고 보잘것없으며, 후회와 낙담으로 점철된 인간에게서 이런 장벽을 스스로 깨기란 너무나 힘들다. 더구나 살아생전에 죄업을 너무 많이 지었거나 업보의 무게가 감당할 수 없을 만큼 무거운 사람이 죽음의 길로 들어서는 순간, 누가 그를 죽음의 막다른 길목에서 구해낼 것인가? 사람의 손길이 전혀 닿을 수 없는 곳에서 누가 그를 어둠의 터널에서 빠져나오게 할 수 있을까? 다행히 희망은 있다. 그 희망의 등불을 밝힌 구원자가 바로 아미타부처님이다.

아미타부처님은 인간의 한계상황인 죽음을 물리치고 영원한 생명을 주는 부처님이다. 아미타부처님은 서방정토 극락세계의 교주로서 무한한 빛이요 생명의 임이다. 이 부처님의 산스크리트어 이름은 '아미타 붓다'인데, '한량없는 빛'이라는 의미에서 무량광불無量光佛, '한량없는 수명'이라는 의미에서 무량수불無量壽佛이라고 부른다. 사찰의 무량수전과 아미타전에서 자비로운 미소를 보내고 있는 분이 바로 아미타부처님이다.

사리불이여! 어찌하여 저 부처님을 아미타불이라 하는 줄 아는가?
사리불이여! 저 부처님의 광명이 한량없어 시방세계를 두루 비추어도 조금도 걸림이 없기에 아미타불이라고 한다. 또 사리불이여! 저 부처님의 수명과 그 나라 백성의 수명이 무량무변 아승기겁이므로 또한 아미타불이라고 한다.
_『아미타경』

이런 자비로운 아미타부처님은 도대체 어떤 분인가 궁금증이 생긴다. 사실 아미타부처님도 평범한 인간이었다. 아미타부처님의 전생은 왕이었다. 그는 생사의 괴로움에서 벗어나고자 출가하여 법장비구가 되었다. 법장비구는 수행하며 마흔여덟 가지 큰 대원을 세웠다. 이 마흔여덟 가지 대원은 대략 세 가지로 요약할 수 있다.

첫째, 극락왕생하는 사람 전부를 육체적으로 아름답고 건강하며 정신적으로 뛰어난 능력 또한 갖추도록 하겠다는 원, 둘째 극락으로 왕생하고자 하는 사람들을 인도하리라는 원, 셋째 정토를 실현하리라는 원이다. 이 마흔여덟 가지 대원 중 제18원이 가장 인상 깊다.

> 만약 내가 부처를 이룰 때, 시방세계 중생들이 지극한 마음으로 나의 국토에 태어나기를 원하고 믿으며 내 이름을 열 번을 불러도 태어날 수 없다면, 나는 결단코 부처가 되지 않겠습니다.
> _『무량수경』

마흔여덟 가지 대원을 세우고 수행한 결과, 법장비구는 깨달음을 얻어 극락정토의 주인공 아미타부처님이 되었다. 아무리 나쁜 죄를 지어도 '아미타불'을 믿고 간절히 부르면 극락정토에 태어난다. 따라서 임종 시에는 임종환자 스스로 '나무아미타불'을 부르거나, 임종환자를 돌보는 사람들이 '나무아미타불'을 부르며 환자의 손을 잡아주면 그 공덕이 매우 크다.

용수보살은 임종 시의 마음이 왜 중요한지 다음과 같이 말한다.

임종 시 비록 짧은 시간일지라도 마음을 기울인다면 그 마음의 힘은 매우 이익이 크다. 불이나 독은 그 양이 조금일지라도 커다란 결과를 초래하는 것과 같은 이치다. 이렇듯 임종 시의 마음은 맹렬하고 굳세기 때문에 능히 100년 동안 행한 힘보다 뛰어나다.

_『대지도론』 24권 「초품」

극락세계에 왕생하려면

극락에 왕생하려면 '믿음[信]'과 '염불念佛'이 요구된다. 반신반의하는 믿음이 아니라 아미타불을 믿고 염불하면 극락세계에 왕생한다는 굳건한 믿음이 서야 한다.

이렇게 염불에 온 마음을 기울여 극락세계에 왕생하려는 마음을 품으면 아미타부처님께서 나를 구제하려는 본원력이 작용한다. 이런 본원력은 큰 배와 같다. 다음은 염불의 이러한 힘에 관한 나가세나 존자와 밀린다 왕의 대화 내용이다.

"사람이 작은 돌을 물 위에 놓으면 그 돌이 뜹니까, 가라앉습니까?"
"그 돌은 가라앉습니다."
"백 개의 큰 돌을 배 위에 놓으면 그 배가 가라앉습니까?"
"가라앉지 않습니다."
"배 위에 있는 백 개의 큰 돌은 배 위에 있기 때문에 가라앉지 않습니다. 그와 같이 사람이 비록 악행을 짓더라도 염불을 하면, 이로 인해 지옥에 떨어지지 않고 천상에 태어납니다.
_『나선비구경』2권

부처님을 마음속에 떠올리는 게 염불이다. 염불공덕으로 극락세계에 왕생하면, 즐겁고 행복한 삶을 누리며 부처님 설법을 듣고 깨닫게 된다. 그런 다음 다시 원력보살의 몸을 받아 이 세상에 태어나 아집으로 가득한 사람들의 지혜의 눈을 틔우고, 아프고 힘들어하는 사람에게 자비를 베풀면서 살아간다. 그 사람이 누구인가? 바로 우리 자신일 수 있다. 그곳이 바로 현실세계에서 펼쳐지는 극락세계 아니겠는가?

그렇다면 두 가지 극락세계가 있는 셈이다. 죽어서 가는 극락세계와 현실에서의 극락세계. 어디에 살든 자신을 비우고 지혜와 자비를 베푼다면, 그리고 자신들이 사는 세계를 아름답고 괴로움이 없는 평화의 낙원으로 만들어 나간다면, 그곳이 극락이다. 신라시대 월명스님이 어린 나이에 저 세상으로 떠난 누이를 추모하며 지은 제문에는 이런 비원이 잘 나타나 있다.

생사의 길은
예 있으매 머뭇거리고
나는 간다는 말도
못다 이르고 가느냐.

어느 가을 이른 바람에

여기저기 떨어지는 나뭇잎처럼
한 가지에 나고서도 가는 곳 모르온저.

아! 미타의 대지에서 맛보올 그날까지
나는 도道 닦아 기다리런다.
_「제망매가」

제7장

불자의 사명, 전법

비구들이여,

나는 신과 인간의 굴레에서 해방되었다.

그대들 역시 신과 인간의 굴레에서 해방되었다.

이제 법을 전하러 길을 떠나라.

많은 사람들의 이익을 위해

많은 사람들의 행복을 위해

세상을 불쌍히 여겨 길을 떠나라.

마을에서 마을로, 두 사람이 같은 길을 가지 말고 혼자서 가라.

_『율장』「대품」

1. 부처님의 전법선언과 전법경로

귀 있는 자는 들으라

부처님 법이 세상에 전해지면서 실의와 절망에 빠진 사람들은 새롭게 눈을 떠 바로 그 자리에서 행복하고 평화롭게 살아갔으며, 인류역사는 기존 종교의 관념을 뛰어넘는 새로운 인식의 전환을 통해 정신사의 획기적인 진전을 이루었다.

처음에 부처님께서는 자신이 발견한 법이 기존의 종교사상과는 확연하게 다른 내용이었기에, 어둠에 가려 있고 욕망에 불타는 사람들이 법을 보기 힘들 것이라 여겨 설법하기를 주저하셨다. 하지만 세상에는 더러움에 덜 물든 사람도 있고, 법을 들으면 이해하는 사람도 있기에 그들을 위해 법을 설해 달라는 범천의 권청勸請을 듣고 설법을 선언하시기에 이른다.

내 이제 감로의 문을 여나니

귀 있는 자는 들으라.

낡은 믿음을 버리고.

_『쌍윳따 니까야』 6 : 1 「권청경」

감로의 문은 불사不死의 말씀이다. 감로의 본래 뜻이 불사이기 때문이다. 수행자 방기싸는 이런 부처님의 말씀을 가리켜 다음과 같이 말한다.

진리는 참으로 불사의 말이니, 그것은 영원한 법칙입니다.

진리 속에, 유익함 속에, 가르침 속에 지혜로운 사람들이 서 있다고 합니다.

열반을 성취하기 위하여, 괴로움을 끊기 위하여

부처님이 설하신 안온한 말씀, 그것은 참으로 말씀 가운데 으뜸입니다.

_『숫타니파타』 453~454 「잘 설해진 말씀의 경」

전법선언과 전법의 목적

부처님은 녹야원에서 첫 설법을 베풀어 다섯 비구를 깨닫게 하셨다. 곧이어 야사와 그의 친구들이 귀의하여 비구의 수가 60명으로 늘었다. 부처님께서는 그들을 한자리에 모아놓고 다음과 같이 전법선언을 하셨다.

비구들이여,

나는 신과 인간의 굴레에서 해방되었다.

그대들 역시 신과 인간의 굴레에서 해방되었다.

이제 법을 전하러 길을 떠나라.

많은 사람들의 이익을 위해

많은 사람들의 행복을 위해

세상을 불쌍히 여겨 길을 떠나라.

마을에서 마을로, 두 사람이 같은 길을 가지 말고 혼자서 가라.

비구들이여,

처음도 좋고 중간도 좋고 끝도 좋은 법,

조리와 표현이 잘 갖추어진 법을 설하라.

원만하고 완전하며 청정한 행동을 보여라.

세상에는 때가 덜 묻은 사람들이 있다.

그들은 법을 듣지 못하면 퇴보하겠지만

들으면 분명 진리를 깨달을 것이다.

비구들이여,

나도 법을 전하러 우루벨라의 세나니 마을로 갈 것이다.

_『율장』「대품」

부처님과 초기수행자인 비구들이 "신과 인간의 굴레에서 해방되었다"라고 한 의미는 기성의 신 중심적 종교 관념과 인간의 아집과 편견에서 완전히 벗어나 주체적이고 창조적으로 삶이 전환되어 자유롭고 평화로워졌다는 뜻이다.

신의 굴레 그리고 간교한 인간 이성이 쳐놓은 굴레에서 벗어난 부처님과 비구들은 거리낌 없이 법을 전하는 길에 나섰다. 복잡한 자격이나 조건은 없었다. 신과 인간의 굴레에서 벗어나 주체적이고 창조적으로 자유롭고 행복하게 일상을 누리면 그것으로 족했다. 자기 삶이 자유로워진 사람들은 자연스럽게 타인에게 좋은 영향을 미치기 때문이다.

전법을 하려면 시종일관 조리 있게 말해야 하고 말과 행동이 일치해야 한다. 말은 그럴싸하게 해놓고 행동이 따르지 않으면, 사람들은 그를 신뢰하지 않고 따르지 않는다. 그래서 부처님께서는 법을 전할 때 "원만하고 완전하며 청정한 행동을 보여라"고 하셨다.

전법의 목적은 많은 사람들의 행복과 이익을 위해서다. 소수의 특권층, 혹은 일부 선택된 사람에게만 행복을 전하는 것이 아니라 모든 사람에게 그 혜택이 돌아가야 한다. 그래서 부처님께서는 많은 사람들에게 행복을 위해 둘이서 가지 말고 혼자서 가라 하셨다. 부처님도 전법의 길로 무소의 뿔처럼 혼자서 갔다.

이렇게 해서 인도의 북쪽, 바라나시의 녹야원에서 구르기 시작한 진리의 수레바퀴는 이제 세상을 향해 힘차게 전진하기 시작하였다. 진리의 바퀴가 닿는 곳이면 사람들은 더 이상 슬픔과 괴로움과 번민의 눈물을 흘리지 않게 되었다. 괴로움의 원인을 찾아내고 괴로움을 소멸할 수 있는 진리의 처방이 그 속에 담겨 있었기 때문이다.

전법경로

부처님은 맨 처음 다섯 비구에게 진리를 전하기 위해서, 우리나라로 치자면 직선거리로 서울에서 구미 정도까지 거리에 해당하는 250킬로미터의 길을 한 달여 만에 걸어서 갔다. 깨달음을 이룬 보드가야에서 바라나시의 녹야원까지 그렇게 홀로 터벅터벅 걸어갔다.

부처님은 80세에 쿠시나가라에서 열반에 들 때까지 전법의 길을 멈추지 않았다. 부처님의 전법영역은 우리의 상상을 초월할 정도로 광활하다. 북쪽으로 오늘날의 라호르 지역으로 추정되는 박가, 남쪽으로 갠지스강 남쪽 비하르 지역 일대의 마가다, 동쪽으로 오늘날 스리랑카 일대로 추측되는 앙가, 서남쪽으로 부처님 제자를 통해 웃제니까지 불법을 전하였다. 웃제니는 당시 아완티국의 수도로, 오늘날 아라비아해를 끼고 있는 구자라트 지역 일대로 추정된다. 이렇듯 불교는 부처님 당시 갠지스강 유역을 중심으로 문화의 꽃을 피운 인도 중북부 지역에 널리 퍼졌으며 멀리 아라비아 연안까지 전해졌다.

부처님께서는 길에서 길로 인도의 광활한 영토를 걸어 다니며 전법하셨다. 어떻게 부처님과 그 제자들은 이렇게 광활한 지역을 짧은 시간에 불법으로 물들였을까? 그것은 열린 마음으로 진리를 전하여 사람들에게 지극한 평화와 행복을 느끼게 해주었기 때문이다. 출신 성분에 얽매이지 않고 사람 그 자체를 중요시하며 마음을 깨웠기 때문이다. 그래서 아주 미천한 똥지게꾼부터 천하를 다스린 왕, 밭 가는 농부, 유복한 상인, 집에서 버림받은 비천한 여인, 극악한 살인자까지 교화를 펼쳐 부처님과 부처님 법을 만난 사람들은 행복했고 안락했다. 부처님께서는 사람들에게 다음과 같이 말씀하셨다.

> 출신을 묻지 말고 행위를 물으십시오. 어떤 나무를 태워도 똑같이
> 불이 일어나는 것처럼, 비천한 가문에서도 훌륭한 성자가 나옵니다.
> 부끄러움으로 자신을 제어할 줄 아는 사람이야말로 가문이 훌륭한
> 사람입니다.
> _『쌍윳따 니까야』 7 : 9 「순다리까의 경」

물결은 퍼져 나간다. 감동과 감화의 물결은 더욱 널리널리 퍼진
다. 기원전 3세기 중엽 아쇼카 왕의 출현과 그의 영토 확장에 힘입어
불교는 인도 전역으로 전파되기에 이른다.

1세기 후반 대승불교의 흥기와 더불어 불교는 쿠산 왕조 카니슈
카 왕의 지지를 받아 인도 북서부 중앙아시아로 퍼졌으며, 이후 다
시 중국과 한국, 일본으로 전해졌다. 동시에 페르시아와 소아시아
방면으로 전해진다. 동남아시아 쪽으로는 스리랑카, 베트남, 샴, 안
남, 수마트라, 자바 등 남태평양 군도에까지 전파되었다. 근래에 와
서 불교는 유럽과 아메리카 대륙에도 널리 퍼졌고, 서양 사람들은
불교를 매우 참신하며 매력적인 종교로 받아들이고 있다.

부처님은 많은 사람들에게 법을 전하기 위해 둘이 아닌 혼자서 가
라고 했다. 그 혼자서 가는 전법의 길은 두려움이 없는 길이요, 희망
과 평화의 길이다.

2. 왜 전법이 불자의 사명인가

전법이란 무엇인가

'전법傳法'이라는 말은 부처님 초전법륜初轉法輪과 전법선언에서 연유한다. 전법은 전법륜轉法輪의 줄인 말로 법의 바퀴를 굴린다는 의미다. 법을 전하여 괴로움 속에 빠져 있는 미혹한 중생들의 눈을 뜨게해 그들을 행복하고 평화로운 삶으로 안내한다. 부처님께서는 감로의 법문을 들려주리라 선언한 다음, 법의 바퀴를 굴려 불사의 북을 울리겠노라고 말씀하셨다.

나는 일체의 승리자요, 모든 것을 안 자다.
어떤 것에도 물들지 않고
일체를 버리고 갈애가 멸하여 해탈했고
스스로 최상의 지혜를 깨달았으니
누구를 스승이라 부르겠는가?

나에게 스승도 없고 나와 유사한 이도 없으며

지상에도 천상에도 나와 견줄 만한 이 없다.

나는 세상에서 존경 받을 만한 사람이고 위없는 스승이며

유일한 최상의 깨달은 자고

적멸에 이르러 깨달음을 성취했다.

나는 (바라나시의) 까시 성으로 가서 법의 바퀴[法輪]를 굴리리라.

어두운 이 세상에 불사의 북을 울리리라.

_『맛지마 니까야』 25 「성스러운 구함의 경」

전법은 진리의 북을 '둥둥둥' 울리는 것과 같다. 그것은 하늘 북이
내는 우레와 같은 소리요, 이 세상에 진리를 알리며 포효하는 천둥
같은 깨달음의 소리다. 북소리가 힘차게 마음을 울리고 천지자연을
울리며 널리 퍼지듯이 진리의 말씀 역시 고동치듯 널리 퍼져 나간
다. 그 말씀을 들은 사람은 기뻐할 것이다, 환희로울 것이다. 그러면
그 사람 또한 법을 전하지 않겠는가.

사찰, 한적한 공간, 도시, 도시의 거리, 부락, 마을 어디에 있거나 들
은 바대로 부모, 친척, 착한 벗, 알려고 하는 사람 등을 위해 능력껏
부처님 가르침을 설해야 한다. 그러면 그 사람들은 듣고 나서 기뻐
하며 다시 가르침을 전할 것이며, 그 가르침을 받은 사람 역시 듣고
따라 기뻐하며 다른 사람에게 전할 것이다. 이렇게 부처님을 대신해
기뻐하며 가르침을 설해서 차례차례 영향을 미쳐갈 것이다.

_『법화경』 6권 「수희공덕품」

전법과 유사한 말로 전도傳道라는 말도 쓴다. 불도佛道를 전한다는 뜻이다. 그러나 전도는 타 종교에서 쓰고 있어서 이와 차별을 두기 위해 불교에서는 전법이라는 말을 선호한다. 포교布教라는 말은 '부처 님의 가르침을 널리 편다'는 의미로 불특정 다수에게 불교를 알린다는 의미가 강조되어 종단의 공식적인 명칭으로 지금까지 쓰여왔다.

가르침을 전한다는 유사한 표현으로는 '교화教化, 홍교弘教, 선교宣教, 전교傳教' 등이 있다. 교화教化는 '교도화익教導化益'의 준말로 '가르치고 이끌어서 이익과 안락과 행복을 가져다주는 활동'으로 정의한다. 사전적으로 교화는 '부처의 진리로 사람을 가르쳐 착한 마음을 가지게 하는 행위'로 규정한다.

전법은 왜 불자의 사명인가

왜 전법해야 하는가? 특히 불자에게 전법은 왜 중요한가?

첫째, 행복하고 평화롭기 위해서다. 인간은 누구나 고통에서 벗어나 행복하고 평화로우며 즐겁게 살고 싶어 한다. 그리고 이런 행복과 평화가 영원히 지속되길 원한다. 부처님 법은 사람들을 이런 영원한 행복으로 이끈다. 법을 전하고 법을 익혀 열반을 체득하면 최상의 행복과 슬픔 없는 평온을 얻는다.

> 도덕적 삶을 살고 청정한 범행을 닦고 성스러운 진리를 통찰하고 열반을 실현하는 것, 이것이야말로 으뜸가는 행복이다.

세상살이 많은 일에 부딪혀도, 마음이 흔들리지 아니하고, 슬픔 없이 티끌 없이 평온하니, 이것이 으뜸가는 행복이다.

_『숫타니파타』 267~268 「큰 행복의 경」

어떠한 비바람에도 무너지지 않는 행복, 어떤 일에 부딪혀도 마음이 흔들리지 않는 마음의 안정과 진정한 평화, 이런 것들을 세속적이고 물질적인 가치로 채울 수 없다. 세속적이고 물질적인 욕망은 영원히 채울 수 없는 독과 같다. 밑 빠진 독에 물 붓기 식이다. 욕망은 계속 욕망을 부를 뿐이다. 반면 부처님 말씀은, 그 진리는 한 모금만 마셔도 그 자리에서 갈증이 해소되는 청량한 감로의 법비와 같다. 그래서 우리 불자들은 진리를 맛보고 누리며 전법을 한다.

둘째, 자리이타自利利他의 실현이다. 진정한 행복과 자유, 평화를 얻으려면 나 혼자만의 삶으로는 불가능하다. 더불어 행복하고 함께 평화로워야 그것이 진정한 행복이요, 평화다. 온 세계가 번뇌와 갈애로 불타고 있는데 내 집만, 내 가족만, 나만 안전하기를 바랄 수는 없다. 머지않아 내 집도 불타기 마련이다.

선남자여, 보살에게 믿음의 뿌리란 이미 자기를 이롭게 하고 또 남을 이롭게 한다. 나만의 이익은 실답지 않다. 남을 이롭게 하는 것이 곧 자신을 이롭게 하는 것이고, 이것이 실답다. 왜 그런가? 보살마하살은 남을 이롭게 하기 때문에 몸과 목숨과 재물을 아끼고 인색하지 않았는데, 바로 그것이 자신을 이롭게 하기 때문이다.

_『우바새계경』 2권 「자리이타품」

내가 고통 없이 편안하고 즐겁고 행복하게 살아가려면 나와 더불어 살아가는 다른 모든 사람과 생명도 편안하고 즐겁고 행복해야 한다. '나를 비롯한 뭇 생명들의 고통 없는 행복한 삶'이야말로 불자들이 추구해야 할 보편적 이상이다. 부처님 법에서 뭇 생명은 연기법으로 함께 나누고 영향을 주며 살아가는 하나의 생명공동체요, 평화공동체이기 때문이다. 그래서 우리는 나와 더불어 뭇 생명의 평화와 행복을 위해 전법해야 한다.

> 최상의 깨달음을 이제 그대들에게 부촉하니, 그대들은 한결같은 마음으로 오래오래 이 법을 받아 지니고 읽고 외워서 널리 펴며, 모든 중생들이 잘 듣고 알게 하라. 왜냐하면 여래는 큰 자비가 있고 아끼고 탐하는 것이 없으며 두려움이 없어서, 중생들에게 여래의 지혜와 자연의 지혜를 주기 때문이다. 그러므로 여래는 모든 중생들의 큰 시주施主요. 그대들도 여래의 법을 따라 배우되 아끼고 탐하는 생각을 내지 마라.
> _『법화경』6권「촉루품」

이런 전법활동은 다른 사람을 기준으로 보면 이타利他의 활동이지만 자기 자신을 기준으로 보면 다른 사람에게 이익을 주고 행복을 준 선행이고, 그 선행이 그 행위자에게는 커다란 기쁨과 만족을 가져다준다는 점에서 자리自利의 활동이다. 그런 의미에서 전법활동은 자리이타의 실현이며, 그런 삶을 추구하는 자각적 인간상인 보살의 삶이기도 하다.

셋째, 전법은 구도의 길이며 수행이다. 왜 그런가? 법을 전하면서 그와 동시에 나 자신을 들여다보고 자신을 닦아 나가기 때문이다. 보살의 길을 걷는 사람은 전법을 통해 사람들을 구제하며, 동시에 깨달음을 열어 나간다. 그런 의미에서 전법은 또한 수행이기도 하다. 나를 닦는 것은 전법을 통해 완성되기 때문이다.

전법의 길은 쉽지 않다. 먼저 전법을 위해 어떤 어려움도 감내하겠다는 마음을 일으켜야 하고, 상대방의 닫힌 마음 또한 열어야 하는 까닭이다. 특히 현대인들은 여러 가지 다양한 가치관으로 자신만의 길을 가기 때문에 그들의 마음을 녹여내지 못한다면 변죽만 울릴 가능성이 크다. 그래서 전법하는 불자들은 부처님처럼 상대방의 마음의 눈을 읽는 지혜 또한 계발해야 한다. 그 지혜는 수행을 통해 드러난다.

3. 어떻게 법을 전할까

부처님 가르침을 전한다는 것

아무리 맛있는 음식도 직접 먹지 않으면 그것이 어떤 맛인지, 차가운지 뜨거운지 모르는 법이다. 아무리 좋은 진리도 알려주지 않으면 그 사람은 어둠 속에 묻혀 있게 된다. 그래서 부처님께서는 이렇게 말씀하셨다.

> 어둠 속에 보물이 있다 해도 등불 없이는 보지 못하는 것처럼
> 부처님의 가르침을 설하는 사람이 없으면 슬기로워도 깨닫지 못한다.
> 또 눈에 병이 생기면 아름다운 색의 향연을 보지 못하듯
> 깨끗한 마음이 없으면 모든 부처님의 가르침을 보지 못한다.
> _『화엄경』16권「수미산정상게찬품」

그렇다면 오늘날의 전법이란 무엇인가? 부처님이 발견한 진리를

어떻게 새로운 시대사조에 맞게 효과적으로 전할까? 문명이 발달한 사회일수록 많은 사람들이 종교에서 멀어지고 있다. 특히 젊은 층들의 종교로부터 이탈은 심각한 수준에 이르렀다. 그리스도교 정신으로 똘똘 뭉친 미국에서도 젊은이들의 탈종교 현상이 우려할 만한 수준이다. 유럽에서 성당이나 교회가 텅텅 비기 시작한 것은 어제오늘의 문제가 아니다.

왜 이런 현상이 일어날까? 현대인에게 종교적 권위와 가치가 무너졌기 때문이다. 이제 사람들은 세상을 설계하고 창조했다는 유일신의 존재에 대해 의구심을 표한다. 옛 시대의 신화적 이야기는 젊은 사람들에게 신뢰를 주지 못한다. 현대의 지성들은 말한다.

"신은 죽었다."
_니체

"진화된 존재인 창조적 지성은 우주에서 나중에 출현할 수밖에 없으므로, 우주를 설계하는 일은 믿을 수 없다. 이 정의에 따르면 신은 망상이다."
_리처드 도킨스『만들어진 신』

현대인들은 진정한 나 자신을 찾거나, 신과 나를 둘로 보지 않는 실재에 대한 태도 그리고 합리적 이해와 실천을 중요시한다. 현대인들은 제도권 종교의 수련을 대신하는 마음수련, 뉴에이지 운동, 명상 등에 눈을 돌린다. 굳이 절에 가지 않더라도 명상단체나 프로그

램을 통해 명상을 체험하여 마음의 행복과 평화를 느끼며, 자신의 역량을 개발한다. 또한 복지제도, 여가산업, 여행, 대안운동, 사회봉사 활동 등이 공적 및 민간 차원에서 확산되어 예전에 사찰이나 교회에서 하던 역할을 대신하고 있다.

나아가 사람들은 배타적이고 권위적인 것에서 벗어나 수평적 질서를 강조하고 함께 참여하는 문화를 선호한다. 수동적으로 움직이지 않고 자신의 의사를 분명히 밝히며 자기의 이야기를 들려주며 공감을 얻고자 한다.

불교는 권위적이지 않고 화합과 평등을 내세운다. 무조건적인 교리를 강조하기보다 누구나 들으면 이해할 수 있는 진리, 보편적인 법을 중시한다. 그래서 부처님 법은 보편적 진리를 선호하는 현대인들에게 호소력이 있다. 부처님 법은 누구나 들으면 이해할 수 있고 현실에서 증명되는 가르침이기에 더욱 그렇다.

불법은 사람들의 눈을 띄워주며 자유롭게 한다. 자유롭고 평화로운 삶, 창조적이고 주체적인 삶, 서로 나누고 봉사하는 삶의 길이 부처님 법에 담겨 있다. 이런 법을 사람들에게 알려주는 것은 큰 기쁨이다.

전법하는 사람의 자격과 태도

이웃에 전법을 하려면 먼저 내가 불법을 알고 실천해야 한다. 먼저 내 자신이 자유롭고 평화롭게 살며, 주체적이고 창조적으로 살아야 된다. 그렇게 살면 나 자신도 밝아질뿐더러 주변 사람에게도 삶의 향기가 가 닿기 마련이어서 주변도 밝아지고 나를 본받으려는 사람들이 늘어난다. 향기 나는 꽃밭에 벌과 나비가 자연스럽게 모여들듯이 말이다.

> 보살은 먼저 자신의 악을 제거한 뒤에 다른 사람의 악을 제거해야 한다. 자신의 악을 제거하지 못한 채 타인의 악을 제거할 수는 없는 일이다. 그러므로 보살은 먼저 스스로 보시하고, 계를 지키며 지족하고, 꾸준히 정진한 후에 다른 사람을 교화한다. 보살이 스스로 법을 실천하지 않으면 다른 중생들을 교화할 수 없다.
> _『우바새계경』 2권 「자리이타품」

사실 자신의 마음을 다스리지 못한 채 타인의 마음을 다스리고 조복시키기는 불가능하다. 그래서 전법하는 사람은 자신이 먼저 법을 실천하며 모범을 보여야 한다. 그렇다면 어떠한 태도로 전법하고 설법하는가? 전법하는 사람의 마음가짐은 어떠해야 하는가? 『법화경』에서는 자비로운 마음, 부드럽고 평화로운 마음으로, 모든 존재의 공성을 몸과 마음으로 느끼면서 전법하는 길을 제시한다.

> 여래의 방에 들어가 여래의 옷을 입고 여래의 자리에 앉아 법(법화경)을 설해야 한다. 여래의 방이란 모든 중생에 대한 자비로운 마음이요, 여래의 옷이란 부드럽고 화평하고 욕됨을 참는 마음이며, 여래의 자리란 모든 존재의 공空함을 보는 것이다.
> _『법화경』 4권 「법사품」

설법의 공덕과 가치

부처님 법을 전하고 받는 설법의 공덕이 얼마나 큰지 살펴보자.

> 설법하는 현자賢者에게는 때가 되면 다섯 가지 복덕이 있다. 무엇이
> 다섯 가지인가? 그 사람은 태어나는 곳마다 장수長壽하니 이것이 첫
> 째 복덕이고, 그 사람은 태어나는 곳마다 큰 부호가 되어 재물이 많
> 으니 이것이 둘째 복덕이며, 그 사람은 태어나는 곳마다 단정하기가
> 견줄 데 없으니 이것이 셋째 복덕이고, 그 사람은 태어나는 곳마다
> 명성이 널리 자자하니 이것이 넷째 복덕이며, 그 사람은 태어나는
> 곳마다 총명하고 크게 지혜로우니 이것이 다섯째 복덕이다.
> _『불설현자오복덕경』

　현자가 다섯 가지 복을 받은 이유는, 그가 법을 설하여 고요한 적
멸寂滅의 평화와 인위적이지 않은 무위無爲로 감화를 주어 법을 듣는
사람이 살생을 멈추었기 때문이요, 보시를 했기 때문이요, 온화한
기운으로 얼굴빛이 평온했기 때문이요, 삼보를 공경했기 때문이요,
오묘한 지혜를 통찰했기 때문이다. 그러므로 법회를 통해서 혹은 공
부모임을 통해서 법을 설하고 듣는 것은 자신의 몸과 마음을 살피고
다스리는 일이다. 이는 행복으로 가는 첩경이다.

생활 속의 전법활동

가정이나 직장에서 수행을 생활화하고 어려운 상황에 처한 동료 등 주변 사람에게 도움을 주며 살아가보자. 수행과 명상이 시대적 조류인 만큼 수행모임을 만들어 평상시에는 가정이나 직장에서 일정한 시간 짬을 내어 마음의 근육을 키우고 자신을 들여다보는 수행을 하고, 한 달에 한두 번 이상 절에 와서 포살을 하고 서로 수행담을 나누어보라. 서로의 내면이 성장하는 과정을 지켜보고, 어려움을 극복하는 과정을 듣다 보면, 그것이 훌륭한 법문으로 들린다. 이와 관련하여 재가불자로서 모범을 보인 사람이 수닷타 장자다. 그는 기원정사를 부처님 교단에 보시한 사람이다. 가족을 모두 불자로 만들었으며, 손님이 와서 묵더라도 삼귀의와 오계의 실천을 강조했다. 그래서 그는 자신 있게 말한다.

> 어떤 사람이라도 우리 집에 있으면 깨끗한 믿음을 얻고 목숨을 마치면 천상에 귀의할 것입니다.
> _『잡아함경』 47권 「급고독경」

진정한 전법은 부처님 가르침을 통해 상대방의 마음을 감화시키고, 그의 삶을 지혜롭고 자비롭게 변화시키는 것이다. 그런 의미에서 도반들끼리 봉사모임을 만들어 외롭고 아픈 이웃, 절망에 빠진 이웃에게 도움을 주고 용기와 희망을 준다면, 그것은 훌륭한 자비의 실천이기에 사람들에게 감명을 주기 마련이다. 감명과 감화를 통해 사람들이 불자의 길을 걷는다면 이는 훌륭한 전법활동이다. 그리고 중요한 점은 이런 봉사활동을 통해서 나 자신의 마음도 성장한다는 사실이다.

봉사활동 외에 도반이나 동료들과 함께 불법을 공부하며 탁마하는 문화를 만들어가는 것도 훌륭한 전법활동이다. 불서나 불교잡지, 마음의 양식을 길러주는 양서 등을 읽는 것은 물론 함께 독서토론 모임을 구성하여 서로 느낌을 나누며 불성의 싹을 틔우고 길러보자.

불자 생활의례의 정착도 중요하다. 인도에서 불교가 사라진 데는 여러 원인이 있지만, 불교가 대중들의 생활 속에 파고들지 못한 것도 한 요인이다. 힌두교는 나고 죽는 통과의례, 다시 말해 관혼상제 등에 깊숙이 스며들어 대중들의 일상과 함께 호흡한 반면, 불교는 대승의 초심을 잃고 현학과 사변으로 흐르는 경향이 있었다. 이를 교훈 삼아 보더라도 불교의 생활화는 아무리 강조해도 지나치지 않다. 그런 의미에서 불교가 생활의례로 정착해 일상 속에서, 그리고 삶의 소중한 순간에 사람들에게 희망과 용기를 주고 새로운 각오를 다지게 해준다면, 부처님 법은 나와 가정 그리고 사회에서 생명의 힘으로 뿌리를 굳건히 내릴 것이다.

마침내 사찰을 중심으로 이런 전법활동을 전개해 나간다면 사찰은 지역사회나 내 삶의 중심으로 자리 잡을 수 있다. 현대사회에서 불교의 역할이 점점 중요해진다. 여기에 우리 전통사찰의 평화로운 분위기가 어우러진다면, 사찰은 새로운 문화 창조의 터전으로 발돋움할 것이다.

4. 지혜의 등불을 밝힌 위대한 포교사들

부처님은 위대한 포교사

부처님은 위대한 포교사셨다. 부처님 외에도 수많은 불자들이 끊임없이 포교활동을 해왔다. 이런 포교사들의 활동으로 오늘날 불교는 세계 종교로 자리 잡아 지구 구석구석까지 영향력을 확대해가고 있다. 불교는 법과 진리를 중심으로 하는 종교이기 때문에 오늘날 많은 사람들이 귀의하고 있다.

죽음도 두려워하지 않은 부루나 존자

부루나 존자는 부처님의 십대제자 중 설법을 가장 잘한 제자로 칭송받는다. 부루나 존자가 설법제일로 칭송 받은 것은 그의 전법의지가 누구보다 뛰어났기 때문이다. 부루나 존자는 부처님의 법을 듣고 이해하고 체험하고 번뇌가 사라지고 마음이 고요해져서 숲속에서 홀로 정진하는 것을 즐겼는데, 법열을 혼자만 느낄 수 없다고 생각하고 전법을 결심하였다.

부루나 존자는 부처님의 허락을 받고 먼 수로나 국으로 떠나 진리의 말씀을 전해 많은 사람들을 불법으로 인도하고 많은 절을 지었으나, 그해 그곳에서 죽고 말았다. 그는 불교 포교사 최초의 순교자가 되었다. 부루나 존자가 전법의 길을 떠나기 전에 부처님과 나눈 대화를 보면 초기 교단의 불자들이 얼마나 뜨거운 전법 열정을 가지고 있었는지 짐작할 수 있다.

부루나 존자가 서쪽의 수로나 국으로 전법을 떠난다고 하자, 부처님께서는 수로나 사람들의 성격이 거칠고 사나워 그대를 욕하고, 몽둥이나 칼로 상처 입히며, 죽이기까지 하면 어떻게 하겠느냐고 물으셨다. 그러자 부루나 존자가 답한다.

> "부처님, 그래도 저는 그들을 어질고 착하며 지혜롭다고 생각하겠습니다. 왜냐하면 그들은 썩어 무너질 나의 몸을 지혜로운 방편으로 벗어나게 해 해탈시켜주기 때문입니다. 수행자는 자신에 대한 집착을 버려야 하는데 저들이 그런 집착에서 벗어나게 하기 때문입니다."
> "그대는 참으로 나의 교법을 잘 배워 익혔구나. 너는 수로나 국으로 가서 그들과 함께 살면서 그들에게 바른 교법을 전하라. 그리하여 그들을 편안하게 하고 열반을 얻게 하라."
> _『잡아함경』 13권 「부루나경」

성정이 거칠어 목숨마저 위협하는 사람들에게 불법을 전한다는
것은 순교할 수도 있다는 각오 없이는 불가능하다. 수로나 사람들이
나를 죽이더라도 그들을 목숨에 대한 집착을 놓게 해주는 착한 사람
들로 여기겠다는 정신은 전법에 대한 비장한 원력을 보여준다. 전법
을 위해서라면 나를 죽이려는 악한 사람마저 착한 사람으로 여기겠
다는 열린 마음과 전법의지로 인해 수로나국에 여름 안거기간인 3
개월 만에 5백 개의 절이 지어지고 5백 명의 불자가 생겼다.

대중교화 능력이 뛰어난 담마딘다 비구니

부처님 재세 시 설법제일로 불리던 제자로서, 부유한 상인의 아내
였던 담마딘다 비구니가 있다. 그녀는 불자였던 남편 덕분에 부처
님 말씀을 접했고, 급기야 출가하기에 이른다. 남편도 기쁜 마음으
로 그녀의 출가에 동의했으며 가마를 태워 출가시킬 정도였다. 담마
딘다는 좀 더 수행에 전념하기 위해 비장한 각오로 번화한 도시를
떠나 한적한 시골에서 정진했고, 공부가 깊어져 부처님 가르침에 대
한 전 남편의 질문에도 명쾌하게 대답할 수 있는 실력을 쌓았다. 담
마딘다 비구니의 설법을 들은 많은 사람들은 불법에 귀의했다. 그는
설법이 뛰어나고 대중교화 능력이 탁월해 비구니 중 '설법이 으뜸'
이란 칭찬을 받았다.

"비구들이여! 나의 여성 비구니 중에서 담마딘다 비구니는 가르침

을 설하는 이 가운데서 제일이다."

_『앙굿따라 니까야』1 : 247 「담마딘나경」

포교의 지평을 넓힌 이상적 군주 아쇼카 왕

아쇼카 왕은 인도 남부를 제외한 인도 전역을 통일하여 불법으로 나라를 다스린 전륜성왕轉輪聖王이라 불린다. 그는 부처님 법을 국가 통치의 기본 방침으로 삼고, 비폭력과 살아 있는 생명을 불쌍히 여기는 마음으로 자비의 정치를 펼쳐 불국토를 실현하고자 했다.

아쇼카 왕은 법에 의한 통치를 알리기 위해 인도 이곳저곳에 석주石柱를 세웠다. 그리고 국경 지방에는 절벽 바위의 면을 깎아 조칙을 새겨서 자신의 의지를 표명하고 동시에 일반인의 공감과 협력을 상기시킨다. 다시 말해 암벽을 깎아 마애 법칙을, 석주 기둥에는 석주 법칙을 새긴다. 그 대표적인 내용은 이렇다

무익한 살생을 금하고 길을 왕래하는 사람들과 가축들을 위하여 나무를 심고 우물을 파라. 휴식처를 만들고 병원을 세우라.

아쇼카 왕은 인도 전역을 불법으로 통일한 뒤 주변의 여러 나라에도 전법사를 파견하여 불법을 해외로 전파했다. 특히 왕자 마힌다를 스리랑카로 보내 상좌부불교의 전통을 세웠다. 이 밖에 그는 부처님 사리를 나누어 인도 전역에 8만 4천 개의 탑을 세웠다.

아쇼카 왕이 더욱 놀라운 이유는 타 종교를 억압하지 않고 공평하게 대한 점이다. 그의 열린 태도를 알 수 있는 유명한 글귀를 보자.

> 모든 종교의 신자들, 그들이 출가자든 재가자든 모두를 존경합니다. 각 종교마다 기본교리는 다를 수 있으며, 자신의 종교를 선전하느라 남의 종교를 비난하는 것은 어떤 의도에서든 자신의 종교에 오히려 더 큰 해악을 가져다줄 뿐입니다. 조화가 최선입니다. 우리 모두 다른 사람의 가르침에 귀 기울이고 존경해야 합니다. 그리하면 자신의 종교도 발전하게 되고 진리도 더욱 빛날 것입니다.
> _「마애법칙」12

무애자재한 포교 방법을 개척한 원효대사

원효대사는 1300여 년 전, 통일신라시대에 한국 불교사상의 새로운 장을 열었을 뿐 아니라 우리나라에서 불교를 처음으로 대중화한 실천적 선지식이었다. 그는 환속 후 스스로를 보잘것없는 소성거사라 칭하고 무애박無碍瓠을 쥔 채 노래하고 춤추며 이 마을 저 마을 구석구석 널리 불법을 전했다. 그 결과 당대 사람들은 남녀노소 할 것 없이 '나무불' 소리를 모르는 이가 없었다고 한다. 원효대사는 다음의 『화엄경』 구절의 「무애가」를 노래하며 다녔다.

> 모든 것에서 걸림 없는 사람이라야

삶과 죽음의 길에서 벗어날 수 있네.

_『화엄경』13권「광명각품」

원효대사는 이렇게 노래하고 춤을 추며 대중포교에 나선 거리의 포교사였다. 대사는 모든 불자, 모든 사람들이 '일심一心의 근원으로 돌아가면서, 동시에 많은 사람들에게 이익을 주는 요익중생饒益衆生'의 길을 걷는 보살도의 실천을 강조했다. 마음을 닦는 일과 사람들을 자비로 보살피는 것이 둘이 아님을 대사는 알고 실천했다.

현대포교, 대중불교 · 참여불교의 빛

만해 한용운 스님은 민족대표 33인 중 한 사람으로, 3·1만세 운동을 주도적으로 이끌었다. 이에 앞서 스님은 1913년 『조선불교유신론』을 지어 불교계의 혁신과 새로운 시대에 걸맞는 포교의 절실함을 역설했다. 스님은 여성 불자들만 남은 불교계의 현실을 포교의 부재 때문이라고 정의하며 현대적인 포교의 시급함을 강조했다. 또한 불교는 단순한 미신이나 철학이 아니라 시대와 지역을 초월한 위대한 사상으로, 동서양, 현재와 미래를 동시에 이끌어갈 것이라고 했다. 만해스님의 불교 혁신운동으로 말미암아 산중에만 있던 사찰들이 도심으로 내려오면서 본격적인 근대 포교의 장이 열렸다.

'산간山間에서 가두街頭로' '승려에서 대중으로'가 현금 조선불교의

'슬로간'이 되지 않으면 아니 될 것이다. (…) 그러므로 대중을 떠나서 불교를 행할 수 없고, 불교를 떠나 대중을 지도할 수 없는 것이다. 대중불교라는 것은 불교를 대중적으로 행한다는 의미이니 불교는 반드시 애愛를 버리고 친親을 떠나 인간사회를 격리隔離한 뒤에 행하는 것이 아니라 인간 사회의 만반 현실을 조금도 여의지 아니하고 번뇌 중에서 보리를 얻고 생사 중에서 열반을 얻는 것인즉, 그것을 인식하고 실천하는 것이 대중불교의 건설이다.

_『불교』88호 「조선불교의 개혁안」

용성스님은 만해스님과 더불어 민족대표 33인으로 참여하며 조국의 해방은 물론 역경과 포교에 매진하였다. 스님은 일제강점기이던 1911년에 도심포교당인 대각사를 세워 불교 현대화에 온 정성을 기울였으며, 현대식 포교방법론을 도입하였다. 오늘날 정기법회 의식은 대각교당의 법회의식에서 비롯한다. 또한 스님은 찬불가를 비롯하여 간소하고 실용적인 우리말 의례를 보급하였으며, 당시에 획기적인 일요법회를 마련하여 어린이·청소년 법회의 활성화에 기여하였다. 용성스님의 포교활동은 대중불교, 도심불교, 생산불교, 선포교 등으로 불린다.

선禪포교를 한 지 3년 만에 신자가 3천여 명에 이르렀다. 이로써 서울에 비로소 참선이란 명칭이 알려지게 되었다. 어느 날 스스로 말하길, 마치 물의 근원이 완연하여 진실로 도도한 장강長江의 파도가 만리와 같으니 우리 종宗도 또한 그러하므로 선종 본사는 청정한 산간에 건조建造하여 도인을 양성하고, 선원 포교당은 각각 도시 가운데 설치하여 천하의 대중으로 함께 이익을 얻게 하리라.
_「만일참선결사회 창립기」

암베드카르 박사는 재가불자로서 인도 대륙에서 자취를 감춘 불교의 불씨를 다시 살린 인물이다. 그는 인도 천민 출신으로 불가촉천민들에게 교육기회와 문화혜택을 통해 새로운 희망을 심어주어 불가촉천민의 해방자로도 불린다. 그는 말한다.

종교는 열린사회를 위해 필요한 것이기에 합리적, 과학적이어야 하고 자유, 평등, 우애를 기초로 하지 않으면 안 된다. 종교의 기능은 세상을 재편성하고 세상을 행복하게 만드는 것이지 세상의 시작과 끝을 설명하는 것이 아니다.
_『불가촉천민을 위해 국회와 간디는 무엇을 했나 What Congress and Gandhi Have Done to the Untouchables』

이런 메시지와 함께 그는 소통, 공유, 나눔을 근간으로 삼아 불교로 개종운동을 전개해 나갔고, 그를 따르던 약 50만 명의 불가촉천민이 불교로 개종해서 근대 인도에 신불교도가 탄생하는 역사적 순간을 맞이했다. 암베드카르의 영향으로 오늘날 인도의 불가촉천민에게 부처님의 말씀을 전하고 있는 사람으로 상카락시타에 이어 로카미트라 법사가 있다. 이들은 1979년 범세계불교교단우의회TBMSG를 만들어 비폭력, 자유, 평등을 모토로 삼은 참여불교로 적극적인 포교활동을 전개하여 현재 4천5백만 명의 불가촉천민이 불교로 개종했다고 한다.

광덕스님은 한국불교를 대표하는 전법보살로 평가 받고 있다. 스님은 일생 동안 전법을 최고의 가치로 삼았다. 출가 이전부터 대중전법에 헌신했던 광덕스님은 신행의 핵심을 전법이라고 보았다. 중생을 향한 최상의 베풂도 전법이고, 최고의 자비행도 전법이며, 부처님의 은혜에 보답하는 것도 전법이라는 것이 광덕스님의 지론이다. 스님은 1974년 월간 「불광」을 창간하여 잡지를 통한 대중포교의 길을 열었으며, 1975년 불광법회를 열어 도심포교의 모델로 자리를 굳혔다. 광덕스님은 말한다.

우리들 한 사람 한 사람이 불법을 배우고 깨달아서 내 생명 가운데 진리의 태양이, 부처님의 은혜의 태양이 빛나고 있음을 알게 됩니다. 내 생명, 이것은 범부의 생명이 아니라 부처님의 생명, 큰 우주의 생명입니다. 이것을 깨닫고 희망과 용기를 가지고 부처님의 공덕을 누리는 사람으로 바뀌어서 한 사람 한 사람이 기쁘고, 또한 성공합니다. 그 말씀이 이웃사람들에게도 전해져서 모든 사람들이 부처님의 진리광명을 깨닫고 자기 생명 속에 빛나는 부처님의 위신력을 써서, 그 생활과 시대가 함께 밝아지기를 바라는 소망들은 불자라면 원칙적으로 누구나 가지고 있는 소망입니다. 내가 밝아지고 온누리 일체중생이 모두 밝아지면 전법이 완성된 것입니다.
_「전법광명이 영원하여지이다」

달라이 라마는 티베트 망명정부의 정신적 지도자로서 살아 있는 관세음보살로 칭송 받으며 티베트인들의 귀의를 한 몸에 받고 있다. 이뿐 아니라 그는 서양에 티베트불교를 소개하여 많은 서구인들을 교화하였으며, 티베트의 독립을 위해 헌신하고 있다. 특히 티베트를 무력으로 정복하고 티베트의 독립을 억압하는 중국에 대해서도 이해와 사랑을 강조했다. 유명인사들이 그의 인격과 사상에 감화되어 티베트불교는 미국과 유럽 사회에 새로운 뿌리를 내리며 퍼져 나가고 있다. 달라이 라마의 포교방법은 일상에서 깊은 용서와 헌신, 투명한 자비와 지혜로 사람들을 일깨우며 불자들의 현실참여를 강조한다.

> 만일 나를 고통스럽게 만들고 상처를 준 사람에게 미움이니 나쁜 감정을 키워 나간다면, 내 마음의 평화만 깨질 뿐이다. 하지만 내가 그를 용서한다면, 내 마음은 그 즉시 평화를 되찾을 것이다. 용서해야만 진정으로 행복할 수 있다.
> _ 달라이 라마『달라이 라마의 행복론』

틱낫한 스님은 베트남 출신으로 불교를 일상 속의 수행으로 알기 쉽게 전해 많은 서양인들에게 종교적 영감을 주었다. 잠언과 같은 그의 말은 한국인의 마음에도 깊은 감명을 남겼다. 틱낫한은 모든 생명의 존엄성을 일깨웠으며 가난과 폭력, 굶주림에 시달리는 아이들을 도와야 한다고 적극 피력하였다. 또한 단순 소박하고 건강한 삶, 일상에서 화 다스리기, 공동체와 의사소통 등 참여불교의 길을 열어갔다.

발걸음마다 평화
빛나는 붉은 태양은 나의 심장
꽃들은 나와 함께 미소 짓고
커가는 모든 것이 더없이 초록으로 싱싱하네.
바람은 더없이 시원하고
발걸음마다 평화
끝없이 이어지는 길을 기쁨으로 바꿔놓네.
_틱낫한『평화로움』

태국의 술락 시바락사 박사는 세계적인 NGO 활동가이자 재가불자로서 참여불교를 이 땅에 널리 알리고 실천하였다. 술락 시바락사 박사는 정권의 부도덕함과 자본의 횡포에 저항하다가 여러 차례 기소와 투옥을 당하는 등 오랜 망명생활을 했다. 그는 사랑, 이해, 용서를 통해 사회의 구조적 폭력을 변화시키는 것이 중요하다고 역설한다. 그리고 일상생활 속에서 불자의 삶을 다음과 같이 제시한다.

명상을 하고, 가족과 시간을 보내고, 노동자들을 친구로 여기고, 피고용인들로 하여금 자기 것을 나누게 하고, 자연을 착취하지 않는다. 이것이 진정한 불자의 삶이다.
_'불교, 평화를 말하다' 강연회 중

술락 시바락사는 열두 개의 NGO를 창설했으며, 많은 출판물을 발행하며 '평화와 비폭력' '정의와 인권'이 새로운 사회의 대안이라고 일관되게 주장해왔다. 그는 1989년 세계참여불교연대International Network of Engaged Buddhists를 설립하여 '불교의 가르침으로 세상 바꾸기'를 시도하였다.

대만 자제공덕회를 만든 증엄證嚴 스님도 아파하는 사람들에게 무료로 시술을 베풀고, 재난이 발생한 곳이라면 국내든 국외든 달려가 구호활동을 하는 푸른 옷의 천사로 전 세계에 이름을 널리 알리고 있다.

> 천하에 내가 사랑하지 않는 사람이 없기를
> 천하에 내가 믿지 않는 사람이 없기를
> 천하에 내가 용서하지 않는 사람이 없기를
> 마음의 번뇌와 원망, 근심 버리고
> 만인을 사랑하는 마음이
> 허공 가득 다함이 없기를.
> _「보천삼무普天三無」

제8장

마음을 다스리는 불교수행

분노에 정복당하지 마라.
화내는 이에게 같이 화내지 마라.
분노하지 않고 남을 해치지 않는 이는
항상 부처님 안에 사는 사람이다.
마치 산사태가 무너져 내리듯이
분노 때문에 악한 이들은 무너져 내린다.
_『상윳따 니까야』 11 : 25 「분노 없음의 경」

1. 마음이란 무엇인가

모든 것은 마음이 만든다

불교에서는 모든 것을 마음이 만들어낸다고 하고, 갖가지 작용은 모두 마음 따라 이루어진다고 한다. 그래서 마음공부를 잘하는 것이 불교공부라고도 한다. 불교에서는 왜 이렇게 마음을 중요시할까? 대체 마음이란 무엇인가? 먼저 마음에 관한 부처님의 말씀을 들어보자.

모든 일은 마음이 근본이다.
마음에서 나와 마음으로 이루어진다.
나쁜 마음을 가지고 말하거나 행동하면
괴로움이 그를 따른다.
수레바퀴가 소의 발자국을 따르듯이.

모든 일은 마음이 근본이다.

마음에서 나와 마음으로 이루어진다.

맑고 순수한 마음을 가지고 말하거나 행동하면

즐거움이 그를 따른다.

그림자가 그 주인을 따르듯이.

_『법구경』1~2

마음이여, 그대가 우리를 성직자로 만들고, 그대가 전사도, 왕도, 도인도 만드니, 언제나 우리가 평민이 되고 노예가 되고 하늘의 신이 되는 것도 오로지 그대 마음 때문이다.

_『장로니게』1133

과거, 현재, 미래의 일체 부처님을

알고자 하면 마땅히 법계성품 관할지니

모든 것은 마음이 지었음이라.

_『80화엄경』19권「유심게」

자, 한번 생각해보자. 모든 것이 다 불확실하고 믿을 수 없지만, 내 마음이 여기 이렇게 존재한다는 사실은 의심할 여지가 없다. 또한 마음은 육체의 한계를 벗어나 저 머나먼 우주도 단박에 갔다 온다. 마음의 속도는 빛의 속도 이상으로 따라가도 잡을 수 없다. 또한 마음의 상태에 따라 같은 사물도 달리 보인다. 마음이 넉넉하고 여유로우면 세상도 아름다워 보이고 마음이 답답하고 짜증나면 아무리 값진 보물이 곁에 있어도 달갑지 않다.

한국불교의 위대한 스승 원효대사는 당나라로 유학을 떠나 어느 날 한밤중에 불보살님을 모신 아늑한 감실龕室 같은 토굴에서 잠을 청한다. 자다가 갈증을 느껴 손을 더듬으니 바가지 같은 게 있어 그 속에 담긴 물을 벌컥벌컥 마셨다. 물맛이 참 시원했다. 다음 날 아침에 일어나보니 자신이 잠을 청한 곳은 무덤이요, 마신 물은 해골바가지에 고인 썩은 물이었다. 원효는 그 자리에서 토악질을 한 다음 크게 깨치고 말한다.

마음이 일어나니 온갖 법이 일어나고,
마음이 멸하니 감실과 무덤은 둘이 아니다.
또한 삼계三界가 오직 마음이며
온갖 법은 오직 마음의 움직임이다.
마음 밖에 달리 법이 없으니
어찌 따로 구하겠는가?
나는 당나라로 들어가지 않겠다.
_『송고승전』 4권

객관적인 세계가 있느냐 없느냐가 중요한 게 아니다. 내 마음이 움직여 어떻게 작용하느냐에 따라 세상이 생멸하고 세상이 달라 보인다. 이런 마음의 구조와 마음이 작용하는 원리를 철학적으로 조명하고 마음을 잘 관리하여 해탈의 세계로 가는 길을 대승불교의 유식학파唯識學派가 잘 보여주고 있다.

유식唯識이란 오직 식識만이 존재한다는 뜻이다. 식이란 의식 혹은 마음을 말하는데, 더 구체적으로 말하면 세상은 우리가 마음으로 그려내어 밖으로 펼쳐 보인 것이라는 이야기다. 사실 우리가 보는 세상은 객관적으로 존재하는 사실의 세계가 아니다. 그것은 단지 마음에 의해 투영된 마음의 그림자일 뿐이다.

아무리 아름다운 정경이 눈앞에 펼쳐져 있다고 해도 내가 그것을 받아들이지 않는다면 그것은 내 의식에, 내 삶에 존재한다고 할 수 없다. 따라서 인간은 마음에 비친 것만 알 수 있다. 우리가 눈으로 뭔가를 본다면 그것은 이미 우리 마음속에 나타난 것을 보는 것에 불과하다.

우리는 있는 그대로 나와 세상을 보지 않고 색안경을 끼고 본다. 내 마음에 투영된 선입견으로 세상을 본다. 남들이 보기엔 밉상이지만 사랑하는 연인에게 그 사람은 세상에서 가장 멋진 남자요, 여자다. 아무리 먹기 좋은 음식도 배부른 사람이나 아주 심한 고통에 빠진 사람에게는 쓰레기나 진배없다. 이와 관련한 '일수사견一水四見'의 비유가 있다. 똑같은 물이라도 아귀에게는 피고름의 더러운 물로, 물고기에게는 자신들이 사는 집으로, 사람에게는 마시는 물로, 하늘에 사는 신들에게는 유리보석으로 가득 찬 곳으로 보인다는 뜻이다.

아름다운 그림이나 훌륭한 음악도 보고 듣는 사람의 마음에 따라 감동이 다르다. 우리가 풍부한 경험을 갖고 있지 않다면 음악이나 그림이 훌륭함과 아름다움의 대상이 되지 못한다. 자기 밑바닥이 풍부하면 세계도 풍부하고, 자기 밑바닥이 빈약하면 인식의 세계도 빈약해진다.

마음을 닦는다는 것

책을 보고 음악을 들으며 냄새를 맡는 등의 일상적 경험을 반성해보면, 이들은 단순히 본다 · 듣는다 · 맛본다 등의 작용만으로 끝나지 않는다. 우리는 보고 들은 그것이 무엇인지를 생각하며 판단하고 연상하는 보다 깊은 마음이 있음을 알 수 있다. 또한 감각작용 외에 공상을 한다거나 눈앞에 있는 것과는 관계없는 것을 생각하는 경우도 있다. 그러므로 우리의 마음은 표층에서 대상을 받아들이는 감각의 단계와 그것을 분별하고 판단하여 연상하는 또 하나의 깊은 심층의 마음이 있음을 알 수 있다.

판단을 하더라도 자기중심적으로 또는 자기 입장에서 바라보고 판단하며 소유하려 한다. 이 마음은 자기중심적인 이기심으로 모든 것을 자기에게 유리하게 하려 한다. 같은 상황도 보행자의 입장일 때와 운전자의 입장일 때 달리 받아들여지기도 하는데, 이것이 마음의 이기성이다. 이런 심층의식을 자아의식이라고 하는데, 유식철학에서는 이것을 말나식末那識이라고 한다. 말나식은 아집을 일으키는 자아의식으로 모든 것을 '나'를 중심으로 판단한다. 우리가 무의식적으로 '나'를 중심으로 움직이는 것은 이 말나식 때문이다.

자기중심적인 말나식보다 더 깊은 곳에는 세상의 모든 것들을 저장하고 있는 아주 커다란 마음의 창고가 숨 쉬고 있다. 이 가장 깊은 심층의식을 아뢰야식阿賴耶識이라고 한다. 아뢰야식은 모든 것을 함장하고 있기에 '장식藏識'이라고도 한다. 장식에는 개체의 모든 경험이나 습관은 물론 그 개체가 살아온 환경에 대한 정보가 총체적으로 들어 있다.

　우리가 마음을 다스려 마음을 청정하게 가꾸는 길은 내 생각으로 분별하고 판단하는 의식을 정화하는 데 있다. 특히 말나식은 아뢰야식과 더불어 수십 겁 동안 지내오면서 '나'를 내세우며 '아치我痴' '아견我見' '아만我慢' '아애我愛'를 키워왔다. 따라서 이런 의식의 뿌리를 바꾼다는 것은 쉽지 않으며 끊임없는 수행이 필요하다. 그것은 마음을 공으로 비우고 정화하여 본래 깨끗한 마음자리로 돌아가는 것이다. 그 깨끗한 마음자리에서 놀라운 능력이 솟아나 나는 물론 세상을 아름답게 바꾸어 나간다.

　『화엄경』에서는 "마음과 부처와 중생이 아무런 차별이 없다"고 했다. 『유마힐소설경』에서는 "마음이 깨끗하면 국토가 깨끗해진다"고 하였다. 유식불교에서는 "나 중심적으로 분별하고 판단하는 식識을 무분별의 지혜[智]로 바꾸어야 한다"고 강조하였다.

　　마음은 뛰어난 화가와 같아서
　　갖가지 사물을 그려내매
　　일체 세계의 모든 존재는
　　다 이와 같이 이루어졌네.

　　마음과 같이 부처 또한 그러하며
　　부처와 같이 중생 또한 그러하니
　　마음과 부처와 중생
　　이 세 가지에는 차별이 없네.

    이 마음이 바로 부처이자 중생이라는 이야기인데, 중요한 점은 내 마음을 잘 다스려 부처님 마음으로 바꾸어야 한다는 것이다. 더 정확히 말해서 중생이라는 먹구름을 살짝 걷어내면 태양같이 밝은 부처님 마음이 드러난다는 뜻이기도 하다. 이런 부처님의 마음은 객관과 분리된 관념으로서의 마음, 생각으로서의 마음이 아니라 나와 너, 인간과 자연, 세계가 모두 들어와 있는 한마음이다.

2. 욕망 다스리기

욕망의 두 얼굴

사람은 욕망 없이 살 수 없다. 사람들은 욕망이 있기 때문에 결핍을 벗어나고자 하고, 고통에서 떠나고자 한다. 살고자 하는 욕망이 없다면 우리는 더 좋은 세상을 희구하지도 않을 것이다. 심미안적 욕망이 없다면 사람들은 미를 추구하지 않을 것이기에 예술은 존재할 수 없다. 선업을 쌓는 것도 욕망 없이는 불가능하다. 원력을 발하는 것 역시 욕망이 없다면 이루어지지 않는다. 선한 의지와 선한 욕망, 아름다운 욕망은 사람들을 실천수행으로 이끌 뿐 아니라 지혜와 해탈을 이룰 수 있도록 돕는다.

그러나 지나친 욕망은 탐욕으로 발전하여 집착을 낳으며, 채워도 채워지지 않는 욕망의 굴레에 빠져 나 자신은 물론 상대방도 괴롭게 만든다. 환경오염과 자연파괴도 모두 인간의 무절제한 욕망이 작용한 결과다. 만약 이 세상의 모든 나라에서 경제발전이라는 자국의 욕망을 충족하기 위해 화석연료를 과다하게 사용하여 이산화탄소 배출을 늘려간다면, 지구온난화로 인한 대재앙을 초래할 것이다.

이렇게 욕망은 삶의 동력이기도 하지만 고통의 씨앗이기도 하다. 부처님께서는 타는 듯한 욕망으로서 갈애는 윤회를 추동하기에 갈애를 잠재워야 한다고 강조하셨다. 인간의 욕망은 아무리 채워도 채워지지 않는 빈 독과 같아서 욕망이 그칠 날은 요원하다. 부처님께서는 이런 욕망에 대해 다음과 같이 말씀하셨다.

> 황금이 소나기처럼 쏟아질지라도
> 사람의 욕망을 다 채울 수는 없다.
> 욕망에는 짧은 쾌락에 많은 고통이 따른다.
> _『법구경』186

거기에다 탐욕스러운 욕망에는 눈이 없다. 아집에 눈이 멀어 앞을 살필 줄 모르고, 자기의 능력을 헤아리지도 못한다. 욕망이 집요한 집착으로 변하면 자기를 속박하는 가장 무서운 무기가 된다. 부처님께서는 말씀하셨다.

> 꽃을 꺾는 일에만 팔려
> 마음에 끈질긴 집착을 가지고
> 욕망에 빠져 허덕이는 사람은
> 마침내 죽음의 악마에게 정복당한다.
> _『법구경』48

욕망하고 집착하는 순간, 우리는 욕망과 집착의 대상인 그 무엇이 나를 영원히 행복하게 해주리라 믿고, 그것만 있으면 나는 영원히 행복하리라 믿는다. 즉 그 '무엇'은 나를 항상 행복하게 하고, '나'는 그것에 항상 행복해하는 나일 것이라 믿는다. 하지만 그것은 착각이고 잘못된 믿음이다. 시간의 강물 위에서 그 믿음은 모래성처럼 너무도 쉽게 허물어진다.

그래서 집착에 묶인 사람은 해탈의 길로 들어서기 힘들다. 집착은 다양한 시각과 생각을 차단하고 고착된 모습으로 자신을 가두어버린다. 자신을 닫고 가두기 때문에 계속 그 언저리에서만 뱅뱅 돌 뿐, 부분을 전체로 착각하며 독선에 빠지기 십상이다. 과도한 자기 욕심이 투영된 욕망에 끌려다니기 때문에 결국 욕망의 노예가 되고 만다. 그 결과 자신도 고통스러울뿐더러 그 사람을 대하는 상대방도 고통스럽다. 욕망과 집착을 잘 다스리지 않는다면 영원히 고통을 피할 길이 없다. 그래서 부처님께서는 욕망이 지배하는 욕계의 삶을 넘어설 것을 강조하셨다.

지족할 줄 아는 것이 최고의 부자

그렇다면 욕망을 어떻게 다스려야 할까? 먼저 소박하고 지족한 삶을 살아야 한다. 소욕小欲하고 지족知足할 줄 알아야 한다. 욕심 부리지 않고 적더라도, 좀 부족하더라도 만족하면서 산다. 꽃은 반쯤 피었을 때 향기도 진하고 아름다운 법이다.

장수를 누리는 학의 배는 반쯤 비어 있다고 한다. 식사도 약간 부족한 듯, 아쉬운 듯 먹어야 건강하고 살이 찌지 않는다. 소식하면 오히려 장수한다. 부족하고 가진 것이 적어도 족하고 충만함을 안다면 그것이 곧 부자로 사는 삶이요, 부자라고 해도 만족을 모르면 항상 허덕이며 살기 마련이다. 지족하는 삶과 마음의 가난은 경제적 궁핍을 의미하지 않는다. 아무리 가진 것이 적다 하더라도 거기에 걸리지 않는 것이다. 그래서 부처님께서는 "만족할 줄 아는 것이 최고의 부자"라고 말씀하셨다.

> 수행자들이여, 갖가지 고뇌에서 벗어나려거든 지족을 통찰하라. 만족할 줄 알아야 곧 부유하고 즐겁고 안온하다. 만족함을 아는 사람은 비록 맨땅 위에 누워 있을지라도 오히려 안락하고, 만족함을 알지 못하는 사람은 비록 천당에 있더라도 자기 마음에 들지 않을 것이요, 만족함을 모르는 사람은 비록 부유하나 가난하고, 만족함을 아는 사람은 비록 가난하나 부유하다. 만족을 모르는 자는 항상 오욕에 이끌려 만족할 줄 아는 사람이 그 사람을 불쌍하게 여기게 된다. 이것을 '지족'이라고 한다.
> _『유교경』「정종본」

소욕지족.
작은 것과 적은 것으로 만족할 줄 알아야 한다.
우리가 누리는 행복은 크고 많은 것보다 작은 것과 적은 것 속에 있다.

크고 많은 것만을 원하면 그 욕망을 채울 길이 없다.

작은 것과 적은 것 속에 삶의 향기인 아름다움과 고마움이 스며 있다.

_법정스님『살아 있는 것은 다 행복하라』

욕망의 방향을 전환하라

둘째, 욕망의 방향을 바꾸어야 한다. 악행을 선행으로, 욕망을 원력으로, 나 자신만의 행복보다는 이웃과 더불어 사는 삶으로 욕망의 방향을 바꾸어야 한다. 욕망에 끌려가는 삶을 업생業生이라고 한다. 반면 욕망을 자비와 생명창조의 에너지로 바꾸어 희망을 품고 진취적으로 사는 것을 원생願生이라고 한다.『대반열반경』「사자후보살품」에서 "보살은 중생의 해탈을 위해 대원력을 발하여 그런 중생의 몸을 받아 태어나길 원한다[願生]"라고 하였다. 이 원생과 관련하여 세친보살도 다음과 같이 원을 세운다.

세존이시여, 제가 이제 시방세계가 다하도록
가없는 광명의 부처님께 귀명하오니
안락한 극락정토에 태어나길 원하옵니다.
_『왕생론』「원생게」

원력은 자기를 창조해 나간다. 자기를 무한히 향상시켜 나간다. 나아가 이런 서원은 보편적 인류애에 바탕을 두기 때문에 상대방과 걸림이 없이 자유롭다. 수행의 힘으로 욕망을 다스리면 욕망은 오히려 창조력으로 작용한다. 이런 원력이 무아, 공에 바탕을 두고 걸림 없이 작용한다면 그것은 허공을 가르는 자유의 날갯짓이다.

> 보살은 모든 것이 무아라고 생각하고 대비심을 일으켜 모든 이웃을 구제하면서도 그 일에 물들지 않는다. 세상을 초월해 있으면서도 세상을 따르고 있다. 이것이 보살의 집착 없는 행이다.
> _『화엄경』20권 「십행품」

원력은 이렇게 무아와 공에 입각해 자리이타의 마음으로 전체와 하나가 되어 움직이기에 물러서지 않는 힘으로 작용한다. 자신을 철저히 비울 때 이웃을 향한, 세상을 향한 편견 없는 보편적 큰 자비를 실천하게 된다. 이런 보편적인 큰 자비를 전문용어로 무연자비無緣慈悲 혹은 또한 동체대비同體大悲라고 한다. 공으로 자신을 비운 한 마음은, 한계가 없고 걸림이 없다. 그래서 누군가에게는 큰 울림과 감동으로 다가온다.

3. 분노 다스리기

왜 화내지 말라고 하는가

우리는 내 생각과 어긋나고, 내 욕구와 반하며, 내 살림을 침해하는 상황을 접하면 '욱' 하고 화가 치밀어 오른다. 우리 사회에 만연한 양극화 현상으로 못 가진 자는 가진 자들에게 상대적 불평등을 느끼며 분노한다. 이런 분노는 폭언과 폭행, 싸움으로 번지며 심한 경우 살인까지 부른다. 국가 간에는 전쟁을 불사하고, 결국엔 큰 희생을 치르고 만다.

그렇지만 내 자신이나 가족이 생명의 위협에 처해 있는데 분노하지 않고 싸우지 않는다면, 그것은 무책임한 방종이고 자기기만이며 살아 있음을 포기하는 것과 다르지 않다. 중생으로 살아가는 자신에 대해 분한 마음이 솟아나지 않는다면 수행 또한 어렵다. 잘못을 저지른 나 자신에게 화가 나지 않는다면 더 이상 삶의 진전은 없다. 거룩한 분노 또한 소중하지 않은가? 그렇다면 불교에서는 분노를 어떻게 바라보고 있을까? 부처님께서는 천신 제석천의 신앙고백을 빌려 다음과 같이 말씀하신다.

> 분노에 정복당하지 마라.
> 화내는 이에게 같이 화내지 마라.
> 분노하지 않고 남을 해치지 않는 이는
> 항상 부처님 안에 사는 사람이다.
> 마치 산사태가 무너져 내리듯이
> 분노 때문에 악한 이들은 무너져 내린다.
> _『상윳따 니까야』11 : 25「분노 없음의 경」

분노를 다른 말로 화라고 한다. 화는 불[火]처럼 모든 것을 태운다. 그래서 분노의 불길이 솟아오른다고 한다. 불이 번지면 모든 것을 태우듯이, 분노는 자신이 일구어놓은 모든 공덕과 나 자신마저도 순식간에 태워버린다. 그래서 부처님께서는 분노를 끊으면 편안하고 슬프지 않다고 하셨다.『화엄경』에서도 보살이 성내는 마음을 일으키면 100만 가지 장애의 문을 일으킨다고 했다.

그런데 살다 보면 분노가 불쑥불쑥 치밀어 오른다. 분노가 올라오는 이유는 '나'와 '나의 것'에 대한 집착과 이기심이 꿈틀거리기 때문이다. 분노에는 자신의 좌절된 욕구가 자리 잡고 있다. 그래서 내 욕망이 성취되지 못했을 때, 나의 존재감에 상처를 줄 때, 내가 면박을 받거나 기분이 상했을 때, 나에게 폭력을 행사할 때, "네가 나에게 이럴 수 있어?" 하면서 분노가 올라온다.

하지만 그 분노의 감정에 휩쓸리지 말아야 한다. 분노를 표출하는 순간, 자신을 제어하지 못함은 물론 상호충돌로 상대방에게 큰 상처를 준다. 분노가 가시지 않는 한 마음이 안정되지 않고 화로 가득 차 있기에 상황을 개선하긴 더욱 힘들다. 또한 잦은 분노는 건강을 악화시키고 마음을 병들게 한다. 이런 분노와 원한은 결코 원한으로 풀리지 않는다. 반면 상대방이 분노하는 것을 보고도 자신을 다스려 분노하지 않으면 진정한 승리자가 될 수 있을 뿐 아니라 나와 상대방 모두에게 유익하다.

> 이 세상의 원한은 원한에 의해 다스려지지 않는다.
> 원한은 원한을 버림으로써 사라지니,
> 이것이 영원한 진리다.
> _『법구경』5

분노 다스리기

그렇다면 분노를 무작정 참으란 말인가? 사실 분노를 해소하지 않고 마음속에 간직하고 있으면 그것이 화병이 되어 언젠가는 더 크게 폭발하기 마련이다. 분노를 충분히 녹여내지 못한 채 혼자서 껴안고 있다가 견딜 수가 없어 그런 극단적인 상황을 불러오는 것이다. 불특정 다수에 대한 무자비한 테러와 살상이 그 단적인 예다. 그러니 분노를 마음에 숨기거나 간직하지 말아야 한다.

분노를 다스리고 이기는 방법으로 불교에서는 자애와 인욕을 강조한다. 자애란 사랑이요, 너그러운 마음이다.

> 자애로써 분노를 다스려라.
> 선으로써 악을 다스려라.
> 베풂으로써 인색함을 다스려라.
> 진실로써 거짓을 다스려라.
> _『법구경』 223

인욕은 나를 비우고 참는 것이다. 억지로 화를 억누르지 않고, 내가 무아임을 통찰하고 수용하고 받아들인다. 모든 것은 지나가기 마련이며 무상하다는 사실을 통찰하고 놓아버리는 것이다. 이런 통찰로 인욕을 한다면 참지 못할 분노란 없다.

> 인욕이란 힘을 간직한 대인大人의 근본적인 공덕임을 알아야 한다. 이른바 고통을 참고, 사상思想을 참고, 질병을 참고, 굶주림을 참고, 피곤함을 참고, 추위와 더위를 참고, 근심을 참고, 뜨거운 번뇌를 참고, 욕하는 것을 참아서 치욕이 없이 하고, 때리는 것을 참아서 노여움을 내지 않고, 탐욕을 참아서 애착을 없이 하고, 교만함을 참아서 도에 등지지 않고, 참기 어려운 것을 참고, 하기 어려운 것을 참고, 짓기 어려운 것을 참고, 처리하기 어려운 것을 참아야 한다. 이같이 행할 수 있으면 참으로 대인욕大忍辱이라 말할 수 있다.”
> _『광홍명집』 「계법섭생문」

그다음 방법으로는 분노가 일어났을 때 '내가 화가 났구나' 하고 알아차리는 것이다. 분노하고 있는 나를 알아차리는 순간, 나는 분노에서 벗어날 수 있다. '아, 내가 분노하고 있구나' 하고 알아차리면 분노로 치닫는 생각의 작용을 멈출 수 있다. 또 다른 방법으로 좋다 나쁘다 판단하지 않고, 자신이 처한 상황을 좀더 멀리 떨어져 바라본다. 화가 올라오면, 그 올라오는 마음을 수행으로 잠재운다. 예컨대 염불이나 주력, 화두 등으로 분노의 감정을 다스린다. 그렇게 해서 마음의 평정을 찾고 나의 좌절된 욕구를 어루만지고 치유하면서 현재의 상황을 수용하고 이해하며 지혜롭게 대처해 나가는 것이 불자다운 삶이다.

사회적 불평등과 불의에 대하여

그렇다면 옳지 못한 상황이나 사회적 불평등과 불의에 대해서는 어떻게 대처해야 하는가? 부처님께서는 그런 상황에 처했을 때 분노하지 않으셨다. 대신 평정한 마음과 위엄 있는 태도로 엄하게 꾸짖거나 훈계하셨다. 설사 엄하게 말씀하신다 하더라도 방편으로 그리했지 실제로 분노에 휩싸이진 않으셨다. 분노하더라도 분노를 바라보며 평정심을 유지하셨다. 부처님께서는 열반에 들 무렵 40년 동안 수행을 등한시하고 자만심과 아상이 강했던 찬나 비구에게 다음과 같은 최고의 벌을 내리셨다. 그것은 냉담하게 대하는 것이었다.

아난다여, 수행승 찬나가 자기가 원하는 것을 이야기하더라도 수행자들은 결코 그에게 말을 해서도 안 되고 충고를 해도 안 되고 가르침을 주어도 안 된다.

_『디가 니까야』 16 「대반열반경」

요즘 말로 하면 아상이 강하고 자기 마음대로 행동하는 사람에게는 일절 대응하지 말라는 것이다. 그에게 아무 말도 하지 말고 신경 쓰지도 말고 냉랭하게 대하란 뜻이다. 하지만 대승불교에 오게 되면 자비의 화신인 관세음보살도 불의한 자에 대해서는 분노하는 모습을 보인다. 바로 십일면 관음의 자애로운 모습과 분노하는 모습이 그렇다.

앞의 삼면은 자애로운 모습인데 착한 중생을 보고 자애로운 마음[慈心]을 일으켜 이를 찬양함을 나타내었다. 왼쪽의 삼면은 분노하는 모습인데 악한 중생을 보고 슬퍼하는 마음[悲心]을 일으켜 그를 고통에서 구하려 함을 나타내었다.

_『십일면신주심경의소』

말의 머리를 한 마두관음은 자비의 방편으로 크게 분노하는 모습을 하고 있다. 사회적 폭력이나 불평등에 저항하지 않고 참고 침묵함은 올바른 태도가 아니다. 소극적이거나 방관적 침묵은 오히려 사회악을 더욱 조장할 뿐이다. 그런 의미에서 사회적 불의에 대한 거룩한 분노와 항거는 필요하다. 다만 그런 분노가 폭력으로 가지는 말아야 한다. 비폭력, 무저항, 불살생으로 사회적 불의나 폭거에 저항해야 한다. 잘못된 행위에 대해서는 준엄하게 꾸짖고 경책하며 개선해 나가야 한다. 그것을 불교에서는 삿된 것을 파하고 옳음을 드러내는 것이라 해서 파사현정破邪顯正이라 한다. 고통과 분노를 유발하는 부당한 사회구조를 바로잡고 고통 받는 마지막 중생 한 명이라도 저버리지 않고 보살피며 감싸안는 자비행이야말로 보살의 숭고한 삶이다. 불의는 마땅히 시정되어야 한다. 그런 의미에서 연민의 마음으로 사회적 아픔을 제거하고 다 함께 잘 사는 생명평화 공동체를 건설하는 것이 중요하다.

4. 어리석음 다스리기

어리석음의 독소

어리석음이란 무엇인가? 진실이 뭔지 잘 가려내지 못하고 잘못된 믿음에 집착하여 사태를 엉뚱한 방향으로 몰고 가거나 현명하지 못한 결정을 내리고 그에 따라 행동하는 것을 보통 어리석다고 한다. 눈이 가려진 사람들은 어리석게 행동하고 만다. 그렇다면 불교에서는 어리석음을 어떻게 정의할까?

분노하고 끝없는 욕망을 일으키는 근본적인 이유를 불교에서는 어리석음에서 찾는다. 사람들이 진리를 몰라 방황하고 길을 헤매는 것도 어리석기 때문이다. 번뇌에 물드는 것은 물론 극단적으로 어느 한편에 집착하는 것도 어리석은 상태와 같다. 앞뒤가 바뀐 생각으로 망상을 일으키거나 뒤바뀐 생각에 잠기어 나도 힘들고 상대방도 괴롭게 하는 것 역시 어리석음에서 기인한다. 이는 진실이 아닌 것을 진실로 아는 허위의식과도 통한다. 그래서 불교에서는 어리석으면 고통스럽고 생사윤회를 벗어나기 힘들다고 한다.

> 잠 못 드는 사람에게 밤은 길고
> 피곤한 나그네에게 길은 멀 듯이
> 진리를 모르는 어리석은 사람에게
> 생사의 밤길은 멀고 멀어라.
> _『법구경』60

어리석음에 대한 불교의 용어는 치癡다. 이를 때론 미혹이라고도 하고, 무지 혹은 무명으로 연결 짓기도 한다.

어리석음이란

어리석음을 탐욕과 분노와 더불어 사람들을 병과 죽음으로 몰고 가는 세 가지 독이라고 해서 삼독三毒이라 일컫는다. 이 삼독 때문에 우리는 사람들과 잘 어울리지 못하고 장벽을 쌓으며 마음이 불편하고 괴롭다. 이로 인해 스트레스를 받으면 행복과 평화는 저 멀리 있을 뿐이다. 온몸에 독이 퍼지면 죽음을 면치 못하듯, 삼독은 우리들의 몸과 마음을 치명적인 죽음으로 몰고 간다.

탐욕에는 모든 것을 불태우는 가장 강한 성격이 있지만, 삼독 모두에도 모든 것을 불태워 하루아침에 잿더미로 만드는 성격이 있다. 부처님께서는 불을 섬기는 가섭 삼형제를 교화하던 중에 모든 것이 불타고 있다고 말씀하시며, 불타고 있는 이유에 대해 다음과 같이 말씀하셨다.

> 무엇에 의해 불타고 있는가? 탐욕의 불로 타고 있고, 성냄의 불로 타고 있으며, 어리석음의 불로 타고 있고, 태어남·늙음·병듦·죽음·근심·슬픔·번민·괴로움으로 불타고 있다.
> _『잡아함경』8권「시현경」

『법구경』은 삼독과 관련하여 더 구체적인 비유를 들어 설명한다.

> 탐욕처럼 심한 불길은 없고
> 분노처럼 심한 살생도 없으며,
> 어리석음에 비할 자신을 옥죄는 올가미도 없고
> 갈애와 같은 거센 물결도 없다.
> _『법구경』251

불교에서 바라보는 어리석음의 일차적 정의는 무지다. 이 무지는 연기, 무상, 무아, 공에 대한 무지를 일컫는다. 세계의 모든 것들이 고정불변하지 않고 항상 변한다는 사실에 대한 무지이며, 나 자신도 실체가 없다는 무아에 대한 무지를 말한다.

이를 확대 해석하면 어떤 고정된 시각에 고착된 것도 무지요, 어리석음이다. 자신만의 선입견이나 잘못된 시각에 머물러 거기서 헤어날 줄 모른다. 그러니 판단력이 흐려질 수밖에 없다. 거짓을 진실로 오해하여 물의를 일으키며, 눈앞의 이익에 눈이 멀어 눈뜬장님처럼 생사를 헤맨다.

탐욕과 증오는 밖에서 생기는 것이 아니라 자기 자신의 어리석은 마음에서 일어난다.

> 탐욕과 증오는 자기 자신에게서 일어난다. 싫어함과 좋아함과 공포도 자기 자신에게서 일어난다.
> _『숫타니파타』 271 「쑤찔로마의 경」

사람들이 분노하며 탐욕을 일으키는 중심에는 나와 나의 것에 집착하는 어리석음이 도사리고 있다. 내 마음에 거슬리니 분노하고 짜증내며, 내 욕구를 채우고자 끝없이 욕망하며 탐욕의 길을 걷는다. '나'를 고정불변한 존재로 착각하여 '나'와 '너'를 경계 짓고, '나' 아닌 '너'를 배제하며 '나만 잘살자' '나' '내 가족' '내 집단'에 집착하여 자꾸 나 위주로 살아서 남이 그 선을 넘으면 분노하고 해치게 된다. 바싹 말라가는 연못의 물고기처럼 부들부들 떨고 노여워한다. 하지만 사실 내 것이란 없지 않은가.

> 이것은 내 것이고 저것은 어떤 다른 자의 것이라는 생각이 없다면, 사실상 내 것이란 없으므로 나에게서 없다고 해서 슬퍼하지 않는다.
> _『숫타니파타』 951 「폭력을 휘두르는 자아의 경」

어리석음 다스리기

그렇다면 어떻게 어리석음을 다스릴까? 먼저 불교공부를 하여 중도, 연기 등의 이치를 바로 알아야 한다. 여기에는 무상과 무아의 도리가 설득력 있게 설명되어 있기 때문이다. 불교공부의 길은 법문이나 불교 강좌 듣기, 불서 읽기, 그 밖에 무아와 무상, 연기와 관련한 선지식들의 말씀이나 이와 관련한 책 읽기와 사유 그리고 내면의 성찰이 있다. 나아가 머리와 사유로 잘 이해하고 느끼는 데서 멈추는 것이 아니라 수행과 체험을 통해 무상과 무아에 대한 올바른 통찰이 일어나야 한다. 이런 통찰적 지혜는 깨달음으로 연결된다.

> 이 몸과 마음은 무상하다. 무상한 것은 괴롭다. 괴로운 것은 실체가 없다. 실체가 없는 것은 내가 아니다. 그것은 내가 아니고 그것은 나의 자아가 아니라고 있는 그대로 바른 통찰지로 알아야 한다.
> _『쌍윳따 니까야』 22 : 15 「무상한 것의 경」

그리고 어리석음을 다스리려면 자기를 비우는 실천이 중요하다. 나를 비우고 나를 허공처럼 열어야 한다. 이렇게 해서 지혜가 밝아졌을 때 나와 남, 나와 다른 생명, 나와 우주가 따로 존재하는 것이 아니라 서로 연결되어 있다는 존재의 실상을 꿰뚫게 된다. 이것저것 나를 중심으로 놓고 따지는 분별의식을 멈추고 자기를 비우면 사실을 있는 그대로 보기에 삶의 안목도 생기고 전체를 보는 통찰력도 생긴다. 그러면 어리석은 결정은 내리지 않게 된다. 무지몽매한 생각에서도 빠져나올 수 있다. 마음을 푹 쉴 때 목전의 일에 급급하지 않고 멀리 보게 된다. 그러면 길이 보인다. 집착하는 마음을 내려놓을 때 참된 본성에 눈을 뜨게 된다.

그렇다면 어떻게 자기 비움을 실천하는가? 그 길은 아낌없는 보시나 봉사활동, 동료나 이웃에 대한 사랑과 보살핌, 배려와 격려, 겸허하고 겸손한 마음가짐, 함께하는 삶, 기다릴 줄 아는 삶의 여유와 넉넉한 마음 등을 통해 나 자신에게 각성을 주며 여물어간다.

일상에서 지혜를 가로막는 가장 큰 요인은 마음과 사고가 굳는 것이다. 굳어 있으면 유연하지 못하고 자유롭지 못하며 막히기 마련이다. 심지어 육신이 딱딱하게 굳으면 죽는 것처럼, 마음이 바싹 굳으면 그 사람은 죽음을 면치 못한다. 그런 의미에서 아상을 비워 자신을 열고 마음을 부드럽게 달래가며 유연성을 기르고 함께 모여 이야기하며 상대방의 마음과 말에 귀를 기울여볼 일이다.

5. 교만심 다스리기

교만과 오만의 독소

교만과 오만이 부르는 독선은 주변 사람들을 힘들게 한다. 그리고 교만한 사람일수록 이상이 높아 자신을 비우는 지혜에서 멀어지고 결국에는 스스로 외롭고 쓸쓸한 길로 접어들고 만다. 이런 교만과 병적인 자기과시는 소위 권력자들, 가진 자들이나 배운 사람이 많이 걸리기도 하지만 사람들 모두가 이런 교만심과 자기과시욕을 어느 정도 가지고 있다. 자존감이나 진정한 자기애는 삶의 중요한 활력소이지만 교만과 자기과시는 타인을 불편하게 만들고 제 스스로 갈 길을 막는 어리석음을 자초한다.

> 만약 조금이라도 들은 바가 있어
> 스스로 위대하다고 여겨 남에게 교만하면
> 이는 앞 못 보는 사람이 등불에 집착하는 것과 같다.

다른 사람들을 비추더라도 자기를 밝히지 못한다.

_『법구경』「다문품」

자기주장이 강하고 교만과 오만으로 다른 사람의 의견이나 입장을 완전히 무시하면서 독선적인 말과 행동으로 주변 사람들에게 상처를 주고 살아가는 사람이 우리 주변에 많다. 이런 사람들은 타인의 의견 듣기를 거부하며 귀를 닫아버리고 군림하듯 산다. 이런 교만은 부처님도 못 말리는 병이라고 할 정도로 고치기 어렵다. 부처님 말씀도 들으려 하지 않고 머릿속이 온통 자신의 생각이나 오만으로 꽉 차 있기 때문이다.

교만이란

교만이라는 번뇌는 자신이 잘한 일에 우쭐거린다는 교驕의 의미와 타인과 비교하여 타인을 경멸하고 자기를 높여 거만하게 구는 만慢의 의미가 결합된 말이다. 한마디로 교만이란 우쭐거리며 거만하게 군다는 내용이다.

교만보다는 그 정도가 약하긴 하지만 자기과시욕인 자기 자랑, 집안 자랑, 자식 자랑, 출신 자랑 등은 사람들 마음에 아주 깊숙이 자리 잡고 있어 나도 모르게 불쑥불쑥 튀어나온다.

이런 교만은 왜곡된 자기애가 빚어낸 결과이며, 자신의 모습을 가리기 위해 가면을 쓴 것이나 다를 바 없다. 온전히 자기 자신을 사랑하지 못하고 비교하거나 남의 눈에 비친 자신을 지나치게 의식하다 보니 이런 결과를 낳는다. 헛된 망상과 교만한 의식에 사로잡혀 잘 난 체하고, 화장을 하고 덧칠을 한다. 예쁘고 멋지며 똑똑한 사람으로, 잘난 사람으로 보이기 위해 공주의 탈을 쓰고 왕자의 탈을 쓴다. 하지만 이런 행동은 자기 자신을 속이기 때문에 허전함을 달래지 못하고 남들로부터 비난과 손가락질을 면치 못한다.

교만에 사로잡혀 있으면 보살의 반야지혜를 얻지 못한다고 『반야바라밀다경』에서는 말한다. 지혜가 없는 삶은 암흑이요, 고통이다. 얻을 바가 없는 지혜는 교만을 잠재운다.

> 보살은 얻는 바 없음을 방편으로 삼아 마음에 편안히 머무르고 또한 스스로 뽐내면서 교만을 부리지 않는다.
>
> _『반야바라밀다경』

교만 다스리기

교만을 없애는 방법으로 가장 좋은 방법은 자신이 무아임을 통찰하고 나 또한 상대방과 어우러져 살고 있는 연기적 존재임을 각성하는 것이다. 교만과 관련지어 무아를 실천하는 좋은 방법은 하심下心하는 삶이다. 하심은 자신을 낮추고 상대방을 공경한다. 겸허하고 겸손하게 산다. 겸허하게 말하고 행동한다. '나'라는 생각, '내가 누군데'라는 자아의식, '나는 이런 사람'이라고 뽐내고 우쭐대는 오만함을 버린다.

> 태산 같은 자부심을 가지고
> 누운 풀처럼 자기를 낮추어라.
> 임금처럼 위엄을 갖추고
> 구름처럼 한가로워라.
> _『잡보장경』3권「용왕의 게송 인연」

> '나'라는 산이 무너지는 곳에 함이 없는 도가 저절로 이루어지고
> 하심하는 사람에겐 만 가지 복이 저절로 들어온다.
> _『자경문』

연기적 존재로서 나 자신은 상대방의 도움 없이는 존재 자체가 불가능하다. 그런 의미에서 겸허하게 자신을 낮추고 상대를 공경하고 존중하는 것은 아주 기본적인 인간의 도리다. 연기적 존재로서 이웃과 세상은 나를 살려주고 길러준다. 그러므로 이웃을 부처님으로 공경하고 공양하는 것이 불자의 삶이기도 하다.

남을 업신여기지 않고 존중하는 대표적인 인물로『묘법연화경』에 등장하는 상불경보살을 들 수 있다. 그는 언제나 사람들에게 절을 하며 "당신은 장차 부처님이 되실 분입니다"라고 찬탄하였다. 물론 그의 공손한 찬탄은 때때로 오해를 불러와서 사람들은 오히려 "누굴 놀리냐!"며 비난하거나 심지어 때리기까지 했지만, 상불경보살은 그런 사람들을 피해 멀리 달아나면서도 쉬지 않고 "당신은 부

처님입니다"라고 소리쳤다.

하심이 철저하게 자신에게 집중된 수행덕목이라면 '상대방을 업신여기지 않고 높이는 일'은 완벽하게 대상과의 관계 속에서 이루어지는 보살행이다. 많이 부족하고 심술궂고 제멋대로이며 난폭하기까지 한 저 사람을 내 주관으로 바라보고 판단하지 말고, 그 역시 소중하고 존귀한, 딱 나처럼 남에게 존중 받아야 할 존재라고 인정하고 받아들이는 태도가 중요하다.

하심하고 남을 존중한다고 해서 스스로를 업신여기라는 말은 아니다. 나 자신 역시 사랑해야 한다. 그런 의미에서 스스로 태산 같은 자존감을 지녀야 한다. 연기적 존재로서 나 자신은 소중한 몸이다. 나를 중심으로 보자면 세상은 나에게 햇빛과 별빛을 내려주고 생명을 주어 사랑으로 길러주기 때문이다. 그렇게 나는 세상에서 둘로 없는 소중한 존재로 사랑을 받고 있고, 또한 사랑을 주고 있는 자비로운 존재다.

> 마음을 다해 사방을 찾아보아도
> 자신보다 사랑스러운 사람은 볼 수 없구나.
> 이처럼 누구에게나 자신은 사랑스러운 법
> 그러므로 자신을 사랑하는 사람은 남을 해치지 말지어다.
> _『쌍윳따 니까야』 3 : 8 「말리까의 경」

벼는 익을수록 고개를 숙이는 법이다. 둘도 없는 나 자신의 존엄성을 간직하면서 겸허하고 겸손하게 자신을 낮추는 사람은 어떤 난

관이 와도 무너지지 않으며 절망에 빠지지 않는다. 겸손하지 못하고
교만하면 사람들로부터 멀어지며 법에서도 멀어진다.

마땅히 달처럼 살라.
처음 배움 길에 들어선 사람처럼
부끄러움을 느끼고 겸손하며 교만하지 마라.
온 마음을 기울이며 몸을 낮추어 타인과 관계하라.
눈밝은 사람이 깊은 물을 건너거나 가파른 산봉우리를 오를 때처럼
온 마음을 기울이고 몸을 낮추어 천천히 나아가라.
_『잡아함경』41권「월유경」

6. 무거운 마음 내려놓기

내려놓는다는 것, 쉰다는 것

우리는 보통 무슨 일을 하다가도 잡념과 망상으로 일에 집중하지도 못하고 엉뚱한 상상의 나래를 편다. 무엇인가 마음에 무겁게 걸려 있으면 발걸음은 천근만근이다. 게다가 과도한 집착으로 사랑이 애증으로 변하여 상대에게 씻을 수 없는 상처를 남기는 경우가 흔하다. 진정 행복한 수행자는 뱀이 허물을 벗듯 이 세상과 저 세상의 집착과 망상 등을 다 버리고 내려놓는다.

그래서 말한다.

"쉬어라[休], 비워라[歇], 버려라[捨], 내려놓아라[放下着]."

『능엄경』에서는 쉬는 것이 얼마나 중요한 일인지 강조하기 위해 "쉬는 것이 깨달음이다"라고 하였다. 임제선사는 "쉬고 또 쉬어 아무 일 없이 지내라"라고 했다. 진정한 쉼은 깨달음과 통한다. 황벽선사도 밖에서 찾지 말고 쉴 것을 강조한다.

다만 중생은 겉모습에 집착하여 밖으로만 찾는다.

그러나 찾으면 찾을수록 더욱 멀어진다.

부처가 다시 부처를 찾고, 마음이 다시 마음에 매달려 있다면

겁이 다하고 삼라만상이 무너져 내려도 끝내 얻을 수 없을 것이다.

생각과 헛된 잡념을 쉬면 부처는 저절로 눈앞에 나타난다.

_『전심법요』

　얼마나 많은 사람들이 번뇌와 망상과 싸우며 하루를 힘들게 보내고 있는지 자신을 들여다보면 잘 알 수 있다. 사실 잡념과 망상이 우리의 하루를 거의 지배한다 해도 과언은 아니다. 그래서 일상에서 쉬고 내려놓기란 쉽지 않다. '내려놓기'에 대한 선문답 하나를 소개하겠다.

　엄양존자가 조주선사에게 물었다.

"모든 것을 버리고 한 물건도 가져오지 않을 때는 어찌해야 합니까?"

"내려놓아라."

"한 물건도 가지고 오지 않았는데 무엇을 내려놓으라는 말입니까?"

"그렇다면 짊어지고 가게."

이 말을 들은 엄양존자는 그 자리에서 크게 깨달았다.

_『조주록』

　위 일화는 '내려놓기' 즉 '방하착放下着'이라는 선가의 화두로 잘 알

려진 이야기이다. 엄양존자는 수행을 열심히 해 모든 것을 철저히 비워 더 이상 버릴 게 없다고 생각했나 보다. 그런데 조주선사는 그렇게 비웠다는 생각마저 버리라고 천둥 치듯 충격을 준다. 그 순간 '아' 하고 비웠다는 그 생각마저 떨어져 나간다.

진정한 내려놓음은 이름에 있는 것도 아니고, 생각이나 뜻 속에 있는 것도 아니다. 내려놓음이라는 말이나 생각에 머문다면 그것은 관념의 유희에 지나지 않는다. 내려놓았다는 생각에 머문다면 그것은 내려놓았다는 생각을 다시 들고 있는 게 아닐까? 그런 생각의 자취마저 끊어야 한다. 이름이나 생각도 텅 빈 성품 자체임을 깨닫는다면 어떤 개념에도 머묾 없이 자유롭게 노닐 수 있다. 대승불교에서는 말하는 공空이 그렇다. 공은 철저한 비움과 내려놓음을 이야기한다. 색은 공하다. 나와 세상은 고정됨이 없다. 그것을 내려놓아라.

크게 내려놓으면 크게 산다

철저한 무집착과 자기 비움. 어떠한 것도 바라지 않고, 어떤 것도 두려워하지 않는 자유와 청빈, 무소유의 정신이 공에는 깃들어 있다. 공에 철저해져 내려놓으면 오히려 크게 산다. 그래서 선가에서는 말한다. "한번 크게 죽으면 새롭게 산다." 그러면 공이 다시 색으로 움직이며 걸림 없는 삶을 새롭게 산다.

또한 내려놓는다는 것은 우리 일상의 무거운 짐은 물론 쓸데없는 망상을 그치는 데도 큰 도움이 된다. 우리는 부주의한 일 처리, 과도

한 업무에 대한 부담감, 상사에게 보고하지 않고 진행한 일에 대한 걱정, 부부간 혹은 동료 간 불편한 언사로 인한 갈등과 불화, 오해로 말미암은 억울한 마음 등으로 마음을 옥죄고 있다. 더 심각한 것은 이런 걱정거리와 연관된 과도한 망상과 잡념이다.

이런 걱정과 망상에서 벗어나지 못하고 걱정거리들이 시시각각 생멸을 거듭하면 내 마음에 업이 되어 쌓인다. 업이 되어 내 마음에 쌓이면 그것이 커다란 장애가 되어 나의 앞길을 툭툭 가로막으며 삶을 더욱 힘들게 한다.

어떻게 내려놓는가, 깨어 있기

그러면 어떻게 내려놓는가? 생각을 놓아버리면 된다. 망상을 멈추면 된다. 생각에 생각이 꼬리를 무는 순간 우리는 온갖 잡념에 시달리게 된다. 물론 지금 이 자리에서 직면한 일에 대한 깊은 생각과 집중은 사유의 폭을 넓히고 사물과 사태를 깊이 통찰하게끔 하지만 잡념이나 망상, 불안에 빠지게 되면 고통스럽기 마련이다.

지나간 일에 대한 지나친 걱정도 내려놓고 오지 않은 미래에 대한 망상도 내려놓는다. 오직 현재 내가 직면한 일에 집중하고 그것에만 깨어 있으면 된다. 부처님께서는 항상 얼굴이 맑았다. 어느 날 한 하늘의 신이 부처님을 찾아와 부처님 얼굴이 환한 이유를 묻자 부처님께서 게송으로 답하셨다.

지나간 과거에 근심하지 않고
다가올 미래를 끌어안지 않으며
현재에 일어나는 그대로 올바로 알아차리고
먹는 것도 그대로 알아차리기에
얼굴빛이 환하다.

미래에 마음이 치달리지 않고
과거를 돌아보고 근심하고 번민하면
어리석음의 불로 제 자신을 태우는 것이니
마치 우박이 초목을 꺾는 것과 같다.
_『잡아함경』 36권 「아련야경」

이와 관련한 부처님 말씀이 또 하나 있다.

과거에 매달리지 말고
미래도 염려하지 마라.
과거는 이미 사라졌고
미래는 아직 오지 않았다.

현재의 모든 일에 대해
이와 같이 생각해야 하나니
어느 것도 견고하지 못함을 기억하라.
지혜로운 자는 이와 같이 깨어 있다.

_『중아함경』43권「온천림천경」

생각을 일어나지 않게 할 수 없다. 생각은 마음의 자연스러운 기능이다. 하지만 쓸데없는 잡념이나 망상에 빠져 그 생각에서 벗어나지 못하고 놓지 못하면 거기에 갇히고 만다. 그 생각에 갇히는 순간 근심에 쌓이고 불안하며 평화롭지 못하다. 그래서 생각을 내려놓아야 한다. 내려놓는 연습을 하면 할수록 그만큼 평화롭고 자유롭다. 그 길로 인도하는 것이 다양한 수행과 명상법이다.

7. 우울증과 열등감 다스리기

우울증이라는 병

전 세계인 다섯 명 가운데 한 명이 우울증을 앓고 있다고 한다. 전문
가들은 자살하는 사람의 80퍼센트가 우울증 환자라고 전한다. 불명
예스럽게도 우리나라는 OECD 회원국 가운데 자살률이 가장 높다.

　불교에서는 우울증과 열등감, 자기비하 등을 번뇌 망상으로 본다.
현실을 직시하지 못하고 잘못된 생각에 빠져 있기에 우울하고 열등
감에 사로잡히게 된다는 뜻이다. 우울감에 해당하는 말로 '우해憂海'
라는 말이 있다. 근심의 바다란 뜻이다. 아난존자는 부처님께서 열
반에 드시자 근심의 바다에 빠져 우울해한다. 그때 한 수행자가 그
에게 이렇게 충고한다.

　　그대는 부처님 법의 창고를 지킬 사람이다. 범부들처럼 스스로 근심
　　의 바다에 빠져서는 안 된다. 온갖 것들은 모두가 무상한 모습이니,

그대여, 너무 우울해하지 마라.
_『대지도론』 2권

　이 경전에서도 말하듯이 근심의 바다에 빠지는 결정적인 이유는 무상을 통찰하지 못하였기 때문이다. 모든 것은 인연 따라 흘러가고 변하기 마련인데, 어느 하나의 고정된 시각에 사로잡혀 거기에 걸리고 근심의 바다에서 헤어나오지 못한다. 『정법념처경』에서는 출가 수행자들이 세속을 그리워하고 세속의 맛에 탐착하고 애정의 그물에 걸려 근심의 바다에서 우울해하는데, 그것은 어리석음 때문이라고 한다.

　비단 이뿐만이 아니다. 현대에 들어와서는 살아가면서 겪는 여러 가지 실의와 좌절, 스트레스가 사람들을 우울하게 만든다. 한 연구 보고서에 따르면 우리나라 직장인의 스트레스가 세계 최고 수준이며, 직장인의 70퍼센트가 회사 우울증에 시달린다고 한다. 승자만이 인정받는 치열한 경쟁사회에서 우수한 실적을 남기지 않으면 언제든 도태될지도 모른다는 과도한 두려움과 염려가 심한 우울증과 자살을 유발하기 때문이다.

　직장인뿐이겠는가? 학생들은 성적과 진학, 노인들은 아픔과 외로움에 우울증을 앓는다. 이뿐 아니라 많은 사람들이 생활고, 가정불화, 장래에 대한 고민, 사업 실패, 염세厭世 등으로 슬프고 우울하다. 경쟁에서 뒤지거나 업무능력, 시험성적 등에 따라 열등감이 쌓이고 자신감을 상실하기도 한다. 특히 자존감에 심한 손상을 받으면 자살로까지 이어진다.

두 번째 화살을 맞지 마라

누구나 인생살이에 굴곡이 있기 마련이고, 한 사람이 모든 것을 다 잘할 수는 없는 노릇이다. 아무리 잘나고 뛰어난 사람도, 성공한 사람도, 그렇지 못한 사람도 모두 좌절과 슬픔을 겪으며 깊은 고뇌에 빠진다. 하지만 지혜로운 사람은 좌절과 고통에 집착하지 않는다. 자신의 생각에 갇힌 사람은 상처를 받거나 경쟁에서 뒤지게 되면 자신을 자책하며 과대망상에 빠진다. 자신의 생각, 관념, 감정에 빠져 세상을 있는 그대로 보지 못한다. 걱정에 걱정을 더하고 상처에 상처를 더하는 꼴이다. 현실을 착각하고 왜곡하며 자학하고 스스로 못난이 취급을 한다. 그래서 부처님께서는 두 번째 화살을 맞지 말라고 말씀하셨다.

> 수행자들이여, 배우지 못한 범부는 육체의 고통을 겪게 되면
> 근심하고 상심하며 슬퍼하고 울부짖고 광란한다.
> 그는 육체의 느낌과 마음의 느낌에 의해 이중으로 고통을 받는다.
> 마치 어떤 사람이 화살에 맞았는데 또다시 화살에 맞는 것과 같다.
> 그 두 화살 때문에 그 사람은 괴로움을 겪는다.
>
> 수행자들이여, 그와 같이 배우지 못한 범부는 육체적 고통을 겪을 때
> 근심하고 상심하며 슬퍼하고 울부짖고 광란한다.
> 그래서 이중으로 고통을 느낀다.
> 바로 육체적 고통과 정신적 고통이다.

그러나 수행자들이여, 잘 배운 성스러운 제자들은 육체적인 고통을 겪더라도
근심하지 않고 상심하지 않으며 슬퍼하지 않고 울부짖지 않으며 광란하지 않는다.
그는 오직 한 가지 육체적 고통만 경험할 뿐이며 정신적인 고통을 겪지 않는다.

수행자들이여, 예를 들면 어떤 사람이 화살을 맞았을 때 첫 번째 화살은 맞았지만
두 번째 화살에 연이어 맞지 않는 것과 같다.
그래서 그는 하나의 화살로 인한 고통만 겪는다.
_『상윳따 니까야』 36 : 6 「화살의 경」

모든 것은 흘러간다

인간은 누구나 진리 앞에서 평등하며 어떤 것과도 바꿀 수 없는 소중한 생명과 다함없이 뛰어난 능력을 지니고 있다. 모든 존재가 불성을 지니고 있으며 본래 부처로서의 품성을 갖추고 있다. 그래서 누가 뭐라고 하든 나는 가치 있는 사람이며, 사랑받을 충분한 자격이 있는 사람이라는 확신과 믿음을 지니고 있어야 한다. 비록 원하는 결과물을 얻지 못하더라도 스스로 쓰다듬고 위로하여야 한다. "괜찮다, 괜찮다." 하며 자신을 쓰다듬어야 한다.

자신을 위해 행복을 구하는 사람이라면 자신에게 닥친 비탄과 애착
과 근심과 자기번뇌의 화살을 뽑아버려야 한다.
번뇌의 화살을 뽑아 집착 없이 마음의 평화를 얻는다면
모든 슬픔을 뛰어넘어 슬픔 없는 사람으로 열반의 숲속에 들어선다.
_『숫타니파타』「화살의 경」

모든 것은 변하기 마련이니 현실에 대해서 너무 정말하거나 좌절
할 필요가 없다. 어제의 행복이 오늘의 슬픔으로 바뀌고, 오늘의 행
복이 내일의 슬픔으로 바뀌기도 한다. 그러니 너무 우울해하지 말고
두 번째 화살을 맞지 말아야 한다. 모든 것은 흘러간다. 번갯불처럼
빠르게 변한다.

일체 모든 현상은 꿈과 허깨비, 물거품과 그림자 같고
이슬과 번갯불과 같으니, 마땅히 이렇게 관해야 한다.
_『금강경』32「응화비진분」

변화를 있는 그대로 인정하면서 들여다보는 것이 수행이다. 수행
을 하면 그것이 주는 이완효과로 신경전달물질인 도파민이나 세로
토닌이 분비되어 사람들의 기분이 좋아지고 건강에도 도움을 받는
다. 여러 사람과 어울려 봉사활동이나 취미생활을 하고 자연을 즐기
며 운동하는 것도 우울증을 다스리는 한 방법이다.

8. 나태함 다스리기

급하고 또 급하도다

나태는 불교에서 크게 경계하는 말이다. 비단 불교만이 아니라 나태한 사람은 어디서도 환영 받지 못한다. 나태란 느리고 게으른 것이다. 세상에 부지런히 노력하지 않고 이루어지는 것은 아무것도 없다. 자신을 다스리고 노력하며 지혜로운 눈으로 살피며 나아갈 때 바라던 것을 얻을 수 있기 마련이다. 재가자는 재가자대로, 출가자는 출가자대로 게을러서 수행 정진하지 않으면 허무하게 인생을 보내고 말 뿐이며 그에 따라 큰 괴로움의 과보가 따른다. 그래서 석가모니 부처님께서는 열반유훈으로 "모든 것은 변하니 게으르지 말고, 부지런히 정진하라"고 하셨다. 수행자들의 발심수행을 촉구하면서 원효대사는 이런 말을 하였다.

시간 시간이 지나 어느새 하루가 다 가고, 하루하루가 지나 어느덧

312

한 달이 되며, 한 달 두 달이 흘러 문득 한 해가 되고, 한 해 두 해가 바뀌고 바뀌어 어느덧 죽음에 이른다.

부서진 수레는 구르지 못하고 늙은 사람은 닦을 수 없다. 누워서는 게으름만 피우고 앉아 있으면 생각만 어지럽다.

몇 생이나 닦지 않고 헛되이 세월만 보냈으며, 그 얼마나 빈 몸을 기르며 헛되이 살았으면서도 한평생을 닦지 않았는가? 이 몸은 반드시 죽고야 말 것인데, 언제 또 내생을 기약하랴. 급하고 급하도다.

_『발심수행장』

위 구절은 출가한 스님들에게만 해당하진 않는다. 불자라면, 아니 불자가 아니더라도 인생을 값지게 살려는 사람이라면 반드시 마음속에 새겨야 할 훌륭한 교훈이요, 지침이다. 우리가 이렇게 세상에 태어난 것도 참으로 값진 인연이다. 그런데 세월은 화살처럼 흐른다. 지나간 시절을 돌이켜보면 순식간에 세월을 지나쳐온 느낌을 받을 것이다. 촌음도 아까운 이런 삶에서 자기 욕심만 부린다거나 게을리 지낸 탓으로 괴로움과 후회 속에서 번민하다가 죄수처럼 죽음의 늪으로 속절없이 끌려간다면 이 얼마나 허무하고 애통한 일인가?

나태가 주는 병

일생을 뜻깊고 후회 없이 살고자 한다면 나태와 방종은 금물이다.

나태 혹은 게으름과 관련된 불교용어는 해태懈怠와 방일放逸이다. 해태란 나태와 방종을 의미하고, 방일은 나태와 더불어 삼독이 쌓여 마음이 산란하고 불안정함을 말한다.

> 해태는 더러움에 이르는 문이요, 정진은 깨끗함에 이르는 문이다.
> 방일은 산란한 마음에 이르는 문이요, 일심은 안정된 마음에 이르는
> 문이다.
> _『문수사리정률경』「도문품」

해태는 태만하여 근면하지 않은 것이요, 게으른 것이다. 재가자가 해태하면 생업을 잘 꾸리지 못하는 것은 물론 주변 사람들에게 피해를 주어 그들로부터 비난을 받는다. 사실 게으르고 방종하면 처음에는 즐겁고 편안할지 몰라도 나중에는 커다란 고통을 면치 못한다. 그리고 출가자가 해태하면 윤회의 괴로움에서 벗어나지 못한다고 부처님께서는 말씀하셨다. 이런 의미에서 해태는 재가자나 출가자에게나 먹기에는 달콤하나 점점 심신을 오염시키는 독과 같다. 그래서 『대지도론』에서는 해태를 독이 든 음식에 비유하면서, 처음에는 향기로운 맛을 내어 사람을 유혹하더라도 마침내 죽음에 이르게 한다고 말한다.

방일 역시 게으름과 같은 의미이긴 하지만 더 깊이 들어가면 흐트러진 마음, 혹은 산란한 마음을 일컫는다. 그래서 방일을 일컬어 눈을 뜨고 있더라도 마음이 산란하여 한밤중에 도둑이 들어와 재물을 훔쳐가도 모르는 것과 같다고 한다.

어리석은 자는 방일을 즐기는 탓에 항상 온갖 고뇌를 받는다. 만약 방일을 떠난다면 늘 안락할 수 있다. 실로 온갖 고뇌는 방일이 근본이 되어 생긴다. 그러므로 괴로움에서 벗어나고자 한다면 마땅히 방일을 버려야 한다.

_『정법념처경』 57권 「관천품」

구름을 벗어난 달처럼

그럼 어떻게 해태와 방일을 다스릴까? 정진하는 마음, 안정된 마음, 간절한 마음으로 내 인생의 빛나는 새벽을 열어가야 한다. 정진으로 악을 다스리고 선을 증장시키며, 안정된 마음으로 유혹에 흔들리지 않으며, 간절한 마음으로 옆길로 새지 않으면서 일상을 수행으로 삼아 살아가야 한다. 그러기 위해서는 결핍·빈곤·불안·소외·갈등·아픔·불행 등의 괴로움에서 벗어나고자 원을 세우고 결단을 내려 게을러지고 싶어 하는 업식과 타성의 유혹을 과감히 뿌리치고 나서야 한다. 지금 당장, 일어나 행동해야 한다. 원하고 행하는 만큼 얻고 변화하며 향상하기 마련이다. 그런 사람은 구름을 벗어난 달처럼 세상을 비춘다.

이전에는 게을렀더라도
지금 게으르지 않다면
그는 이 세상을 비춘다.

구름을 벗어난 달처럼.
_『법구경』172

　아울러 삼보를 믿고 두려움 없는 마음으로 폭우처럼 쏟아지는 세
상의 모든 걱정과 근심을 건너가며 마음의 문을 다잡고 수행 정진한
다면 내 몸과 마음은 푸른 호수처럼 청정하고 쾌청할 것이다. 부처
님께서도 방일하지 않고 정진하였기에 정각을 이루셨다.

　믿음으로 폭류를 건너고
　방일하지 않음으로 험난한 바다를 건너네.
　정진으로 괴로움을 극복하고
　통찰적 지혜로 청정하게 산다네.
　_『상윳따 니까야』10 : 12「알라와까경」

　방일하지 마라. 나는 방일하지 않았기에 스스로 정각을 이루었다.
한량없는 온갖 착함도 방일하지 않음으로 말미암아 얻는다. 세상
모든 것은 무상한 존재의 흐름일 뿐이다. 이것이 여래 최후의 말이
니라.
　_『장아함경』4권「유행경」

　방일하지 않음이 불사의 길이고 방일은 죽음의 길이니 방일하지 않
은 사람은 죽지 않으며 방일한 사람은 죽은 자와 같다.
　_『법구경』21

제9장

불자의 보살행과 실천

험한 여행길의 친구처럼
조금 있어도 나누어주는 사람은
죽은 자들 가운데 죽지 않는다.
이것은 옛날부터의 원리다.

어떤 이는 조금 있어도 베풀고
어떤 이는 많아도 베풀지 않으니
조금 있어도 베푸는 보시는
천 배의 가치가 있다.
_『상윳따 니까야』 4 : 2「데와따 쌍윳따」

1. 꿈과 서원이 있는 삶

서원의 중요성

서원이란 현실에서 느끼는 절망, 결핍, 부재, 고통을 넘어서 더 나은 세계를 지향하는 지극한 마음가짐이다. 그래서 7세기 말에 당나라 법장法藏이 지은 『화엄경탐현기』에서는 서원을, "마음 따라 구하는 것이 '원'이며, 지극한 정성과 하나 되고자 맹세하는 것을 '서'라 한다"고 말하고 있다.

이런 서원은 아파하는 중생을 구제하려는 보살의 마음가짐이며, 평화롭고 행복하게 살아가고자 하는 중생들의 바람을 충족시켜주는 일이다. 부처님께서 지장보살의 서원력을 말씀하시는 대목을 보면 이런 서원의 의미를 잘 알 수 있다.

지장보살은 본래의 서원력으로 중생들이 구하는 온갖 것들을 빨리 만족시키고, 중생들의 모든 무거운 죄를 없애며 모든 장애를 없애주어 현실에서 마음의 안정과 편안함을 얻게 한다.

　_『점찰선악업보경』 상권

　서원에는 힘이 있어야 한다. 어떤 난관에도 물러서지 않고 어떤 벽에 막혀도 좌절하지 않는 불굴의 추진력이 있어야 한다. 이런 힘 때문에 보살의 서원은 물러남이 없이 계속되며 힘찬 연어처럼 강물을 거슬러 오른다. 그 힘은 또한 청정한 힘과 능력이고 끊임없는 서원의 힘이며, 모든 중생을 구호하는 신묘한 힘이자 보살의 원력顯力이며 행원行願이다.

　　스스로의 바른 힘으로 온갖 번뇌를 떠나고, 남을 바르게 변화시키는 청정한 능력을 갖추면 결코 파괴되지 않는다. 남의 괴로움을 덜어주는 커다란 연민의 힘[大悲力]을 두루 갖추고, 남에게 큰 즐거움을 주는 힘[大慈力]이 누구에게나 두루 평등하여 모든 중생을 모두 구호한다. 다라니의 힘으로 모든 방편의 뜻을 잘 지니며, 훌륭한 언변의 힘으로 모든 중생을 기쁘게 한다. 온갖 바라밀의 힘으로 대승을 장엄하고 큰 서원의 힘은 끊임이 없다. 온갖 신통한 힘은 한량없는 부처님의 위신력으로 작용하여 모든 중생을 구호하니, 이것을 청정한 역力바라밀이라고 한다.

　　_『화엄경』 10권 「명법품」

　열반에 이르는 길에서 보살의 삶은 나와 상대방 사이에 선후가 없고, 차별이 없으며, 서로간의 눈높이를 같이한다.

보살의 삶과 그 행동은 아파하는 사람들이 처한 상황에 따라 그에 맞추어 드러낸다. 상대방이 음식을 원하면 음식을 주고, 피곤하면 당장 피로를 씻겨주며, 마음의 안정을 원하면 그에 따라 마음을 안심시키는 법문을 들려주어야 한다. 자신의 기준에 맞추는 것이 아니라 상대방의 마음에 공감하면서 그 사람의 눈에 맞추어 눈부처가 되어야 한다. 이런 보살의 행동은 중생을 향한 다음과 같은 보살의 원력에서 잘 드러난다.

> 내가 중생의 공덕을 성취시키지 않으면 누가 성취시켜줄 것인가.
> 내가 중생의 번뇌를 다스리지 않으면 누가 다스려 굴복시킬 것인가.
> 내가 중생의 마음을 평온하게 가라앉히지 않으면 누가 평온하게 해줄 것인가.
> 내가 중생의 마음을 환희롭게 하지 않으면 누가 환희롭게 해줄 것인가.
> 내가 중생의 마음을 청정하게 하지 않으면 누가 청정하게 해줄 것인가.
> _『화엄경』 20권 「십행품」

『화엄경』「보현행원품」에는 임종할 때 육신은 흩어지고 권력과 가족, 돈과 재산은 모두 따라오지 못하지만, 보살의 서원만이 그의 앞길을 인도하여 한 찰나에 아름다운 극락세계로 들어간다는 말이 있다.

마음밭에 씨를 뿌리듯 보리심을 심자

서원을 세우려면 먼저 내 마음이 그에 대한 열망으로 가득 차올라야 한다. 마음이 스스로 움직이지 않는다면, 내 마음이 기껍지 않다면, 아무리 맛있는 음식과 아름다운 풍광이 내 앞에 펼쳐지더라도 선뜻 손과 발이 가지 않는다. 그래서 먼저 진리를 추구하고 괴로움에서 벗어나고자 하는 마음이 솟아올라야 한다. 온갖 갈등, 슬픔, 분노, 불안, 공포, 허무와 죽음 등 어둠의 물결에서 벗어나고자 하는 바람이 마음에 간절해지는 것이다. 이런 마음을 보리심菩提心이라고 한다. 보리심을 내는 것이 발보리심發菩提心, 줄여서 발심發心이라고 한다.

> 다른 모든 착한 행동은 파초와 같아서
> 열매를 맺은 뒤 곧바로 사라지지만
> 보리심의 나무는 항상 푸르러 열매를 맺고
> 시들지 않으며 나날이 성장한다.
> _『입보리행론』「보리심공덕찬탐품」

발심을 하게 되면 구체적인 원을 발하고 힘껏 정진하기 마련이다. 하지만 발심한 마음이 발원으로 이어져 꾸준히 정진의 물결을 타려면 몇 가지 조건을 더 갖추면 좋다. 부처님 말씀을 통해 이를 직접 들어보자.

선남자야, 보리심을 일으키고 나서 해야 할 다섯 가지 일이 있으니

322

첫째는 착한 벗 가까이함이요, 둘째는 분노하는 마음을 끊음이요, 셋째는 스승의 가르침을 따름이요, 넷째는 연민하는 마음을 일으킴이요, 다섯째는 부지런히 정진하는 일이다.

_『우바새계경』1권 「발보리심품」

착하고 좋은 도반과 함께하는 것은 발심을 지속시키고 서원을 완성시키는 아름다운 인연이다. 도반들과 함께 모여 서로 격려하고 이끌어주다 보면 문수의 지혜가 움튼다. 하지만 분노는 보리심을 태워 관계를 단절시키므로 잘 다스려야 한다. 부처님을 비롯하여 세상의 훌륭한 스승을 모시고 그 가르침을 듣는 것 또한 더함 없는 기쁨이며 보리심을 키워가는 좋은 방법이다. 스승 없이 길을 가면 자칫 엉뚱한 길로 들어설 수 있고, 처음부터 새롭게 시작하는 어려움이 따른다. 아파하는 주변 사람들과 함께 공감하고 그들의 괴로움과 함께하는 연민의 마음 또한 보리심을 키워 나간다. 마지막으로 매일 규칙적으로 정진하지 않으면 발보리심을 유지하기 어렵다.

무소의 뿔처럼 혼자서 가라

원 성취에서 무엇보다 중요한 것은 나태함을 버리고 자신을 채찍질하며 정진하는 일이다. 사람의 마음이란 조금만 느슨해지면 그 틈으로 온갖 유혹의 물결이 흘러든다. 그래서 흔들림 없는 자기 결단과 단호한 의지로 복잡하게 얽힌 정글 숲속을 헤쳐 나가야 한다. 불자들의 앞길이 평탄하고 아름다울 수도 있지만, 거칠고 사나우며 오해와 잡음 또한 적지 않게 들릴 것이다. 그래서 부처님께서는 말씀하셨다.

> 갈애를 없애기 위해서 힘쓰고,
> 바보 같지 않고, 배우고, 마음을 다하여 알아차리고
> 가르침을 이해하고, 단호하게 정진하면서
> 무소의 뿔처럼 혼자서 가라.
>
> 소리에 놀라지 않는 사자와 같이,
> 그물에 걸리지 않는 바람과 같이,
> 흙탕물에 물들지 않는 연꽃과 같이,
> 무소의 뿔처럼 혼자서 가라.
> _『숫타니파타』 70~71 「무소의 뿔의 경」

다음의 보현보살행원에 서린 보살의 비장한 서원도 우리 마음에 잠잠한 여운을 준다.

> 모든 세계 간 곳마다 청정장엄의 바다
> 한량없는 중생들을 해탈하게 하며
> 그지없는 법문을 잘 분별하여
> 지혜 바다 깊이깊이 들어가오리다.

어디서나 모든 행을 깨끗이 닦고
가지가지 서원을 원만히 하며
부처님들 친히 모셔 공양하옵고
오랜 겁을 싫증 없이 수행하오며

삼세의 한량없는 모든 부처님
가장 좋은 보리 위한 모든 행과 원
내가 모두 공양하고 원만히 닦아
보현보살 큰 행으로 도를 이루리.
_「보현행원품」

2. 보시, 나눔의 실천

나눔의 의미

모든 생명들은 나눔을 통해 자란다. 새싹이 자신을 버리고 줄기로 나뉘며, 줄기에서 가지로, 곁가지로 나뉘며 성장한다. 우리도 내 마음을 비워 나의 재산, 나의 지식, 나의 생각, 나의 미소를 나누며 성장하고 성숙하며 잘 살게 된다. 나누고 베풀 때 좋은 결실을 얻는다.

나눌 것이 없다고, 나 자신도 가진 것이 없어 힘들다고 할지 모르겠지만 가난을 나누는 것이 더 값지다. 사실 나눌 수 없을 만한 가난이란 없다. 그리고 나누려는 마음 그 자체가 소중하다. 우리의 기운과 우리의 삶과 우리의 생명을 나누고 베풀어서 뭇 생명들과 공유하면 그것들이 잘 순환되어 기분도 좋아지고 삶도 윤택해지며, 전 지구촌이 공기의 흐름처럼 맑아지고 생명력 있게 살아 움직이게 된다.

반면 지나친 욕심과 욕망은 화를 부르고 상대방을 불편하게 만들어 닫힌 사회, 닫힌 세상으로 스스로를 가둔다. 닫힌 사회는 아프고 갈등하며 썩고 부패하기 마련이다.

> 험한 여행길의 친구처럼
> 조금 있어도 나누어주는 사람은
> 죽은 자들 가운데 죽지 않는다.
> 이것은 옛날부터의 원리다.

> 어떤 이는 조금 있어도 베풀고
> 어떤 이는 많아도 베풀지 않으니
> 조금 있어도 베푸는 보시는
> 천 배의 가치가 있다.
> _『상윳따 니까야』4 : 2「데와따 쌍윳따」

보시의 공덕

부처님께서는 보시하는 사람은 탐욕을 끊고 선행을 쌓으면 어리석음에서 벗어난다고 말씀하셨다. 그리고 가난하여 남들처럼 보시할 수 없더라도 다른 사람이 보시하는 것을 보고 칭찬하고 기뻐하면 그 복은 보시하는 사람과 다를 것이 없다고 하셨다. 어디 이뿐이겠는가? 보시하고 베풀면 사람들의 마음을 사게 되어 행복감에 물든다. 이렇게 보시는 현재와 미래를 이롭게 하며 오히려 가난을 끊는 역할을 한다. 보시로 인해 사람들이 그 사람을 알아보고 그에게 도움을 주기 때문이다. 그래서 부처님께서는 말씀하셨다.

인색한 사람은 하늘나라에 갈 수 없다.
어리석은 사람은 보시할 줄 모른다.
그러나 지혜로운 사람은 보시를 좋아한다.
그는 그 선행으로 인하여 더 높은 세상에서 행복을 누리게 된다.
_『법구경』177

만약 보시를 행한다면 모든 사람들이
공경하고 기뻐하는 마음을 내며
나중에는 부귀까지 얻으니
보시의 공덕이 이와 같다.
_『묘법성념처경』제8권

보시의 종류

보시에는 크게 세 가지 종류가 있다. 필요한 사람에게 재물을 베푸는 재시財施, 공포에 떠는 사람에게 두려움을 없애주는 무외시無畏施, 진리에 목마른 자에게 법을 베푸는 법시法施다. 모든 보시가 다 가치 있지만, 불교에서는 법시를 베풀어서 사람들에게 진정한 마음의 평화와 행복을 주고 생사의 고통에서 벗어나게 해주는 것을 최고의 보시로 본다. 그리고 나누고 베풀되, 자신의 능력껏 베풀어야 한다고 경전에서는 말한다.

> 구하고 찾는 그 누구를 보더라도 자신이 지닌 재물을 능력껏 베풀어
> 스스로 인색함과 탐욕을 버리고 상대방을 환희롭게 하며, 위급한 재
> 앙에 부딪혀 공포가 닥쳐오는 사람에게는 자신의 능력에 맞게 감내
> 하면서 두려움 없음을 베푼다. 법을 찾는 사람이 오면 능력껏 방편
> 을 구사하여 법을 설한다. 이는 명리와 공경을 구해서가 아니요 오
> 직 자리이타의 마음으로 깨달음에 회향하기 위함이다.
> _『대승기신론』「해석문」

이 밖에도 무주상보시를 강조하는데, 이는 머묾 없이, 집착 없이
보시하는 것이다. 그 말씀을 들어보자.

> 보살은 어떤 대상에도 집착 없이 보시해야 한다. 말하자면 형색에
> 집착 없이 보시해야 하며, 소리 · 냄새 · 맛 · 감촉 · 마음의 대상에
> 도 집착 없이 보시해야 한다. 수보리여! 보살은 이와 같이 보시하되,
> 어떤 대상에 대한 관념에도 집착하지 않아야 한다. 왜냐하면 보살이
> 대상에 대한 관념에 집착 없이 보시한다면, 그 복덕은 헤아릴 수 없
> 기 때문이다.
> _『금강경』4권「묘행무주분」

재물이 없어도 보시할 수 있다. 물질을 주지 않더라도 우리의 몸
과 마음과 행동으로 상대방을 기쁘게 해준다면, 이 또한 아름다운

보시행이다. 『잡보장경』에서는 이렇게 재물 없이 보시하는 것을 무재칠시無財七施라 했다. 그것은 맑은 눈으로 보시하는 안시眼施, 환한 얼굴과 즐거운 낯빛으로 보시하는 화안열색시和顔悅色施, 말로 상대방을 위로하고 용기를 주는 언사시言辭施, 몸으로 좋을 일을 해주는 신시身施, 아름다운 마음을 베푸는 심시心施, 노약자나 힘든 사람에게 자리를 내어주는 상좌시床座施, 방이나 집을 이용하여 쉬거나 잘 곳을 내어주는 방사시房舍施를 말한다. 이 밖에 길을 잃은 사람에게 길을 알려주는 보시, 아픈 사람에게 약을 주고 치료해주는 보시, 다양한 봉사활동 또한 보시에 해당한다.

주라, 줄 수 있는 만큼 아낌없이 베풀라. 그러면 나도 좋고 상대방도 좋으며 그만큼 세상이 밝아진다.

보시하는 시기

보시는 나도 좋고 상대방도 좋은 일이다. 그러나 때에 맞추어 보시하면 더욱 좋다. 상대방이 받을 준비가 되어 있지 않은데 보시한다면, 받는 사람도 거북하고 주는 사람도 불편하다. 보시도 때와 시기를 잘 맞추어야 한다. 그래서 지혜로운 사람은 때에 맞추어 보시한다. 가장 적절한 시기에 보시하는 것에 대해 부처님께서는 다음과 같이 말씀하셨다.

시기적절한 보시에 다섯 가지가 있다.

첫째는 멀리서 오는 사람에게 보시하는 것이요,

둘째는 먼 길을 떠나는 사람에게 보시하는 것이며,

셋째는 병든 사람에게 보시하는 것이요,

넷째는 먹을 것이 적을 때에 보시하는 것이며,

다섯째는 처음 나온 과일과 채소와 햇곡식을 먼저 계를 지키고 정진

하는 이에게 준 뒤 자기가 먹는 것이다. 이것을 시기적절한 다섯 가

지 보시라고 한다.

지혜로운 이는 때를 알아 보시하여

신심이 단절되지 않는다.

살아서는 통쾌하고 즐거움을 느끼며

하늘나라에 태어날 온갖 덕을 갖춘다.

때를 따라 보시할 마음을 가지면

복 받는 일이 메아리와 같으며

영원히 단명과 가난을 벗어나고

태어나는 곳마다 늘 부귀를 누린다.

　　　　　　　　　　　　　_『증일아함경』24권 「선취품」

진정한 보시의 조건

보통 우리가 일상생활에서 행하는 보시는 내가 보시를 했다는 생각

에 머물거나 조건에 따라 베푸는 경우가 많다. 그래서 뭔가를 주었을 때 내가 너에게 주었다는 생각에 붙잡히거나 그에 대한 반응을 바라고 살핀다. 물론 베푼다는 생각을 한다 하더라도 사회적 약자를 위해 보시하는 행위 자체가 아름다운 건 사실이다. 그렇지만 베풀되, 내가 누구를 향해 베풀었다는 생각에 머물지 않는다면 그것은 아주 뛰어난 최상의 보시다. 예컨대 가장 천한 거지에게 보시할 때도 부처님께 공양 올리는 것처럼 평등한 마음으로 보시한다. 이런 보시의 실천으로 파괴되지 않는 진정한 복을 누리게 된다. 그것이 바로 빈틈 없어 새지 않는 복이다. 부처님께서는 이런 보시를 출세간적 보시라 하여 청정한 보시라고 하셨다.

> 무엇을 출세간의 보시바라밀이라고 하는가? 이른바 보살마하살이 보시할 때 '세 가지가 청정함[三輪淸靜]'이다. 첫째는 내가 한다는 생각에 집착하지 않고 보시하는 것이며, 둘째는 네가 받는 그 사람에게 집착하지 않는 것이며, 셋째는 보시하는 행위나 그 결과에 집착하지 않고 보시하는 것이다. 이것을 보살마하살의 세 가지 청정한 보시바라밀이라 이름한다.
> _『대품반야경』75권 「정도품」

여기서 보시하는 사람, 보시하는 물건, 보시 받는 사람 세 가지가 청정한 것을 일러 삼륜청정三輪淸靜이라고 한다. 보시할 때 일어나는 세 가지 조건이 모두 청정해서 마치 수레바퀴처럼 맑고 아름답게 돌아간다는 뜻이다. 이런 보시가 나와 이웃과 세상을 밝힌다.

3. 자타불이와 더불어 사는 삶

자타불이, 세계는 한 송이 꽃

우리 모두는 우주를 덮는 커다란 그물의 그물코처럼 연결되어 있는 한 몸 한 생명이다. 우주의 뭇 생명들은 인드라망의 그물처럼 연결되어 있기에 나와 너는 둘이 아니다. 내 몸에는 너의 몸과 마음, 하늘에 이는 바람, 햇빛 등 모든 것이 들어와서 서로를 살린다. 이것을 일컬어 자타불이自他不二라고 한다.

『화엄경』「입법계품」에서 선재보살은 구도의 길을 걸어 비로자나부처님의 장엄장 누각 앞에 선다. 이 누각은 모든 중생 속에 자신의 몸을 나타내지만, 자신과 타인이 둘이 아니라는 생각을 내는 사람이 머무는 곳이다. 이런 비로자나부처님의 누각은 우주 법계를 말한다. 그곳은 우리가 살아가는 구체적인 삶의 현장이다. 거기서 자기와 타인이 둘이 아님을 알고 실천하는 사람이 진정한 보살이며 법계의 주인이다. 석가모니부처님께서도 과거 연등부처님과 자신이 둘이 아니라고 다음과 같이 말씀하셨다.

> 무엇을 하나의 법이라 하는가? 나의 몸과 같이 저 연등불의 몸도 이와 같으며, 연등불의 몸과 같이 나의 몸도 그러하여 한 몸이며 한 법이다. 둘이 아님을 깨달아 분별없이 증득하는 것을 인연을 보는 지혜라 한다. 인연을 본다면 그는 법을 보는 것이며, 법을 보면 여래를 본다.
> _『분신왕문경』 2권

부처님께서는 만물이 둘이 아님을 아는, 세상의 인연을 보는 지혜를 지니면 모든 것은 한 몸이며 한 법이라고 말씀하셨다. 이렇듯 열린 눈으로 보면 내가 세상의 모든 것에 들어가 있고, 내 속에는 세상의 모든 것이 들어와 숨 쉬고 있다. 너와 나는 둘이 아니다. 그렇게 서로 자기만을 고집하지 않고 조화롭게 어울린다.

> 천지와 나는 한 뿌리이며, 만물과 나는 한 몸이다.
> _『조론』「열반무명론」

근대의 선지식 만공선사는 세계일화世界一華라고 하였다. '세계는 한 송이 꽃'이라는 말이다. 그것은 나와 네가, 나와 자연이 둘이 아닌 아름다운 세상을 일컫는다.

> 세계는 한 송이 꽃.
> 너와 내가 둘이 아니요,

산천초목이 둘이 아니요,

이 나라 저 나라가 둘이 아니요,

이 세상 모든 것이 한 송이 꽃.

획일적 하나가 아닌 조화로운 관계

나와 세계가 한 몸이요, 하나의 법이라고 해서 그것이 전체적이고 획일적인 하나를 의미하지는 않는다. 같은 일란성 쌍둥이라도 똑같지 않다. 나와 너, 세상 사람들은 모두 다른 얼굴, 다른 성격, 다른 유전자를 가지고 있다. 모든 존재자들은 각각 나름대로 개성을 지니고 있으며 그런 점에서 저마다 차이를 간직하고 있다.

각각의 특색을 지니면서 하나로 어우러지는 것이 진정한 조화요, 한 몸이 지향하는 가치다. 다름을 인정하면서 서로 화합하며 어우러지는 것, 그것은 한 마음의 다른 표현이기도 하다. 유와 무가 서로 어울리며 유 속에 무가, 무 속에 유가 움직인다. 나는 나대로, 너는 너대로 있으면서 내 속에 네가, 너 속에 내가 같이 어우러져 움직이는 것이다. 원효대사는 이를 가리켜 '서로 다른 두 세계를 융합하지만, 그렇다고 하나로 고착되지 않는 것[融二而不一]'이라거나 '하나로 고착되지 않으면서 서로 다른 둘을 융합한다[不一而融二]'라고 말한다. 이와 관련하여 원효대사의 생생한 말을 들어보자.

무릇 한마음의 근원은 있음[有]과 없음[無]을 떠나 홀로 청정하며 삼공三空의 바다는 진여와 세속을 융합하고 깊고 넉넉하다.

깊고 넉넉하여 두 세계를 융합하지만, 하나로 합일하지는 않으며

홀로 청정하여 유와 무 양변을 떠나되 가운데 머무르지도 않는다.

_『금강삼매경론』「서문」

    한마음의 근원, 한마음의 샘물, 거기서 모든 것이 솟아 나와서 대지로 흘러 들어간다. 모든 것은 마음 따라 나온다. 그 일심의 근원에는 유와 무, 존재와 비존재, 선과 악, 미와 추, 진과 속이 대립적이지 않고 서로 어우러진다. 대립을 떠나 조화롭다. 그래서 아주 청정하다. 삼공이란 나 자신이 공하다는 아공我空과 '모든 존재도 공하다'는 법공法空 그리고 이 두 가지의 공함마저 공으로 비우는 구공俱空을 말한다. 이런 공의 세계는 무의 벌판에 서 있는 허무적멸이 아니요, 여러 가지 삼라만상이 서로 어우러져 돌아가는 깊고 넉넉한 세계다. 그것을 바다라고 했다. 모든 것을 다 받아들일 만큼 넉넉하며 서로 섞이어 한 맛으로 출렁이게 하므로 삼공의 바다라고 했던 것이다.

    유와 무 양변을 떠난다는 것은 유와 무에 집착하지 않는다는 뜻이다. 사실 유와 무는 나눌 수 없다. 나와 너도 마찬가지다. 유 속에 무가 있고 내 속에 네가 있다. 그것은 새끼가 꼬이듯 서로 맞물려 있다. 사시사철 계절의 변화와 갖가지 색의 향연이 펼쳐지는 온갖 세상의 모습[有] 속에는 다른 것이 들어와 자리하는 자신의 무無, 자기 비움, 그리고 타자의 흔적이 들어와 있으며, 자신의 무의 근저에는 자기 비움을 바탕으로 온갖 존재, 타자, 사물 들이 들어와 교차하여 자리한다. 유와 무, 같음과 다름이 이렇게 함께 공존共存하고 공생共生한다.

차별하지 마라, 모두 소중한 존재다

진정한 공존은 서로의 차이를 인정하며 존중한다. 뭇 생명들 사이에 차별은 없지만 각자가 간직한 능력과 성품에 따른 차이는 있다. 하나의 기와집은 서까래, 대들보, 기둥, 흙, 기와 등이 모여서 제 역할을 하며 어우러질 때 완성된다. 모두 대들보 역할만 하고 대들보만 존중한다면 집을 완성하기 어렵다. 대들보, 기둥, 기와 등이 서로 다른 차이를 인정하며 조화를 이룰 때 멋진 기와집이 들어서게 된다.

　마찬가지로 모든 사람들은 평등하며 출신에 따른 귀천은 본래 따로 없다. 냇물이 바다에 들어가면 모두 한 맛이 되듯이 천민이든 왕족이든 차별이 없다. 부처님께서는 지역, 신분, 피부색, 성, 빈부, 학력, 신체조건에 따른 차별을 인정하지 않으셨으며 모든 것은 행위에 의해서 결정된다고 말씀하셨다. 바라문 사제라 하더라도 도둑질하면 그는 도둑놈이라고 불린다고 했다. 모든 존재는 평등하며 그 어떤 사람이든 부처님 성품과 인권을 지닌 소중한 존재다.

> 세상에는 네 가지 계급이 있지만 내 법 안에는 마치 네 개의 강이 바다에 들어가면 한 맛이 되듯이 그전의 이름이 없어지는 것과 같다.
> _『증일아함경』37권「팔난품」

> 여인이여, 수행자로 불리는 이들은 마음이 평등하여 귀하거나 천하거나 사람들에 대해 차별을 두지 않습니다.
> _『마등가경』상권「도성녀품」

태양은 사방을 두루 비춘다. 그 빛에는 차별이 없듯이 부처님의 법
도 그렇다.
_『화엄경』5권「보살명난품」

세상의 모든 존재들은 각자 나름대로의 가치와 역할을 지니고 있
다. 다리가 짧은 오리는 오리대로, 다리가 긴 학은 학대로 나름의 가
치를 지닌다.

선불교에서도 깨달음의 불성에는 남북이 없음을 강조한다. 선종
의 실질적 창시자인 육조 혜능선사는 남방 오랑캐 출신의 일자무식
나무꾼이었다. 그가 출가의 뜻을 밝히고 행자가 되어 홍인대사의 문
하로 찾아왔다. 대사가 묻는다.

"그대는 어디서 왔는가?"
"영남嶺南에서 왔습니다."
"무엇을 구하는가?"
"부처가 되고자 왔습니다."
"그대는 영남 사람이요, 또한 오랑캐인데 어떻게 부처가 될 수 있겠
느냐?"
"사람은 남북이 있지만 불성이야 어찌 남북이 있겠습니까?"
_『육조단경』「행유품」

4. 화합과 공경의 삶

아름다운 공동체

우리는 평화롭게 살기를 원한다. 가족, 이웃, 사찰 도반, 그 밖에 여러 인연으로 모인 공동체가 화합하여 살아갈 때 평화의 꽃은 피어나기 마련이다. 부처님께서는 공동체 생활을 중요하게 여겼으며, 무엇보다도 공동체의 화합을 우선시했다. 화합하며 살아가는 그 아름다운 수행공동체, 평화의 공동체가 바로 상가다. 그것은 공동체로 피어난 부처님의 모습이기도 하다. 그래서인지 틱낫한 스님은 미래의 부처님은 공동체의 형태로 온다고 말했다.

코살라 국의 파세나디 왕은 부처님의 명성을 확인 차 승원에 들렀다가 수행자들의 모습을 본 뒤 마음이 크게 움직인다. 그는 "이곳에서 본 수행자들의 미소 띤 모습에서 정중하면서도 진실한 행복을 보았습니다. 긴장을 풀지 않으면서도 차분하며, 걸식으로 먹고 사는데도 들판의 사슴처럼 부드럽습니다"라고 칭송한다. 아름다운 공동체는 서로 음식과 경험과 마음을 깊이 나누기에 마치 한 사람처럼 지낸다.

부처님께서 깨달음을 얻으시고 10년이 지났을 무렵 코삼비 비구들 간에 분쟁이 일어난다. 이들은 뒷물을 처리하는 문제로 서로 다투었다. 부처님께서 중재를 해도 그들은 서로 고집을 피우며 말을 듣지 않았다. 부처님께서는 그들을 떠나 어느 숲속 승원에서 수행하는 세 비구와 만나셨다. 그들의 이름은 아니룻다, 난디야, 킴빌라였다.

"비구들이여, 그대들이 잘 지내고, 편안하며, 탁발하기 어렵지 않기를 바란다."

난디야가 답했다.

"스승이시여, 청정한 벗들과 사는 것은 참으로 유익합니다. 저희는 몸은 여럿이지만 마음은 하나라고 생각합니다. 저희는 서로 화합하고 서로 감사하며 다투지 않고 우유와 물처럼 조화롭게 서로 사랑스런 눈빛으로 대하며 지내고 있습니다."

아니룻다가 덧붙였다.

"저희 가운데 가장 먼저 탁발한 사람이 돌아오면 자리를 마련하고, 깨끗하게 씻을 물을 마련하며, 남은 음식을 넣을 통을 마련합니다. 그리고 맨 마지막에 돌아온 사람이 남은 음식을 먹거나 밖에 버립니다. 그리고 깨끗이 청소하고 정리합니다. 통이 무거우면 손짓만 해도 마음이 통해 같이 들어서 움직입니다. 그리고 저희는 5일마다 한 번씩 법담을 나누며 방일하지 않고 정진합니다."

"훌륭하다. 너희가 이렇게 화목한 것을 보니 기쁘구나. 승가는 이렇듯 화목할 때만 진정한 승가다."

_『마하박가(율장대품)』「코삼비의 장」

이후 부처님께서는 승가공동체가 서로 화합하는 원칙을 정하셨다.

화합 공동체의 조건

부처님께서 공동체 화합의 조건으로 내세운 것이 육화경六和敬이다. 여섯 가지로 화합하여 서로 공경하라는 의미다. 이 육화경은 스님들이 화합하여 모여 사는 승가공동체뿐만 아니라 보살공동체, 정법으로 살아가는 사람들의 공동체 모두에 해당한다. 비록 재가자라 할지라도 육화경을 닦으면 출가자와 다름없다고 『우바새계경』에서는 말할 정도다. 이 육화경이야말로 가족공동체뿐 아니라 지역이나 마을, 직장, 도반 공동체 모두를 살리는 상호 존중과 화합의 원리다. 용수보살이 왕의 역할에 대하여 말하는 대목에 다음과 같은 구절이 있다.

> 정법을 말하는 사람에게 의복, 음식, 침구류, 의약품, 네 가지를 공양하고 육화경 등의 법을 항상 부지런히 수행해야 합니다.
> _『보행왕정론』

그리고 『화엄경』에서도 육화경을 언급한다.

보살은 갖가지 큰 서원을 찬탄하기 때문에 불보를 끊어지지 않게 하고, 십이연기를 분별해 해설하기 때문에 법보를 끊어지지 않게 하며, 육화경을 행하기 때문에 승보를 끊어지지 않게 한다.
_『80권 화엄경』 18권 「명법품」

『보살영락본업경』에서 부처님 정법을 널리 펼치는 길은 바로 육화경에 있다고 말한다. 뿐만 아니라 육화경은 우리의 마음을 불심으로 물들이며 분노에 물들지 않게 하는 등 다양한 수행의 요인을 간직하고 있다. 육화경의 내용을 보자.

몸으로 화합하여 함께 살라[身和共住]
입으로 화합하여 분쟁이 없도록 하라[口和無諍]
뜻으로 화합하여 함께 일하라[意和同事]
공동규범인 계행으로 화합하여 함께 수행하라[戒和同修]
바른 견해로 화합하여 이해를 함께하라[見和同解]
이익에 서로 화합하여 균등하게 나누라[利和同均]

공동체적 삶은 왜 중요한가

오늘날 마을과 지역을 중심으로 한 공동체 활동이 지속가능한 미래 사회를 만들어가는 중요한 대안으로 떠오르고 있다. 신자유주의 물결 속에서 무한소비와 무한생산을 촉발하는 세계시장경제 시스템은 지구촌의 자원을 고갈시키고 기후온난화 및 환경파괴의 재앙으로 부메랑이 되어 돌아오고 있다. 과연 우리는 후손들에게 무엇을 물려줄 것인가? 아름답고 청정한 지구, 행복한 사회를 후손들에게 물려주려면 친밀한 공동체인 가족공동체와 지역공동체의 복원이 절실하다.

이런 공동체는 어떤 모습을 하고 있을까? 부처님 당시의 왓지 공동체에서 그 모범을 찾을 수 있다. 부처님 당시 아자타삿투 왕은 갠지스강 북쪽 왓지 공동체를 정복하려고 부처님께 사신을 보내 전쟁의 승패 여부를 물어왔다. 부처님께서는 대답 대신 아난다와의 대화 속에서 왓지족이 패망하지 않을 일곱 가지 이유를 들었다. 이를 7불쇠법(不衰法 혹은 不退法)이라고 한다. 그 내용은 이렇다.

❶ 자주 모여 회의한다.
❷ 윗사람과 아랫사람이 서로 존중하고 화목한다.
❸ 제정된 규약과 법을 잘 받들고 깨뜨리지 않는다.
❹ 부모에 효도하고, 웃어른과 스승을 공경한다.
❺ 남녀가 고유의 의무를 잘 수행하며 여인들을 보호한다.
❻ 마을의 성스러운 곳을 공경하고 예배하며 조상을 숭배한다.
❼ 도와 덕을 숭상하고, 훌륭한 수행자가 찾아오면 잘 섬긴다.
　_『맛지마 니까야』16「대반열반경」

이상의 일곱 가지를 들면서 부처님께서는 "내가 이런 7불쇠법을 왓지 사람들에게 가르쳤으므로, 왓지 공동체가 이 법을 잘 지키면 쇠퇴하지 않고 번성할 것"이라고 말씀하셨다. 그러자 그 신하는 다음과 같이 대답한다.

"고타마시여! 쇠퇴하지 않는 일곱 가지 가르침 가운데 하나만 갖추
어도 왓지 공동체는 번영할 뿐 쇠퇴하지 않을 것이옵니다. 하물며
일곱 가지 모두를 지킨다고 하는 데에 말해 무엇하겠사옵니까?"

이 7불쇠법은 앞서 육화경과 더불어 오늘날 공동체의 운영원리
로 손색이 없다. 마을과 지역, 직장 등 소규모 공동체에 이런 운영원
리를 적용하여 모여 회의하고 법과 질서를 지키며, 약자들을 보호한
다면 그런 공동체는 오래오래 번영할 것이다.

여러 사람이 모여 함께 일을 도모하다 보면 견해 차이로 갈등이
일어나는 경우가 많다. 갈등이 깊어지면 서로 대립하고 싸우게 되며
심한 경우 공동체가 와해된다. 따라서 갈등이 생기면 서로 한 자리
에 모여 서로의 마음을 솔직하게 내놓는다. 그 자리에서 서로의 이
야기를 있는 그대로 경청한다. 그 대화의 자리에 상대방의 이야기에
대한 평가는 금물이며 가르치려 하거나 훈계조로 말해서는 안 된다.
그렇게 각자가 자기 이야기를 하다 보면 자신의 잘못도 스스로 터놓
기 마련이다.

아무리 좋은 뜻도 공동체와 연결되지 않으면 변화는 일어나지 않
고 받아들여지지도 않는다. 행복하고 성공적인 인생은 자신의 노력
도 중요하지만 스승, 도반, 친구 등 공동체 구성원의 도움이 필요하
다. 가족, 직장, 마을, 그 밖에 소모임 공동체를 아름답게 가꾸어가는
길, 그것은 보살의 아름다운 삶이자 공동체로 살아가는 부처님의 모
습이기도 하다.

5. 아픔의 나눔과 불국토 건설

중생이 아프니 내가 아프다

재가보살로서 경전 속에 등장하는 유명한 인물이 유마維摩거사다. 유마란 청정무구淸淨無垢란 뜻이다. 그는 처자를 거느리고 수행자로서 보살의 삶을 모범적으로 보여주었으며 공空의 도리를 이 삶의 현장에서 구체적인 목소리로 들려주었다. 그를 가리켜 다음과 같이 말한다.

> 비록 백의白衣(재가자의 옷)를 입었을지라도 사문沙門의 청정한 율행律行을 받들어 가지며, 가정을 갖고 있으나 삼계三界에 집착하지 않고, 처자가 있을지라도 항상 범행梵行을 닦고, 집안 식구들을 거느리고 있으나 항상 세상을 멀리 떠나 있기를 좋아한다. (…) 도박을 하는 곳, 노름판 같은 곳에 가게 되더라도, 그곳의 사람들을 올바른 길로 인도하고, 여러 가지 다른 종교의 가르침을 듣는다 해도 올바른

믿음을 깨뜨리지 않으며, 세속의 법전에 밝다고 하지만 항상 불법을 좋아하며, 모든 사람들로부터 존경을 받고 공양을 받는 대상 중 으뜸이다.

_『유마경』「방편품」

이런 유마거사가 중생 구제를 위한 방편으로 병이 들었다. 국왕을 비롯하여 많은 사람들이 그를 문병했다. 부처님께서는 십대제자는 물론 여러 보살들에게 유마거사 병문안을 권하셨지만 모두 사양하고, 문수보살만이 문병을 나선다. 문수보살이 유마거사의 방으로 들어서자 방은 텅 비어 있고 다만 침상 하나만 덜렁 남아 있었다. 문수보살은 유마거사에게 어떻게 해서 병을 앓게 되었으며, 어떻게 하면 나을 수 있을지 묻자 유마거사가 답하였다.

무명 때문에 애착이 생겨 병이 났습니다. 모든 중생이 아프므로 저도 병을 앓고 있습니다. 만약 모든 중생의 병이 사라지면 제 병도 사라질 것입니다. 보살은 중생을 위하여 생사의 길에 들어섭니다. 생사가 있으므로 병이 있습니다. 만약 중생이 병을 여의면 보살의 병도 사라질 것입니다.

_『유마경』「문수사리문질품」

자식이나 사랑하는 사람이 아프면 나도 아프다. 그런 사람이 아프면 하루 종일, 아니 며칠을 병원에서 같이 지내며 눈물을 흘리고 기도를 한다. 왜? 사랑하기 때문이다. 그를 사랑하고 나와 둘이 아니기에 그렇다. 보살이 병이 드는 이유는 중생을 아들같이, 연인같이 사랑하는 까닭이다. 그래서 유마거사는 "내가 병에 걸려 아픈 이유는 중생을 향한 보살의 자비심 때문이다"라고 말한다. 사실 병든 자만이 병든 이의 진정한 아픔을 공감하고 그와 함께할 수 있다. 아픈 자만이 그 아픈 이의 심정을 알고, 그를 치유하기 위해서 애쓴다. 그래서 아파하는 사람에게는 똑같이 아픈 사람으로 다가가야 병이 낫는다. 정신적 고통과 신체의 고통에 시달리는 사람에게 다가가 그 사람과 하나가 되어 그 사람의 말을 들어주고 손을 잡아주며, 함께 눈물을 흘려보라. 그러면 병은 기적처럼 나을 것이다. 보살은 자비의 기적을 일으키는 사람이다.

마음이 청정하면 국토도 청정하다

보살은 내 가정과 이 사회를 아름답게 가꾸는 사람이다. 그리고 불자의 사명은 이 땅에 불국토를 건설하는 일이다. 신라시대에는 우리 땅이 모두 불국토라는 인식이 컸다.

불국사를 비롯해 향기 그윽한 사찰과 감은사지탑 같은 늠름한 탑들이 곳곳에 자리 잡았다. 원효대사를 비롯한 덕 높은 고승들이 시대를 이끌었으며, 많은 불자들의 불심이 달아올랐다.

진정한 불국토 건설은 모든 사람들의 마음이 맑고 깨끗해져서 세상이 청정해지는 것이다. 청정한 세상은 다툼이 없는 평화로운 세상이고, 사람들의 지혜가 밝아져 맑은 행복을 누리는 세상이다. 이와 관련한 부처님의 말씀을 보자.

> 보적이여, 보살은 곧은 마음을 따르므로 바른 행위를 하게 되고, 바
> 른 행위에 따라서 깊은 마음을 얻으며, 깊고 고요한 마음에 따라 그
> 의지를 잘 다스린다. 의지를 잘 다스리므로 말하는 대로 실천하고,
> 언행이 일치하기에 회향하는 마음을 내며, 회향하는 마음에 따라 방
> 편이 생기고, 방편에 따라 중생을 완성시켜 국토를 청정하게 한다.
> 국토를 청정하게 하므로 청정한 법을 설하고, 청정한 법을 설하니
> 지혜가 청정해진다. 지혜가 청정하니 마음이 청정하고, 마음이 청정
> 하니 일체 공덕이 청정하다.
> 그러므로 보적아, 보살이 청정한 국토를 얻으려거든 먼저 마음을 청
> 정하게 해야 한다. 마음이 청정하면 국토가 청정하다.
> _『유마경』「불국품」

위 글에서 보듯이 내 마음이 청정하면 중생이 완성되고, 중생이
완성되면 국토가 청정하다. 그리고 이런 청정한 마음은 곧은 마음인
직심直心, 깊은 마음인 심심深心, 모든 공덕을 세상에 회향하는 회향심
回向心과 연결된다. 직심이란 바른 마음이요, 계산하고 분별하는 마음
이 아니며 평등한 마음이다. 심심이란 중생을 사랑하는 깊은 마음이
요, 모든 것을 포용하는 바다와 같은 마음이다. 이런 깊은 마음으로
우리의 의지를 잘 다스린다. 회향심이란 내가 얻은 덕을 나만 갖지
않고 이웃에게 나누고 되돌려주는 것이다. 그것은 또한 중생의 마음
을 따뜻하게 해주므로 거기서 갖가지 지혜 방편이 나와서 중생을 완

성시킨다. 중생이 완성되면 그 국토는 청정한 불국토다. 그래서 『유마경』에서는 이런 직심과 심심을 비롯하여 보리심, 평등심 등이 도량이라고 말한다. 절만이 도량이 아니라 이런 보살의 마음이 작용하는 그곳이 바로 도량이라는 이야기다. 그런 세계가 불국토다.

흙탕물에 물들지 않는 연꽃처럼

보살은 생사에도 머물지 않고 열반에도 머물지 않는다. 보살은 이 몸과 생사를 버리고 열반만을 추구하지 않는다. 이 몸과 생사의 세계 속에서 열반을 실현하는 것이 보살의 삶이다. 그는 때 묻은 행위를 하지 않지만, 청정한 행위만 집착하지도 않는다. 물이 너무 맑으면 고기가 살지 못하는 법이다. 보살은 마치 진흙탕에 뿌리를 내리면서도 그 더러움에 물들지 않는 연꽃처럼 살아간다. 이를 처염상정處染常淨이라고 한다. 열반과 해탈은 번뇌 속에서 피어난 꽃이다. 저 높은 곳의 순수한 법만으로는 가장 높은 깨달음을 얻지 못한다. 그 이유에 대해서 『유마경』에서 문수보살은 다음과 같이 말한다.

> 무위법으로 바른 자리에 이르고자 한다면 위없는 깨달음의 마음을 내지 못합니다. 마치 높은 평원의 육지에서는 연꽃이 자라지 않지만, 보잘것없는 질척한 진흙탕에서 연꽃이 피어나는 것과 같습니다. 이렇듯 무위법으로 올바른 자리에 들어서고자 한다면, 결단코 불법에 마음을 일으키지 않을 것입니다. 번뇌의 진흙 속에 있는 중생이

라야 불법에 귀를 기울일 수 있습니다. 허공 속에 씨를 뿌려도 끝내 싹이 돋아나지 않고, 인분이 섞인 거름 땅에서는 싹이 무성하게 자라는 것과 같은 이치입니다.

_『유마경』「불도품」

덧붙여 문수보살은 말한다. "번뇌가 여래의 종자입니다." "번뇌의 바다에 들어가지 않으면 일체 지혜의 보물을 얻을 수 없습니다." 초기불교에도 연꽃처럼 흙탕물에 물들지 않는 보살의 이런 삶을 성자의 길이라고 하며 다음과 같이 노래했다.

홀로 살면서 방일하지 않은 성자,
비난과 칭찬에도 흔들리지 않고
소리에 놀라지 않는 사자처럼,
그물에 걸리지 않는 바람처럼,
흙탕물에 물들지 않는 연꽃처럼,
남에게 이끌리지 않고 남을 이끄는 자,
현명한 사람들은 그를 또한 성자로 안다.

_『숫타니파타』 213 「성자의 경」

제10장

현대사회와 불자의 삶

저것과 이것은 다르면서도 서로 드나들고,

붉은 구슬과 자주 구슬은 빛깔이 나뉘지만 서로를 비춘다.

존재는 나와 남이라는 차별에 구애받지 않고,

사물은 옳고 그름의 구별을 문제 삼지 않는다.

_『능가사자기』1권

1. 불자의 자연관과 생태환경

불교의 생태관

우리가 살고 있는 지구는 동물과 식물 그리고 환경이라는 세 가지 구성요소들의 유기적 상호작용으로 유지된다. 이런 상호작용 가운데 가장 주목해야 할 것은 먹이사슬이다. 지구의 생명체는 먹이사슬에 의해서 개체 수가 자연적으로 조절되고, 전체적으로 균형을 유지한다. 문제는 인간이 먹이사슬에서 최상위 포식자로 군림하면서 인간의 욕구 충족에 도움을 주는 가축의 개체 수는 기하급수적으로 늘어난 반면 많은 야생 동식물이 사라졌고 사라져가고 있다는 점이다.

인간은 다른 동식물의 도움 없이는 존재할 수 없다. 또한 대기, 토양, 물, 햇빛 등의 환경은 인간 생존의 필수요소다. 따라서 인간은 동물, 식물, 자연환경과의 공존을 통해 살아갈 수 있으며, 생태계를 떠나 독립적으로는 결코 존재할 수 없다. '생태'란 자연환경이 서로 유기적인 관계를 맺고 순환하면서 서로에게 도움을 주는 상태를 일컫는다. 불교는 연기의 도리로 모든 존재들이 서로 연결되어 서로 살리고 살려지는 공동체 정신을 중요시한다. 한 장의 종이에도 나무와 햇살과 비와 구름, 너와 나의 숨결과 몸의 흔적이 들어 있기 때문이다.

> 한 성품이 모든 성품에 두루 통하고
> 하나의 법에 일체 모든 법이 포함되어 있으니
> 하나의 달은 천강에 두루 나타나고
> 천강에 나타난 달은 하나의 달에 포섭된다.
> 모든 부처님의 법신이 곧 나의 성품 속에 들어 있고
> 나의 성품은 여래의 성품과 함께하며 하나가 된다.
> _『증도가』

모든 것은 연결되어 있다. 그런데 사람들은 자신만의 편의대로 살아간다. 사람들이 일상에서 쓰는 치약이나 세제 등에 사용하는 미세 플라스틱 알갱이는 하천으로 스며들어 바다를 오염시키고, 이를 미생물이 먹고, 그 미생물을 섭취한 물고기를 인간이 먹는 먹이사슬이 이어지면서 우리 몸과 땅과 물이 병들고 있다.

무한생산과 무한소비라는 신자유주의 물결 속에서 지구 에너지와 자원이 고갈되고 있으며, 화석에너지의 사용으로 지구온난화가 가속되어 기상이변이 속출하고 있다. 새로운 에너지로 각광 받고 있는 핵에너지는 거대 도시를 하루아침에 초토화시킬 수 있으며, 방사능 유출로 인한 생태계 파괴는 끔찍한 재앙을 불러올 수 있다.

모든 생명은 평등하다

인간 중심적 관점에서 현 생태계의 문제점을 해결하려 하면 한계가 있다. 심층생태학에서는 모든 생명이 평등하다는 생명평등주의를 내건다. 생태계의 모든 생명체들은 생명 유지를 위한 자연적 요소를 향유할 권리를 지니고 있으며, 인간이 임의로 그것을 빼앗을 권한은 없다. 불교는 우주의 온 생명이라는 관점에서 인간을 비롯한 모든 생명을 소중하게 여긴다. 이와 관련하여 『열반경』에서는 일체 중생이 모두 불성을 지니고 있다고 했다. 뭇 생명은 너나없이 부처님의 생명을 지니고 있다는 뜻이다. 모든 생명은 본래 청정하며 자연 그대로 차별이 없음을 경전에서는 다음과 같이 강조한다.

> 중생은 본래 청정하여 더럽게 물듦을 보지 못하니, 지혜를 세우고 큰 서원을 발해서 중생을 깊이 들여다보니 모두 다 청정하다. 본래 청정한 자연이요, 무아無我로서의 자연이요, 형태를 떠난 무형無形의 자연이요, 차별을 떠난 인물人物의 자연이다.
> _『보살영락경』 2권 「용왕욕태자품」

> 저것과 이것은 다르면서도 서로 드나들고, 붉은 구슬과 자주 구슬은 빛깔이 나뉘지만 서로를 비춘다. 존재는 나와 남이라는 차별에 구애받지 않고, 사물은 옳고 그름의 구별을 문제 삼지 않는다.
> _『능가사자기』 1권

모든 생명은 각각 맡은 바 영역에서 자연 그대로의 모습을 보여주면서 제 역할을 다한다. 물에 사는 곤충도 자신의 의지를 밖으로 표현하는 기능이 있으며 나름대로 환경에 적응하며 살아간다. 소나 말이나 원숭이 등도 감정이 있고 의식이나 마음을 지니고 있다. 그들도 판단을 하며 두려움과 행복을 느끼고 사랑을 하며 집단을 이루기도 한다.

그리고 바람, 햇빛, 구름, 돌, 모래, 흙, 물 등도 생명들과 서로 관계를 맺으며 생명을 유지하는 데 도움을 주기 때문에 그들 역시 온 생명의 질서에 참여하고 있으며 유기적 지구공동체의 중요한 일원이다. 이와 관련하여 『승만경』에서는 "산과 강, 나무와 숲과 풀, 마을과 집 등이 설법하는 소리를 낸다"고 했다. 그 연장선상에서 혜충선사는 담장, 기왓장, 돌멩이 등 일체의 생명이 없는 무정물無情物도 부처님 마음을 지니고 있다고 설파한다. 생명이 없는 무정물도 설법을 한다는 것이다, 무정물도 설법을 한다면 무정물도 부처님이라는 뜻이다. 소동파의 다음 시를 보자.

계곡의 물소리가 바로 부처님의 장광설이니
산색 또한 어찌 청정법신이 아니겠는가?
지난 밤들은 8만 4천 법문을
훗날 다른 이에게 어떻게 전할꼬.
_『속전등록』 21권

이렇게 인간, 동물, 식물, 무정물도 불성을 지니고 있는 마당에 우

리는 다른 생명과 자연환경과 공존해야 하며, 청정한 생태 유지를
위해 힘써야 한다.

지구공동체 환경보호운동과 윤리

그렇다면 하나뿐인 지구공동체의 생태환경을 개선하고 미래 세대에
게 아름다운 지구를 물려주기 위해 어떻게 해야 할까? 일체는 연기
법으로 서로 연결되어 있기에, 나를 귀하게 여기는 만큼 타인을 비
롯한 모든 생명을 귀하게 여기고 연민으로 대해야 한다. 그런 의미
에서 나를 비롯한 모든 존재가 고통 없기를 바라며, 모든 존재가 평
화롭고 행복하기를 기원해야 한다.

> 도시나 촌락, 산림 그리고 개울이나 동산, 궁전이나 누각, 모든 도로
> 와 교량, 자연적인 동굴과 일체의 농작물, 꽃들과 열매, 초목과 숲을
> 태워서는 안 되며 파괴해서도 안 된다. 물을 빼지 말아야 하며 식물
> 을 자르거나 베어서도 안 된다. 그 모든 것에는 생명을 가진 짐승들
> 과 곤충들이 살고 있으며 그 죄 없는 뭇 생명들을 상하게 하거나 목
> 숨을 해쳐선 안 되기 때문이다.
> _『대살차니건자소설경』4권

다행스러운 일은 인간의 삶의 질을 향상시킨다는 점에서 오늘날
친환경 의식주와 친환경 에너지가 많은 사람들로부터 각광 받고 있

다는 점이다. 또한 공산품의 경우도 재활용이 가능한 재료의 개발이 촉진되고, 대기오염 방지를 위한 이산화탄소의 규제, 토양오염 방지를 위한 쓰레기 배출의 규제 등이 일상화되고 있다.

나아가 친환경적인 삶은 전 세계 젊은이들 사이에서 하나의 트렌드로 자리 잡기 시작했다. '미니멈 라이프' 또는 '심플 라이프'가 대표적인 예인데, 가능한 한 적은 것을 가지고 생활하는 추세다. 적게 먹고, 잘 쓰지 않는 물건들을 과감하게 버리고, 필요 이상의 생활공간도 축소하고, 친환경 자동차와 경차를 선호한다. 이런 유행은 의류, 신발, 가방 등의 패션 스타일로 자리매김하여 친환경적 소재의 단순한 디자인 등이 선호되기도 한다.

이와 같은 경향은 다른 사람 내지 생명들과의 공존을 위해 최소한의 것만을 사용하겠다는 마음에서 시작한다. 복잡한 현대를 가능한 한 단순화시키고, 과소비로 인한 생태계 파괴에 동참하지 않겠다는 집단지성의 발로다. 이는 소욕지족의 정신과 통한다. 소박한 밥상, 소박한 생활, 소박한 삶은 이것저것 기웃거리지 않고 직면한 일에 몰두하기에 삶의 참맛과 깊이를 더하고 세상이 욕망으로 오염되는 걸 막는다.

우리는 생태환경 개선을 위해 적극 노력해야 한다. 가까운 거리는 되도록 걸어서 간다. 먼 거리를 갈 때도 대중교통을 이용하자. 3층 이내를 올라갈 때는 엘리베이터를 타지 말고 걸어서 올라가자. 건강에도 좋다. 물과 전기를 아껴 쓰고 불필요한 낭비를 막자. 그런 의미에서 환경오계 또는 환경공동체 청규를 만들어 가정에서 사회에서 실천하고 점검하며 자신을 돌아보는 계기로 삼아야 할 것이다.

1. 천지자연이 모두 연결된 우주생명임을 알아 존중하며 모시는 삶을 살겠습니다.
2. 경쟁 대립하는 죽임의 삶이 아니라 서로 살리는 삶을 살겠습니다.
3. 많은 것, 빠른 것보다 작고 적은 것을 추구하며 단순 소박한 삶을 살겠습니다.
4. 깨끗함, 편리함이 마음의 분별인 줄 알아 적당히 더럽고, 불편한 삶을 살겠습니다.
5. 물질적인 풍요보다 마음의 풍요를 추구하는 수행하며 나누는 삶을 살겠습니다.

2. 불자의 경제관과 잘산다는 의미

불자가 부자로 사는 법

가정을 꾸리고 경제활동을 하는 사람들이라면 누구나 부를 추구하고 잘살기를 원할 것이다. 돈과 재물은 가난을 제거하고 비록 일시적이지만 사람들에게 즐거움을 주고 행복하게 하기 때문이다. 사람을 괴로움에 빠뜨리는 여러 가지 고통이 있지만, 당장 헐벗고 굶주린 사람들에게 가난은 죽음의 고통보다 더 실질적인 괴로움으로 다가온다. 유마거사는 기근이 들어 사람들이 배고파한다면 먼저 주림을 면하게 한 다음 법을 베풀라고 했다. 경전에서는 온 나라의 백성이 기아의 괴로움에서 허덕이자, 한 천녀天女가 왕에게 다음과 같은 게송을 전한다.

> 죽는 괴로움과 가난한 괴로움
> 두 괴로움이 평등하여 다를 것이 없으나

차라리 죽는 괴로움을 받을지언정

빈궁하게 살지는 않을진저.

_『금색왕경』

　부처님께서는 재가불자에게 재물은 큰 복 가운데 하나라고 강조
하셨다. 착한 말과 행동, 착한 마음씨를 가진 지혜로운 사람은 훌륭
한 집을 소유하며 부귀영화를 누린다고 말씀하셨다.

　　현 세상에서 세 가지 것을 지니면 그런 착한 사람(선남자, 선여인)
　　은 한량없는 복을 얻을 것이다. 그 세 가지는 어떤 것인가? 현 세상
　　에서 믿음을 지니면 그런 착한 사람은 한량없이 많은 복을 얻을 것
　　이다. 현 세상에서 재물을 지니면 그런 착한 사람은 한량없는 복을
　　얻을 것이다. 현 세상에서 청정한 범행을 지니면 그런 착한 사람은
　　한량없는 복을 얻을 것이다.
　　_『증일아함경』16권 「고당품」

　　만일 지혜로운 사람이 어떤 때에 좋은 곳에서 내려와 인간세계에 태
　　어난다면, 그의 집은 지극히 크고 풍부하여 즐거움을 누리고, 돈과
　　재물이 한량없으며, 말과 소 등도 많으며, 봉호封戶와 식읍食邑과 미
　　곡이 넘치고, 또 여러 가지 생활도구도 풍족할 것이다.
　　_『중아함경』53권 「대품애혜지경」

　부처님께서는 출가자에게는 완전한 무소유를 강조하였지만 재가

자에겐 재물의 소유를 인정하셨다. 물론 재물을 버리고 출가하여 열반을 얻는 것이 궁극적인 행복이긴 하지만, 재물이 있으면 편안하고 안락하다고 하셨다.

> 장자여, 어떤 것이 소유의 행복인가? 선남자는 노력과 부지런함으로 얻었고, 팔의 힘으로 모았고, 이마에 땀 흘려 벌어들인, 바른 법답고 법에 따라 얻은 재물을 소유한다.
> _『앙굿따라 니까야』 4 : 62 「빚 없음의 경」

이렇게 재가자들은 게으르지 않고 재물을 모으기 위해 힘써 일하는 재미와 그로 인해 축적된 재물을 누리고 행복과 기쁨을 느껴야 한다. 벌이 온갖 꽃을 채집하여 꿀을 모으듯이 부지런히 재산을 축적하는 것은 행복한 부자로 사는 길이기도 하다. 하지만 바른 법으로 재산을 모아야 한다. 공갈, 협박, 강탈 등을 통해서 재산을 축적하지 말라는 뜻이다. 돈을 많이 벌어 부자가 되기 위해서는 자신의 노력도 중요하지만 인연이 잘 맞아야 한다. 다른 사람이나 자연의 도움 없이 혼자만의 힘으로 재산을 모으긴 힘들다. 좋은 인연을 짓는 것 또한 자신의 몫임은 분명하다.

소유와 무소유 그리고 나눔

경제활동이란 다른 사람에 의해서 생산된 재화와 서비스에 비용을 지불하고 소비하는 행위를 말한다. 이런 경제활동은 자본의 흐름이라고도 할 수 있다. 즉 생산과 소비 사이에서 상품과 돈의 흐름, 수요와 공급 사이에서 재화가 흘러야 기업도 살고 사람도 산다. 그렇다면 이런 경제활동에 대해서 부처님은 어떻게 보았을까? 경제활동이 잘 유지되려면 생산과 소비가 균형 있게 유지되어야 한다. 부처님께서는 불자의 소비활동에 대해 너무 사치스럽지도, 너무 절약하지도 말며 균형을 잘 이루어 삶을 경영하라고 말씀하셨다.

> 어떤 것이 생활을 바르게 경영하는 것인가? 이른바 선한 사람은 그가 가진 돈과 재물에서 지출과 수입을 맞춰 알맞게 관리하여 수입이 많고 지출이 적거나 지출이 많고 수입이 적게 하지 않는다. 마치 저울을 잡은 사람이 적으면 보태고 많으면 덜어 평형을 이루어야 그만두는 것과 같다. 이와 같이 선한 사람도 재물을 헤아려 수입과 지출을 알맞게 하여 수입이 많고 지출이 적거나, 지출이 많고 수입이 적게 하지 않아야 한다. (…) 또 어떤 사람이 재물이 풍부한데도 그것을 쓰지 않는다면 주위 사람들은 "이 어리석은 사람은 굶어 죽는 개와 같구나"라고 말할 것이다. 그러므로 선한 사람은 가진 재물을 잘 헤아려 수입과 지출을 알맞게 해야 한다. 이것이 바른 직업생활을 경영하는 것이다.
>
> _『잡아함경』4권 「울사가경」

오늘날 자본주의 사회는 욕망의 추구를 극대화한다. 기업에서는 계속 신제품을 생산하며 다양한 매체를 통하여 사람들에게 소비를 촉구하며 욕망을 부추긴다. 하지만 불교는 욕망의 절제를 말한다. 불교의 경제행위에서는 그 욕망을 어떻게 다스리느냐가 중요하다. 욕망을 인정하되, 그 욕망을 그대로 긍정하는 것이 아니라 좋은 의도로 사용하고 절제할 것을 주문한다. 돈과 재물을 어떻게 쓰느냐에 따라 선 또는 악으로 완전히 다르게 사용될 수 있다. 돈을 쓰는 사람이 문제이지 돈은 잘못이 없다.

위 경전에서 보듯이 불교에서는 적절한 소비의 중요성을 말한다. 적절한 소비는 필요하다. 그래야 경제가 돌아간다. 하지만 무절제한 소비와 사치는 금물이다. 부자는 부자 나름대로, 가난한 사람은 그 나름대로 분수에 맞는 소비를 해야 한다. 예전에는 너무 못 먹어서 죽었지만 요즘은 너무 잘 먹어서 죽는다. 현대병은 너무 잘 먹어서 걸리는 병들이다.

경제활동을 하면서 생계를 유지하려면 재화의 창출이나 소비는 불가피하다. 그렇다면 이는 나와 나의 것은 없다고 하는 부처님 가르침과 어긋나는가? 그렇지 않다. 무아적 소유가 그 답이다. 무아이고 무소유긴 하지만 자신이 땀 흘려 일한 결과로 쌓아놓은 재산은 적정한 범주 내에서 자신의 소유로 인정한다. 불교자본주의를 이 시대의 언어로 밝힌 윤성식 교수는 이렇게 말한다.

> 무아적 소유는 나라는 존재가 없기 때문에 분수에 맞고 적정하게 소유하되 추가적으로 자신과 타인을 위해 소유를 절제하는데, 소유에 대해서 집착하지 않는 상태를 말한다.
> _『불교자본주의』

법정스님은 무소유의 삶에 대해서 다음과 같이 말한다.

> 무소유란 아무것도 갖지 않는다는 것이 아니다.
> 궁색한 빈털터리가 되는 것이 아니다.
> 무소유란 아무것도 갖지 않는다는 것이 아니라
> 불필요한 것을 갖지 않는다는 뜻이다.
> _『무소유』

　절제는 세 가지 측면에서 유익하다. 나 자신은 절제를 통해 저축을 하며, 타인도 나의 절제를 통해 상품의 가격을 하락시켜 그 물건이 필요한 다른 사람에게 이득이 되게 한다. 그리고 절제는 자원의 낭비를 막는다.

　비록 나의 재산이라고 하지만, 그것은 나만의 힘으로 얻어진 것이 아니다. 재산을 형성하는 데 나의 노력이 중요한 원인으로 작용하되, 천지자연과 타인의 도움이라는 조건을 필요로 하기 때문이다. 그래서 나의 재산이라 하더라도 타인에게 보시해야 하고 베풀어야 한다. 부처님께서는 혼자 배불리 먹고 사치하면서 베푸는 데 인색하거나 보시하지 않으면 이런 사람의 복은 오래가지 못하고 쇠락의 길로 저문다고 하셨다. 그리고 받았으면 베풀라고 강조하셨다.

> 다른 이에게 맛있는 음식 많이 받으면서
> 자기의 재물은 아까워하며
> 남의 것을 먹고도 갚지 않는 것

그런 것도 곧 지는 문에 떨어지는 것이다.

_『잡아함경』 48권 「부처경」

전체를 살리는 자비의 경제학

불교의 경제활동과 기업윤리는 이윤추구뿐 아니라, 사람들에게 이익을 주는 물품의 생산 그리고 자비와 도덕성을 바탕으로 한 청렴과 보시를 강조한다. 이런 보시의 공덕은 타인을 도울뿐더러 자신의 선업을 쌓는 것이기에 타인과 자신을 동시에 이롭게 한다.

기업이 소비자에게 유익한 데다 값싸고 좋은 재품을 생산하면, 소비자로부터 신뢰를 받고 그 결과 그 기업의 상품이 많이 소비되며, 그런 기업은 이익을 남기며 성장한다. 여기에 그치지 않고 남은 이익을 다시 사회에 환원하며 공익사업에 나서는 한편 종업원의 복지와 삶의 질을 향상시킬 때, 그런 기업은 번영하기 마련이다.

불자 기업인이나 생산 활동가는 작은 나보다는 전체를 통찰하는 지혜와 안목을 지녀야 한다. 이런 지혜는 연민과 유사한 이타심에서 나온다. 일본의 3대 기업가 중 한 사람인 이나모리 가즈오稲盛和夫는 교세라 그룹을 세계 굴지의 부품회사로 키워냈으며, 법정관리에 놓였던 일본항공사 JAL을 1년 만에 경영정상화시킨 전설적인 인물이며 기업의 신으로 불린다. 그는 한때 출가하여 승려의 길을 걷기도 했다. 이나모리 가즈오의 경영철학을 보면 상대를 향한 이타심을 매우 강조한다. 그는 말한다.

'우리 회사만 이익을 내면 좋다'고 생각하지 말고 '거래처에도 이익이 되게 하고 싶다' 나아가 '소비자나 주주, 지역의 이익에도 공헌하고 싶다'는 생각을 가지고 경영하라. 또한 개인보다 가족, 가족보다 지역, 지역보다 사회, 더 크게는 국가와 세계, 지구와 우주를 향해 이타의 마음을 가능한 한 높게 가지라. 그러면 저절로 주위의 여러 가지 사물과 상황들을 두루 살필 수 있는 시야를 갖게 된다. 그런 사람은 늘 객관적이고 올바른 판단을 할 수 있고, 그런 사람에게 실패는 없다.

_『카르마 경영』

자원과 부는 한정되어 있다. 상대 회사와도 경쟁해야 한다. 정글에서 살아남아 이겨야 하는 법이다. 어떻게 해야 하는가? 그것은 내가 부를 독차지하는 것이 아니라 함께 나누는 것이다. 나누면 나눌수록 부는 커진다. 그런 부는 한량이 없다. 써도 써도 다함이 없다. 자신을 넓혀서 하나가 되는 것이다. 이것이 모두가 잘사는 행복의 경제학이다. 미국에서 다이아몬드 가공으로 굴지의 회사를 일군 미국계 티베트 스님 게셰 마이클 로치는 말한다.

나를 비우고, 남과 더불어 부를 즐겨라.

_『비즈니스의 달인 붓다』

3. 불교의 사회관과 사회적 약자 보호

불교에서 바라보는 성 평등

여성은 정치, 경제, 사회, 문화, 종교에 있어 단지 남성이 아니라는 이유로 차별과 제약을 받아왔다. 지금도 세계 곳곳에서 많은 여성들이 차별, 멸시, 혐오, 폭력에 시달리고 있다. 이와 같은 현상의 본질적 원인은 남성이 여성보다 힘이 세다는 동물적 본능과 그동안 남성 우월사회가 지녀왔던 성차별과 편견, 권력과 권위 중심의 패쇄 사회와 가부장적 제도 그리고 일부 종교의 잘못된 독단적 전통 등에서 기인한다.

불교는 초기불교 시대부터 남성과 여성 모두 평등하며 깨달음을 얻을 수 있는 소중한 존재로 여겼다. 부처님께서는 남성과 마찬가지로 여성의 출가도 허락하셨으며, 남성이든 여성이든 승가공동체에 출가하면 모두 차별 없이 여래의 아들이요. 여래의 딸이라고 하셨다. 코살라 국의 왕비가 딸을 낳자 파세나디 왕의 표정이 좋지 않은 것을 본 부처님께서는 왕에게 다음과 같이 말씀하셨다.

> 왕이시여, 딸은 아들보다 더 나은 자식이 될 수도 있소. 그녀가 자라
> 서 현명하고 덕이 있으며 시어머니를 잘 공경하고 진실한 아내가 된
> 다오. 그녀가 낳은 아들이 위대한 행동을 할 수도 있고, 거대한 왕국
> 을 통치할 수도 있소. 훌륭한 아내의 아들이 그 나라의 지도자가 되오.
> _『상윳따 니까야』 3 : 16 「딸의 경」

대승불교의 『유마경』에서는 남성과 여성의 고정된 모습이 없다
는 사실을 강조한다. 남성과 여성의 몸이라는 것은 모두 공空하기 때
문에 실체가 없으며, 마술로 만들어놓은 모습과 같다. 이는 『유마경』
「관인물품」에 나오는 내용으로 그 이야기인즉슨 이렇다.

사리불이 천녀天女에게 "그대는 왜 남자 몸을 받지 않느냐"고 물었
다. 그러자 천녀는 여인의 몸이란 마치 실체를 찾을 수 없는 헛것과
같다고 말하고, 그런 실체를 찾을 수 없는 마술과 같은 몸을 왜 바꾸
어야 하느냐고 되묻는다. 그리고 신통력으로 사리불을 여인의 모습
으로, 자신은 사리불의 모습으로 바꾸고 다음과 같이 말한다.

> "사리불이여, 만약 그 여인의 몸을 바꿀 수가 있게 되면 모든 여인들
> 도 몸을 바꿀 수가 있게 됩니다. 사리불이 여인이 아니지만 여인의 몸
> 을 나타내는 것과 같이, 모든 여인들도 이와 같아서 여인의 몸을 나타
> 내고 있지만 여인은 아닙니다. 그러므로 부처님께서는 일체제법은
> '남자나 여자의 모습으로 고정된 것이 아니다'라고 설하셨습니다."

_『유마경』「관인물품」

『승만경』에서는 설법의 주체가 부처님이 아닌 재가의 결혼한 여성으로 설정되어 있으며, 그 여주인공의 설법을 사자후라고 하여 부처님의 지위에 올려놓고 있다. 그가 바로 승만 부인이다. 승만 부인은 부처님 앞에서 설법을 하고, 부처님께서는 그 말의 내용이 옳음을 하나하나 증명하셨다. 이렇듯 불교는 남성이나 여성의 성은 고정된 모습이 아니라서 서로 평등하며 열반을 성취할 수 있는 소중한 인격임을 강조하고 있다.

그렇다면 양성 인격을 갖춘 성소수자에 대해서 불교는 어떤 입장일까? 경전에서는 이에 관한 구체적인 언급을 하지 않는다. 하지만 불교가 연기, 중도, 무아와 공을 강조한다는 점에서 성소수자의 권리와 입장은 존중 받아야 마땅하다. 무아요, 공이기 때문에 성소수자로서의 고정된 모습은 없으며, 중도의 입장에서 바라볼 때도 성소수자에 대한 편견은 버려야 한다.

사회적 약자에 대한 불교의 역할

우리 사회에는 외국인 노동자, 동성애자, 장애인, 탈북자 그리고 노숙자 등 차별과 소외의 문턱을 넘지 못하고 사회 주변부나 경계선상에 서서 배회하는 수많은 사람들이 있다. 그들은 완전히 사회를 벗어나지도 못하고, 그렇다고 사회나 광장의 한복판에서 자신의 입장을 떳떳이 드러내지도 못한다. 사람들은 그들을 혐오하고 따돌리며 경멸하고 배척하며 심지어 '포비아'라고 언명하면서 공포까지 느낀다. 이들을 일컬어 사회적 약자 혹은 사회적 소수자라고 한다. 이들 사회적 약자들은 사회적 편견 속에서 사람이면서도 사람들과 어울리지 못하고 외롭고 쓸쓸한 고독감, 깊은 슬픔, 상대적 박탈감 등의 괴로움에 빠져 있다.

부처님께서는 천치바보 주리반특, 기녀 암파팔리, 살인자 앙굴리말라, 똥지게꾼 니이다이 등에게 차별 없이 대하며 깨달음으로 이끄셨다. 사성계급에 따른 신분차별을 철저히 부정한 분이 부처님이시다. 신분은 타고나는 게 아니라 오직 행위에 의해 결정될 뿐이다. 이런 사회적 약자들을 위한 자비에서 불교의 진정한 자비의 가치를 발견할 수 있다. 이런 자비의 실천을 구체적으로 보여주는 것이 승만부인의 10대원이다. 10대원을 요약해 정리하면 다음과 같다.

❶ 계율을 범하는 마음을 내지 않겠습니다.

❷ 교만한 마음을 내지 않겠습니다.

❸ 화내는 마음을 내지 않겠습니다.

❹ 다른 사람들을 원망하거나 질투하는 마음을 내지 않겠습니다.

❺ 마음으로나 물질적으로나 인색한 마음을 내지 않겠습니다.

❻ 자신만을 위해서 재물을 축적하지 않고, 가난하고 괴로운 중생을 성숙시키는 데 재물을 사용하겠습니다.

❼ 자신만을 위해서 사섭법四攝法을 행하지 않고 애착하는 마음, 싫어하는 마음, 걸리는 마음 없이 모든 중생을 섭수하겠습니다.

❽ 괴로워하는 중생들을 보면 편안하게 하고 의義로써 이롭게 하겠
습니다.

❾ 살생하고 악행을 저지르거나 계율을 범한 사람을 보면, 섭수할
사람은 섭수하고 굴복시킬 사람은 굴복시키겠습니다.

❿ 정법正法을 포섭하여 사라지지 않게 하겠습니다.

이 10대원 중 ⑥, ⑦, ⑧번이 사회적 약자나 소외계층을 위한 적극
적 자비의 실천이라고 할 수 있다. 이 중에서 여덟 번째 원을 구체적
으로 살펴보면 다음과 같다.

세존이시여, 저는 오늘부터 보리를 이룰 때까지 만일 고독하여 의지
할 데 없거나, 구금을 당하였거나, 병이 나거나, 여러 가지 재앙과 곤
란에 빠져 괴로워하는 중생들을 본다면 잠깐이라도 그냥 두지 않겠
으며, 반드시 그들을 편안케 하며, 의義로써 이롭게 하여 여러 가지
괴로움에서 벗어나도록 한 뒤에 떠나겠습니다.
_『승만경』「십수장」

승만 부인의 이런 원은 사회적 약자들을 자비로 감싸 편안케 해주
며 고독과 절망에서 벗어나도록 도와주는 훌륭한 지침으로 작용한
다. 사회적 약자를 위한 불교의 중요한 가치는 차이의 다양성을 인
정하고 존중하는 것이다. 외국인 노동자나 성소수자, 장애인들은 못
난 사람들이 아니라 그들 나름대로 가치와 존엄성을 지니고 있다.
그들 하나하나는 어느 누구와도 비교할 수 없는 소중한 인격이다.

장애인은 환자가 아니다. 엄밀히 말하면 그들은 장애를 이유로 우리 사회에서 장애를 입은 사람들이다. 따라서 장애인을 비정상으로 간주하고 그들을 차별하거나 동정하지 말고 장애 때문에 장애인을 배제하는 이 사회의 편견을 바로잡아야 한다. 그것이 불자의 역할이다.

그리고 사회적 약자나 소수자들 역시 '나에게는 나만의 존재 이유와 가치가 있다'는 사실을 스스로 자각하고 당당히 말하며 행동해야 한다. 흑인이나 동남아인들이 자신의 피부색이 싫다고 하얀 얼굴로 변화시킨다고 해서 과연 행복하고 떳떳할까? 아니다. 그들 자체의 모습으로 당당함을 찾아야 한다. 이를 위해 우리는 이들 소수자의 영역을 보장하고 확보해야 마땅하다. 소수자들이 스스로 흐름을 만들어 나갈 수 있도록 도와야 한다. 그것이 사회적 약자를 향한 진정한 자비의 실천이다.

승만 부인이 말하는 '의義로써 괴로워하는 중생들을 이롭게 한다'는 것은 이런 의미를 담고 있다.

소수자에 대한 분별과 편견을 없애려면

분별은 자신이 알고 있는 것과 다른 것에 대한 편견으로 나타나고 심지어 폭력으로 발산된다. 사회적 약자에 대한 편견은 분별이 그 원인이다. 분별은 선입견 내지 편견이라고 할 수 있다.

이와 같은 선입견은 인종, 성, 모양새, 문화, 권력이나 부 등에 따른 비교 우위적 우월성에 따른 것이다. 거기에는 자신은 잘났으며 그렇지 못한 사람들은 미개한 짐승 같다는 아상이 도사리고 있다. 하지만 불교는 이와 같은 선입견에 따른 구별은 실재하지 않으며 허망한 망상에 불과하다고 말한다. 그 선입견이야말로 스스로를 고통스럽게 하는 중생심이다. 그래서 부처님이나 역대 선사들은 분별을 떠나라고 강조했다.

> 지극한 도는 어렵지 않나니
> 오직 헤아리는 분별을 떠날 뿐이다.
> 단지 미워하고 좋아하는 마음만 없으면
> 탁 트여 명명백백하리라.
> _『신심명』

분별을 여의면 허공 같은 마음이 된다. 또한 분별을 여읜다는 것은 나, 모든 중생 그리고 부처님이 둘이 아닌 평등 세계를 구현하는 것이다. 부처님은 모든 생명을 한마음으로 평등하게 대한다. 다만 온갖 생명들이 부처님의 가르침을 각자의 업에 따라 달리 받아들일 뿐이다.

> 가섭이여, 비유하면 삼천대천세계의 산과 내와 계곡과 평지에 나서 자라는 초목과 숲과 온갖 약초들의 종류도 많고 이름과 모양도 각각 다르다. 두터운 구름이 가득히 퍼져 삼천대천세계를 두루 덮고 일시에 큰 비가 고루고루 흡족하게 내리면, 모든 초목과 숲과 온갖 약초들의 작은 뿌리, 작은 줄기, 작은 가지, 작은 잎새와 중간 뿌리, 중간

줄기, 중간 가지, 중간 잎새와 큰 뿌리, 큰 줄기, 큰 가지, 큰 잎새와 크고 작은 나무들이 상중하를 따라서 제각기 비를 받는다.

한 구름에서 내리는 비지만 그 초목의 종류와 성질에 맞추어서 싹이 트고 자라고 꽃이 피고 열매가 맺는다. 비록 한 땅에서 나고 한 비로 적시어주는 것이지만 여러 가지 초목이 각각 차이가 있다.

_『법화경』3권 「약초유품」

　이렇게 부처님 가르침은 뭇 생명을 차별하지 않고 한 맛으로 가르침을 베푼다. 대지에 비가 내리면 온갖 생명들을 차별 없이 고루 적시며 이것저것 가리지 않는다. 다만 뭇 생명들이 자신의 그릇대로 받아먹을 뿐이다. 모든 생명의 본성은 공하고 평등하다. 차별은 없다. 다만 차이만 있을 뿐이다. 우리 모두 서로 차이를 인정하고 존중하며 살아갈 때 사회적 약자나 소외계층이 모든 사람들과 서로 어우러지면서 함께 사는 아름다운 세상을 노래하게 될 것이다.

4. 불자의 생명윤리관과 윤리적 지침

불교윤리란

윤리란 사람들이 공동의 가치 구현을 위해서 의지해야만 하는 도덕적 행위의 규범을 말한다. 그것은 인간의 보편적 가치란 무엇인가, 어떻게 살면 인간답게 살 것인가, 무엇이 올바른 행위인가를 묻고 실천하는 일련의 과정 전체라 할 수 있다. 불교에서 이런 윤리와 상통하는 말이 선업善業이다. 선업이란 선한 행위요, 선한 의지를 일컫는 말이다. 행위에는 몸으로 짓는 행위, 말로 짓는 행위, 마음으로 짓는 행위 세 가지가 있으며, 여기에 의도가 실리지 않으면 그것은 업으로 성립되지 못한다고 한다. 선한 의지와 선한 생활로 불자의 삶을 가꾸어 나갈 때 두렵지 않고 불안하지 않으며 안온하다. 그런 사람은 동료에게서 비난을 받지 않는 것은 물론 많은 공덕을 쌓기 마련이다.

비구들이여, 네 가지 부지런함을 실천해야 한다. 그 네 가지란 무엇인가?

몸으로 짓는 행위에서 나쁜 행동을 버리고 좋은 행동을 게을리 말고 부지런히 닦아야 한다.

비구들이여, 세 가지 특징을 지닌 현명하고 슬기로우며 참된 사람은 자신을 파괴하고 파멸시키지 않는다. 그는 자신에게 상처 주지 않고 지지자들에게 비난 받지 않으며 많은 공덕을 쌓는다. 어떤 것이 그 세 가지인가? 몸으로 짓는 선한 행위, 말로 짓는 선한 행위, 마음으로 짓는 선한 행위다.

비구들이여, 이 세 가지 특징을 지닌 현명하고 슬기로우며 참된 사람은 자신을 파괴하지 않고 파멸시키지 않는다. 그는 자신에게 상처 주지 않고 지지자들에게 비난 받지 않으며 많은 공덕을 쌓는다.

_『앙굿따라 니까야』 3 : 9「세 가지 특징 경」

오늘날 생명윤리에서 선악이란

그러면 무엇이 선이고 무엇이 악인가? 어떻게 사는 것이 선하게 사는 것인가? 그것은 계를 지키고 이타적 삶을 사는 것이요, 탐욕과 분노, 어리석음이라는 삼독을 제거하면서 사는 것이다. 그러나 오늘날 생명윤리의 입장에서 선악의 판단 기준이 명확하지 않다는 데에서 문제가 발생한다.

현대사회는 단순하지 않다. 전통적 권위가 무너지면서 획일적이지 않고 다양한 생각과 가치가 공존한다. 사람들은 자신의 생각과 관점에 따라 자신의 의견과 견해를 주장한다. 선과 악의 문제, 도덕적 판단 기준, 윤리적 행동 지침 등은 모호하고 상호 충돌하기까지 한다. 예컨대 생명윤리와 관련하여 낙태, 안락사와 관련한 죽음 선택의 문제, 배아줄기세포 복제, 뇌사와 심장사, 생명연장과 관련한 유전자 조작, 인공지능 대두와 관련한 윤리적 지침 등에 대한 판단 기준이 단순하지 않다.

　　생명존중과 관련하여 원치 않는 임신을 했을 경우 산모의 고통 해소 측면에서 어느 정도 낙태를 인정할 것인지의 문제, 무의미한 생명연장과 무가치한 연명과 관련하여 스스로 죽음을 선택할 수 있는지 없는지의 문제, 인공지능의 역할과 기능을 어디까지 허용할 것인가의 문제는 인류의 미래에 아주 심각한 영향을 미칠 것으로 전망된다. 특히 인공지능의 발전을 이대로 놔둔다면 인류는 오히려 인공지능에 지배당하고, 결국 인류 멸망의 길로 접어드는 심각한 도전에 직면할지도 모른다.

　　또한 배아줄기세포 활용이나 유전자 가위를 통한 세포 변형으로 불치병이나 난치병을 치료하여 건강한 삶을 유지하고 생명연장에 기여할 수도 있지만, 그것이 악용될 경우 아주 기이한 생명의 탄생을 불러오고, 소수의 인간만이 영생을 구가하는 심각한 인간 불평등이 초래되고 말 것이라는 예언도 우리에게 경종을 울린다.

생명윤리에 대한 불교의 몇 가지 원칙

불교는 생명존중은 물론 모든 생명의 행복과 평화를 도모한다. 하지만 불교의 궁극적 목적은 괴로움에서의 해탈이다. 생명존중과 생명평화도 소중하지만 당장 괴로워하는 사람들에게 중요한 일은 그 괴로움에서 벗어남이다. 따라서 낙태, 존엄사, 안락사 등과 관련하여 당사자의 자기 결정권과 괴로움의 해방을 기준으로 삼으면서 생명존중의 정신을 구현하는 것이 바람직한 불자의 삶을 아닐까 깊이 생각해보아야 한다.

또한 불교의 윤리는 자비의 윤리라는 점에서, 괴로워하는 당사자에게 그가 원하는 괴로움의 제거는 자비를 실천하는 구체적인 첫걸음이라고 할 수 있다. 그런 다음 이러한 자비의 마음을 주변으로 점차 확장해 나가야 한다.

> 어머니가 자신의 외아들을 목숨 바쳐 보호하듯이 모든 살아 있는 존재들을 위하여 한량없는 자비심을 내소서. 또한 온 세계에 대해서 한량없는 자비를 행하소서. 또한 온 세계에 대하여 위로 아래로 옆으로 확장하여 어떤 걸림도 없이, 적의 없이, 한량없는 자애로운 마음을 펼치소서.
> _『숫타니파타』149「자애경」

그리고 구체적인 생명윤리와 자비의 실천에 따른 상황윤리에 연기, 중도의 원칙이 적용된다면 그것은 불자의 현대적 생명윤리로도 손색이 없다. 중도란 양극단을 피하는 조화와 균형이다. 당사자의 구체적인 괴로움과 철저한 불살생의 원칙이 대립할 경우 그 양극단을 떠나서 서로를 살피며 그중에서 최선의 선택이 무엇인지 찾아야 한다. 괴로움에서 벗어나고자 하는 산모의 자기결정권과 태아의 생명권이 부딪힐 때, 이 두 가지는 양극단적 선택의 문제가 아니다. 두 가지 중 어느 것이 옳다고 단정지을 수 없지만, 상황에 맞게 최선의 선택을 해야 한다. 그런 지혜가 인간에게는 있다.

불교는 마음의 선한 의지를 중요시한다. 인공지능이 아무리 발전한다 해도 인간의 마음을 담을 수는 없다. 아무리 뇌과학이 발달하고 인공지능의 추론하고 계산하는 능력이 뛰어나다 할지라도 사람이 느끼는 희로애락의 감정이라든가 서로 공감하는 능력, 오감을 동원한 깊이 있는 성찰 등은 불가능하다. 따라서 인간의 선한 의지를 바탕으로 마음에 공감을 준다면, 그것은 불자의 현대 생명윤리로서 가치가 있다. 마음으로 짓는 의지나 의도가 중요하다는 것을 부처님께서는 다음과 같이 말씀하셨다.

> 세 가지 행위 가운데 나는 악한 행위를 짓고 악한 행위를 행함에 있어서 몸으로 짓는 행위나 말로 짓는 행위가 아니라 마음으로 짓는 행위가 가장 비난할 만한 것이라고 생각한다.
> _『맛지마 니까야』 2 : 56 「우빨리의 경」

다양한 생명윤리의 현장에서 가치관이 대립할 때, 불교에서 제시하는 도덕적 윤리의 기준은 생명존중이라는 전제하에 당사자의 직접적인 괴로움의 해결, 중도연기의 입장, 마음의 선한 의지와 공감 그리고 자기결정권을 중요한 요소로 적용해야 할 것이다.

불교 생명윤리는 머리로 이해하고 가슴으로 공감하는 것만으로 부족하다. 진정 마음으로 가슴 저리게 공감한다면, 그런 마음을 담아 직접 행동해야 한다. 아파하는 중생들에게 다가가 말로 표현하고 손과 발로 움직이는 지혜와 자비의 행동이 절실하다.

| 참고문헌 |

■ 원전

한문 아함부 및 대승경전(CBETA 電子佛典, 신수대장경)

팔리 니까야, 숫타니파타, 담마파타 원전(Pali Test Society, London)

각묵스님 역, 『쌍윳따 니까야』(초기불전연구원, 2009)

대림스님 역, 『앙굿따라 니까야』(초기불전연구원, 2017)

각묵스님 역, 『디가 니까야』(초기불전연구원, 2018)

대림스님 역, 『맛지마 니까야』(초기불전연구원, 2016)

전재성 역주, 『쌍윳따 니까야』(한국빨리성전협회, 2008)

전재성 역주, 『앙굿따라 니까야』(한국빨리성전협회, 2008)

전재성 역주, 『디가 니까야』(한국빨리성전협회, 2016)

전재성 역주, 『맛지마 니까야』(한국빨리성전협회, 2014)

전재성 역주, 『숫타니파타』(한국빨리성전협회, 2015)

일아 옮김, 『숫따니빠따』(불광출판부, 2017)

일아 역편, 『한 권으로 읽는 빠알리 경전』(민족사, 2009)

■ 단행본

각묵스님, 『초기불교의 이해』(초기불전연구원, 2011)

게셰 마이클 로치, 공경희 옮김, 『비즈니스의 달인 붓다』(중앙M&B, 2001)

김사업, 『인문학을 좋아하는 사람들의 불교수업』(불광출판사, 2017)

대한불교조계종 교육원 편역, 독송본 『조계종 표준 금강반야밀경』(조계종출판
　　　사, 2017)

김형효, 『마음 나그네』(소나무, 2000)

대한불교조계종 포교원, 『붓다로 살자』(포교원, 2017)

류시화, 『살아 있는 것은 다 행복하라』(조화로운삶, 2010)

명법스님, 『불교명상의 이해와 현대적 응용』「세 가지 모습의 자아」(미출간 원고)

목경찬, 『연기법으로 읽는 불교』(불광출판사, 2014)

미산스님, 『미산스님 초기경전 강의』(불광출판사, 2017)

서재영, 『선의 생태철학』(동국대학교출판부, 2007)

정운 편역, 『경전숲길 - 한 권으로 읽는 경전』(조계종출판사, 2011)

이나모리 가즈오, 김형철 옮김, 『카르마 경영』(서돌, 2005)

이진경, 『불교를 철학하다』(휴, 2017)

리처드 도킨스, 이한음 옮김, 『만들어진 신』(김영사, 2017)

유발 하라리, 김명주 옮김, 『호모데우스』(김영사, 2017)

윤성식, 『불교 자본주의』(고려대학교출판부, 2011)

현응, 『깨달음과 역사』(불광출판사, 2016)

■ 논문

이병욱, 「사회적 약자를 위한 참여불교의 길」 『불교평론』 72호(2017)

안옥선, 「초기불교에서 본 '무아의 윤회' : 업의 자아와 윤회」 『불교평론』 20호
    (2004)

안옥선, 「부처님의 가르침 : 욕망의 지멸, 자유, 자비」 『불교평론』 14호(2003)

각묵, 「디가 니까야 주석서 서문」 『디가 니까야』 3권 (울산 : 초기불전연구원,
    2016)